国家级教学团队

国家级特色专业·东北财经大学金融学系列教材

INTEREST THEORY
利息理论

吕筱宁 编著

东北财经大学出版社
Dongbei University of Finance & Economics Press
大连

图书在版编目（CIP）数据

利息理论 / 吕筱宁编著. —大连 ：东北财经大学出版社，2024.4
（国家级特色专业·东北财经大学金融学系列教材）
ISBN 978-7-5654-5175-1

Ⅰ.利… Ⅱ.吕… Ⅲ.利息-理论研究-高等学校-教材 Ⅳ.F032.2

中国国家版本馆CIP数据核字（2024）第053784号

东北财经大学出版社出版
（大连市黑石礁尖山街217号 邮政编码 116025）
网 址：http://www.dufep.cn
读者信箱：dufep@dufe.edu.cn
大连天骄彩色印刷有限公司印刷 东北财经大学出版社发行

幅面尺寸：185mm×260mm 字数：283千字 印张：12.25 插页：1
2024年4月第1版 2024年4月第1次印刷

责任编辑：时 博 徐 群 责任校对：雪 园
封面设计：潘 凯 版式设计：原 皓

定价：56.00元

教学支持 售后服务 联系电话：（0411）84710309

如有印装质量问题，请联系营销部：（0411）84710711

国家级特色专业·东北财经大学金融学系列教材编委会

总序

金融体系与金融能力的竞争是当代世界各国竞争的重要领域，也是支持各国在政治、经济、军事、文化等方面有效竞争的重要基础。随着我国对外开放的逐步深入和社会主义市场经济体制的逐步确立，我国经济和金融日益融入世界经济与金融一体化进程，特别是随着我国加入世界贸易组织和近年来人民币国际化进程加快，我国金融体系和金融能力迅速提升，但也面临来自世界金融强国前所未有的挑战与压力。如何抓住机遇、迎接挑战，加快完善我国金融体系、提升金融竞争能力和确保国家金融安全，是我国各级政府和金融界的重大课题。这一问题的解决有赖于加快金融体制改革、完善金融体系、提高货币宏观调控能力和金融风险管理水平、增强金融创新能力等诸多方面。而解决问题的关键是培养一大批掌握现代金融技术、具备先进管理知识的高素质金融人才。因此，大力提高我国金融学教育和研究水平，推进金融学教育与研究的现代化和国际化，是实施我国金融发展战略的重要举措。

金融学教学与科研能否为金融发展提供有效支撑是当前中国金融学科面临的根本性问题。近年来，我国高等院校金融教育规模迅速发展，质量有了较大的提高，为经济社会发展以及高等教育自身的改革与发展作出了重要贡献。特别是2007年，教育部、财政部决定实施“高等学校本科教学质量与教学改革工程”（以下简称“质量工程”）以来，在国家级特色专业、国家级教学团队、精品课程建设和教材建设、人才培养模式改革创新方面取得了显著成果，带动了我国高等院校本科教育水平和科研实力的提升，产生了良好的社会效益。

教育部“质量工程”提出，启动“万种新教材建设项目”，加强新教材和立体化教材建设，鼓励教师编写新教材，积极做好高质量教材推广和新教材选用工作。在此背景下，东北财经大学以金融学和保险学两个国家级特色专业、金融学专业教学团队和证券投资学课程教学团队两个国家级教学团队为平台，组织编写了“国家级特色专业·东北财经大学金融学系列教材”。在出版本系列教材之前，我们已编写出版了三套系列教材。20世纪90年代初期的第一套系列教材，是解决由无到有的问题；20世纪90年代末期的第二套系列教材是解决全和新的问题；21世纪初期的第三套系列教材是解决体系和质量的问题；目前陆续出版的这套系列教材是要突出质量和特色。

教材建设是教育部“质量工程”的一项重要内容，是学校课程中最重要的物质条件之一，直接关系到教学质量和教学效果。但是，教材建设不可能一蹴而就，而是动态的、渐进的、连续的过程，这个过程的每一个环节都对作者提出了新的要求，它是作者教学、实践和科研成果的体现。因此，我们在教材编写过程中力求达到三个目的：一是教材的编写是围绕"知识、能力、素质"的人才培养目标来展开的；二是教材能够体现金融类专业培养方案中对人才培养的要求；三是教材能够反映新的教育思想，处理好现代与传统、理论与实践、技术与应用的关系。我们在教材建设中努力做到四个同步：一是教材建设与金融发展改革相同步；二是教材建设与教学改革相同步；三是教材建设与人才培养目标相同步；四是教材建设与科学研究相同步。同时，在教材建设中我们注重了以下五个方面：第一，教材编写应明确三个问题，即由谁编写、为谁编写和如何编写；第二，教材编写者应具备两个条件，即编写者应具有编写高水平教材的经历、具有一定的科研水平和实践的经历；第三，教材编写应做到三个结合，即理论与实践相结合、定量分析与定性分析相结合、综合练习与实验实训相结合；第四，教材编写应体现三个特性，即系统性、新颖性、实用性；第五，教材编写应突出三个特色，即教材结构设计特色、体例设计特色、内容编写特色。在突出特色的同时，形成集主教材、多媒体教材、辅助教材、电子教案于一体的有机结合的立体化教材。

本次系列教材的推出，是为了适应国内国际金融业发展的新形势，满足高等院校经济管理类专业和金融学科相关专业的教学需要以及金融实务部门从业人员培训的需要。编写者是一批学术水平高、教学经验丰富、实践能力强的高校教师，具有理论与实践相结合的双重背景，为编好系列教材提供了保障。本系列教材包括《货币银行学》《金融经济学》《金融学教程》《金融市场学》《国际金融学》《商业银行经营管理学》《证券投资学》《公司金融学》《金融工程学》《国际银行管理》《保险学》《利息理论》等。我们期待在教学改革和教材建设中与专家学者们达成共识，真诚合作，使教材建设的成果能够及时反映学科的最新进展。

由于我们的时间和精力有限，教材中难免存在缺点和不完善之处，我们欢迎各院校师生、金融业界同仁和广大读者批评指正。

国家级特色专业·东北财经大学金融学系列教材编委会

前言

精算技术就是依据经济学的基本原理，运用现代数学、统计学、金融学及法学等相关学科，对各种经济活动中的未来风险进行分析、评估和管理，是现代保险、金融、投资实现稳健经营的基础。精算师是熟悉掌握精算技术的专业人才，是风险管理的专家，他们运用多方面的知识和技能，预测未来事件的发生概率风险，以及风险对企业和客户可能带来的长期影响，从而实现风险最小化。精算技术早已广泛地运用于保险、年金、财务运营和资金运作等多个领域。

精算师是具备高端专业知识的综合性人才，通过精算师资格认证考试的高校毕业生，将具有良好的就业前景和发展空间。然而，精算师的选拔考核机制十分严格，在英国成为一名合格的精算师需要3~6年。目前，国内高校精算课程的设置逐渐向国际认证体系靠拢，如果能让高校学生在大学期间学习掌握精算基础课程内容，无疑将会为学生的职业规划发展提供更多的机会。鉴于此，越来越多的高校开始与国际精算师协会合作，建立国际精算认证机制，为保险专业学生提供更好的学习平台。

东北财经大学金融学院于2013年启动建立保险精算认证课程的规划，并就申请相关事宜与英国精算师协会（IFoA）进行交流与沟通。在学院全体老师的共同努力下，所申请的第一批课程截至2016年均通过了IFoA的认证考核，正式成为IFoA免试认证课程，其中就包括《利息理论（IFoA）》课程。2017—2018学年第二学期，东北财经大学开始启动与英国精算师协会合作的精算认证课程第一轮的授课工作。

考虑到精算课程难度以及英国精算师考核体系的特殊性，目前国内外利息理论的同类教材难以满足精算班学生的学习需要。首先，国内的大部分《利息理论》教材的体系与英国精算师考核体系有较大区别，各章节的内容安排和深度不太符合认证要求。其次，国外同类教材有内容相对接近的版本，但核心价值观可能存在偏差，且采用英文表述并不利于中国学生的阅读和理解。最后，IFoA于2019年开始使用新的考试大纲，原有的核心科目被重新整合，也增加了对实践应用能力的要求，因此教材也需要针对内容进行更新调整。

基于此，我们按照东北财经大学出版社新的编写体例和要求编写此书。本教材以社会主义核心价值观为指引，强化思政引领，认真落实党的二十大关于高等教育的各项精神，立足于中国学生特点，在满足精算体系对《利息理论》课程内容要求的基础上，更贴近与东北财经大学有免考合作认证关系的英国精算师考核体系，同时更新IFoA新大纲体系的要求，以中文为教材编写语言，力图帮助学生更顺利地掌握课程内容，更容易得到免考认证。

全书共分为12章：第1章到第7章为基本理论部分，主要介绍了利息理论中相关概念的基本定义和基本原理，包括现金流模型的构建，实际利率/实际贴现率、名义利率/名义贴现率、利息力、货币利率、真实利率的定义和计算方法，现金流的积累和贴现方法，标准年金的支付模式及现值、积累值年金符号，一般年金的计算技巧等；第8章到第12章为实际应用部分，主要介绍了应用利息理论可以解决的几类主要问题，包括债务偿还问题，项目评估问题，各类债券、不动产的定价和收益率计算问题，以及远期利率和利率风险问题。

本书在编写过程中得到了东北财经大学出版社的大力支持，我们参考了大量的研究文献与资料，在此一并表示衷心的感谢。

由于编写时间较短，加之作者水平有限，书中难免存在不足之处，欢迎各院校师生和广大读者不吝赐教。

编　者

2024年1月

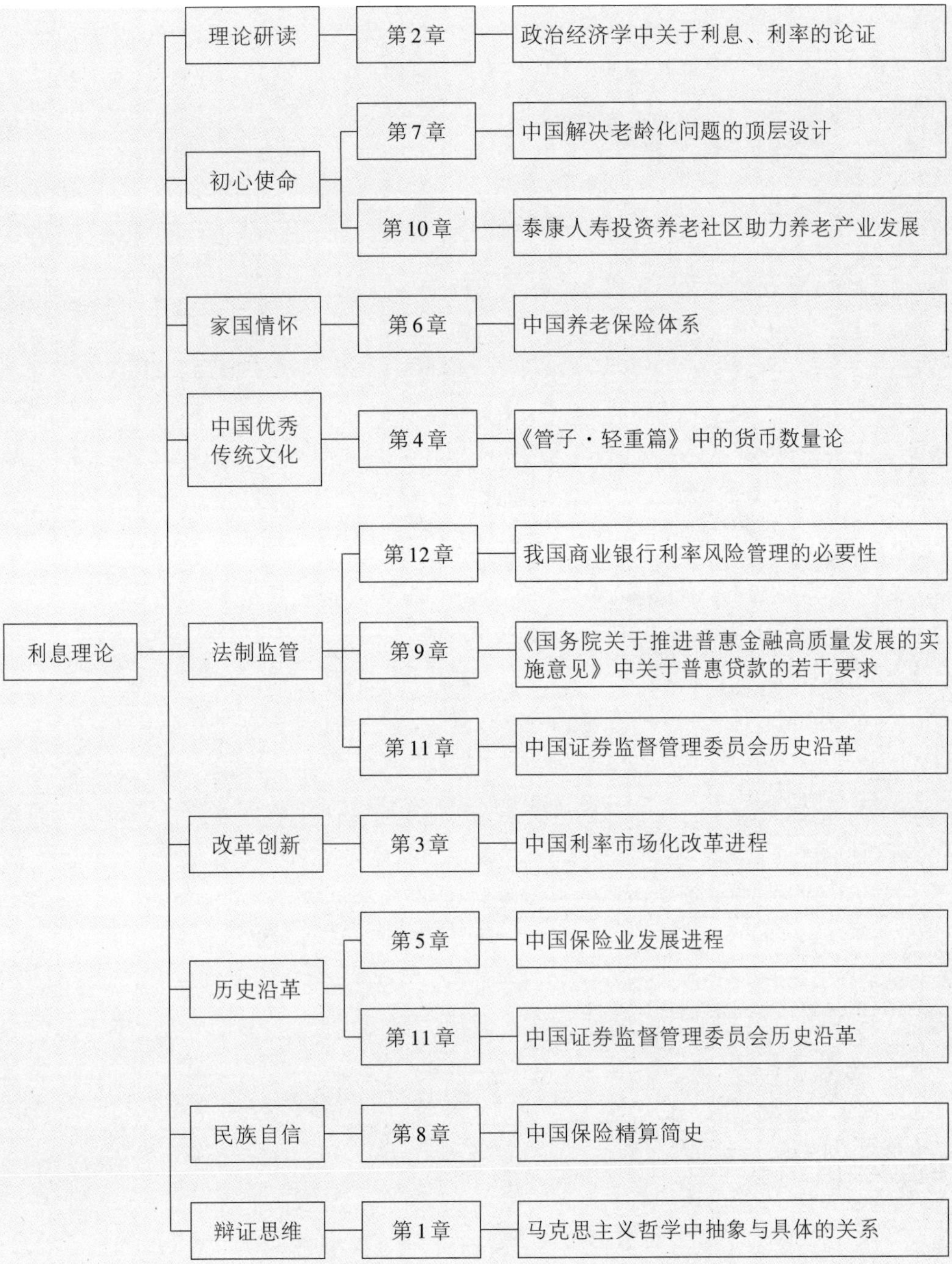

课程思政与专业教育融合思维导图

目录

第1章

现金流模型

目标引领

价值塑造

本章引导学生以马克思主义哲学认识论中抽象与具体的关系为基础，体会并思考抽象数学模型对理解复杂经济金融问题的重要作用。在此基础上，明确抽象的现金流模型来源于实务中复杂产品的简化，因此研究总结出的利息增长规律具有一般的共性规律，在应用时必须根据实际情况的变化进行调整。

知识传授

通过本章的学习，理解什么是现金流模型，学会用现金流入和现金流出描述业务或产品的现金流过程；学会描述零票息债券（Zero-coupon Bond）、固定收益证券（Fixed-interest Security）、指数连结证券（Index-linked Security）、股票（Equity）、确定年金（Annuity Certain）、贷款（Loan）等金融产品的现金流模型。

思维导图

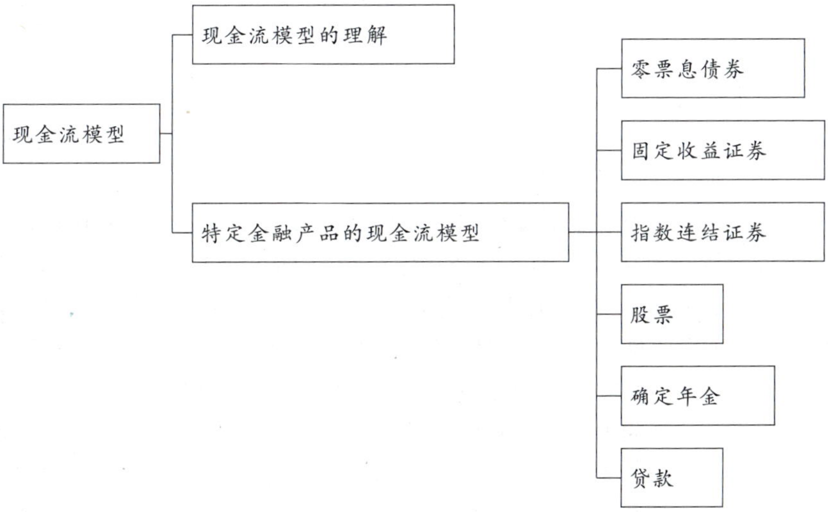

开篇导读

随着经济社会的发展，各个国家和地区的金融体系越来越复杂，呈现出银行、保险、证券等各领域相融合的一体化趋势。相应的金融、保险产品也越来越丰富和多样化，这就使得要认识和理解复杂金融产品和交易中的利息增长规律变得越来越困难。想要从复杂的金融产品和交易中寻找利息增长的一般规律，第一步就是在一定的假设条件下，把各种各样的产品和交易中产生的现金流收支变化情况，抽象概括为简化的、更易理解的数学模型，进而通过对抽象数学模型的研究，总结出利息增长的一般的、普遍的规律。

启智增慧 1-1
马克思主义哲学中抽象与具体的关系

本章首先引入现金流模型的概念，进而给出构建现金流模型的基本规则，在此基础上分析金融、保险领域中多种常见产品和交易的现金流过程，并总结出对应的现金流模型。

1.1 现金流模型的理解

在金融、保险领域的实务工作中往往涉及各种现金流的管理问题，现金流模型就是用抽象的数学模型来概括经济活动和金融交易中产生的各种收支活动。

从投资主体的角度来看，收到的金额为正向的现金流，即现金流入，而支付的金额为负向的现金流，即现金流出。在某一时刻收入与支出的差额被称为那一时刻的净现金流。例如，一个公司通过贷款的方式购入一处房产用于出租，房产每个月可以给公司带来较稳定的租金收入，但这个公司需要定期偿还贷款、支付房产的维护费用及其他管理费用。从公司的角度来看，租金收入是正向的现金流，而偿还贷款、支付维护费用和其他管理费用则是负向的现金流。

在某些情况下，还需要构造连续的现金流模型。当一项业务的现金流发生频率非常高，如每周或每日发生时，我们会发现从数学计算的角度来看，构造连续现金流模型要比通过离散支付模型来研究问题更加方便快捷。连续现金流模型的构建方法及使用范围我们会在后续章节详细介绍。

大部分投资业务的现金流符合先流出后流入的模式，即前期发生投资本金的支出，后期得到投资回报的收入。但在某些业务领域，如保险公司，通常现金流的流入（保费收入）要早于流出（保险理赔及费用支出）。

值得注意的是，现实中现金流发生的时间和金额都或多或少地存在不确定性。有些情况下的现金流确定性相对较高，如某公司规定每个月15日是员工的薪酬支付日，因此该公司的雇员几乎可以确定在本月15日能得到其当月工资，且工资金额也是相对确定的。但在某些情况下，现金流就没有这么确定了。例如，一个人每周都去买一张彩票，那么他会不会中奖、什么时候中奖或者会中多少金额，都是极度不确定的。

对于确定性相对较高的现金流，我们通常在一定假设条件下合理忽略其不确定性。而在处理不确定性很高的现金流问题时，我们可以通过收集历史数据（或近似情况的数据）来估计现金流发生与否以及发生金额的概率。为简化问题、突出学科重点，书中构建的现金流模型忽略了大部分现金流的不确定性。

1.2 特定金融产品的现金流模型

1.2.1 零票息债券（Zero-coupon Bond）

零票息债券是不支付票息的债券，一般由公司或政府机构发行。投资者通常以债券面值的折扣价买入，并在到期日按面值赎回，面值与买价之差相当于投资者持有债券期间获得的利息。对债券投资者来说，购买日发生一笔负向的现金流出，而在债券到期日将有一笔正向的现金流入。

【例1-1】政府发行一种5年期的零票息债券。某投资者在发行日购入总面值为500 000元的此种债券，购入价格为400 000元。请画出投资者的现金流模型。

解：

1.2.2 固定收益证券（Fixed-interest Security）

证券（Security）是一种具有确定面值的所有权或债权的证书，它证明持有人有权按期取得一定收入，并允许持有人自由转让和买卖证书。一般市场上所说的证券交易，特指证券交易法规所规范的有价证券。

债券就是一种有价证券，是社会各类经济主体为筹措资金而面向债券投资者发行的债权债务凭证。债券通常有固定的面值，到期偿还本金，且在到期前按确定票息率定期向投资者支付票息。由于债券的票息通常是事先确定的，因此债券又称固定收益证券。

债券投资者在债券购买日发生一笔负向的现金流出，在未来债券到期日将收到一笔正向的现金流入，在到期日前还会定期收到固定金额的票息收入。

【例1-2】一个投资者以9 000元价格购买了面值为10 000元的20年期固定收益证券，此证券将在到期日以面值赎回，且每年年末支付投资者500元的票息。请画出投资者的现金流模型。

解：

1.2.3 指数连结证券（Index-linked Security）

通货膨胀是指在一定时间内一般物价水平的持续上涨现象。如果一本书售价10元，那么50元可以购买5本这样的书，假设1年之后书的售价上涨到12.5元，那么50元只能购买4本这样的书。可见，通货膨胀的存在会造成货币购买力显著下降。上述例子中通货膨胀率为25%。

一般固定收益证券的赎回值和定期票息金额都是固定的，当存在通货膨胀压力时，这些固定金额的现金流购买力会显著下降，尤其当通货膨胀率很高的情况下。因此，一种允许赎回值和定期票息金额随通货膨胀率的变化而同比变化的证券，对投资者来说就更具有吸引力了。指数连结证券就是这样一种产品。

指数连结证券的投资者在证券购买日发生一笔负向的确定价值（证券价格）的现金流出，在未来证券到期日将收到一笔正向的金额不确定的现金流入（赎回值），在到期日前还会定期收到金额不确定的票息收入。虽然指数连结证券的赎回值和票息金额无法事先确定，但发行方承诺其金额与同期通货膨胀率（或通货膨胀指数）相连结，通货膨胀率越高上述金额就越高，反之亦然。

【例1-3】某指数连结证券每年支付1次票息，且承诺票息与通货膨胀率相连结，假设该证券的第1年票息金额为500元，第2年和第3年的通货膨胀率均为10%，请计算指数连结证券第2年和第3年的票息金额。

解：（1）第2年的票息金额为：

$500\times(1+10\%)=550$（元）

（2）第3年的票息金额为：

$500\times(1+10\%)^2=605$（元）

有时通货膨胀率是通过通货膨胀指数给出的，见表1-1。

表1-1 通货膨胀指数

日期	2019年1月1日	2020年1月1日	2021年1月1日	2022年1月1日
通货膨胀指数	100.00	105.00	108.00	113.00

运用表1-1的数据可算出2020年通货膨胀率为2.86%（$(\frac{108}{105}-1)\times100\%$）。

【例1-4】一个投资者于2019年1月1日购买了一种3年期指数连结证券，证券每年年末支付1次票息，3年后赎回。每年票息金额和3年后赎回值均与表1-1中的通货膨胀指数相连结。假设没有通货膨胀存在，证券每年年末支付票息600元，3年后的赎回值为11 000元，请计算投资者各期的实际现金流。

解：第1年年末的票息金额为：

$600\times\frac{105}{100}=630$（元）

第2年年末的票息金额为：

$600\times\frac{108}{100}=648$（元）

第3年年末的票息金额为：

$600\times\frac{113}{100}=678$（元）

赎回值为：

$11\,000\times\frac{113}{100}=12\,430$（元）

需要注意的是，实务中由于通货膨胀指数的计算有一定的时间延迟，指数连结证券每期支付金额的计算有时会需要使用滞后一期的通货膨胀指数。

【例1-5】一个投资者于2020年1月1日购买了一种2年期指数连结证券，证券每年年末支付1次票息，2年后赎回。每年票息金额和2年后赎回值均与滞后一期的通货膨胀指数相连结。2019—2022年的通货膨胀指数见表1-1。假设没有通货膨胀存在，证券每年年末支付票息600元，2年后的赎回值为11 000元，请计算投资者各期的实际现金流。

解：第1年年末的票息金额为：

$$600\times\frac{105}{100}=630\text{（元）}$$

第2年年末的票息金额为：

$$600\times\frac{108}{100}=648\text{（元）}$$

赎回值为：

$$11\,000\times\frac{108}{100}=11\,880\text{（元）}$$

1.2.4 股票（Equity）

股票不像其他固定收益证券那样能给投资者带来定期的固定收益，股票投资者可能不定期不定金额地获得持股公司分配的股利，这取决于公司的利润情况以及公司的各项决策。因此，股票投资者面临的现金流充满了不确定性，如果想构建股票投资者的现金流模型，则需要给出一系列的前提假设。

【例1-6】一个投资者买入了6 000元股票，股票预计每年支付2次股利（每半年1次）。第1年2次股利的支付金额均为100元，从第2年开始股利金额预计按每年5%的比例增长。投资者2年后将股票全部卖出，预计股票价格将按照每年5%的比例增长，请计算投资者预期可获得的各期现金流。

解：投资者预期可获得的各期现金流，见表1-2。

表1-2 股票投资者预期可获得的各期现金流

时间（年）	买价（元）	股利（元）	卖价（元）
0	−6 000		
0.5		+100	
1		+100	
1.5		+105	
2		+105	+6 615

注：卖价=6 000×（1+5%）^{2}=6 615（元）。

另外，由于股票没有明确的到期赎回日，投资者理论上可以永久持有股票，因此有时会假设股利的支付是永续的（除非股票投资者将股票卖出或者股票发行公司回购股票等情况出现）。同时，需要注意的是，股票投资者卖出股票后得到的现金收入是不确定的，有可能会低于买入价格。

1.2.5 确定年金（Annuity Certain）

年金（Annuity）是一系列支付间隔和支付金额遵循一定规律的款项。年金通常分为两类：确定年金（Annuity Certain）和生存年金（Life Annuity）。在确定时期内，按确定频率支付的年金称为确定年金，其特点是支付次数是固定的；以年金支付人或受领人生存为给付条件的年金称为生存年金，如寿险中分期缴付的保费、养老金给付等，其特点是当支付人或受领人死亡时支付就会停止，因此支付次数并不确定。本书主要讨论确定年金的各种形式和规律，在不引起混淆的情况下，本书后续章节中把“确定年金”简称为“年金”。

确定年金每次支付的金额可以是固定的，也可以是变化的（如随着通货膨胀指数变化或者按照固定金额/比率变化等）。确定年金持有者的现金流模型是：在购入产品的期初有一笔负向的现金流出，之后在整个年金的存续期内，会有一系列有规律的正向的现金流入。

【例 1-7】一个投资者以 80 000 元价格购买了一款年金产品，年金将从购入之年起每年年末支付投资者 10 000 元，共支付 10 年。请画出这个投资者的现金流模型。

解：

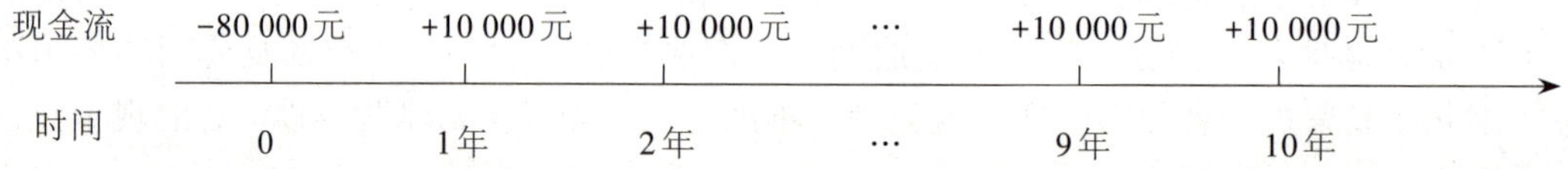

1.2.6 贷款（Loan）

常见的贷款偿还方式包括满期偿还法、分期偿还法和分期偿息一次还本法等。

满期偿还法是指借款人在贷款期满时一次性偿还贷款的本金和利息。在这种情况下，借款人在期初有一笔正向的现金流入（贷款本金），在贷款到期日有一笔负向的现金流出（贷款本利之和）。

分期偿还法是指借款人在整个贷款偿还期内分期偿还贷款的本金和利息。若每期偿还的金额相同，则称为等额分期偿还法。在分期偿还法下，借款人在期初有一笔正向的现金流入（贷款本金），在贷款到期日之前每隔一段时间就会有一笔负向的现金流出（分期偿还金额），即每次的偿还款项中有一部分用于偿还贷款利息，有一部分用于偿还贷款本金。

分期偿息一次还本法是指借款人在整个贷款偿还期内，每隔一段时间就偿还一次贷款利息，贷款到期时一次性偿还贷款本金。在这种情况下，借款人在期初有一笔正向的现金流入（贷款本金），在贷款到期日之前每隔一段时间就会有一笔负向的现金流出（当期利息），在贷款到期日还有一笔负向的现金流出（贷款本金）。

本章小结

现金流模型就是用抽象的数学模型来概括经济活动和金融交易中产生的各种收支活动。从投资主体的角度来看，收到的金额为正向的现金流，即现金流入，而支付的金额为负向的现金流，即现金流出。

零票息债券的投资者在购买日发生一笔负向的现金流出，而在债券到期日有一笔正向的现金流入。

固定收益证券的投资者在购买日发生一笔负向的现金流出，在证券到期日收到一笔正向的现金流入，在证券到期日前还会定期收到固定金额的票息收入。

指数连结证券的投资者在购买日发生一笔负向的确定价值的现金流出，在证券到期日收到一笔正向的金额不确定的现金流入，在证券到期日前还会定期收到金额不确定的票息收入。

股票投资者在购买日发生一笔负向的现金流出，其后的正向现金流变化具有较高的不确定性。

确定年金的持有者在产品购买日有一笔负向的现金流出，在整个年金的存续期内会有一系列有规律的正向的现金流入。

办理贷款的借款人在贷款期初有一笔正向的现金流入，在贷款到期日或之前会有一笔或若干笔负向的现金流出。

关键概念

现金流模型　零票息债券　固定收益证券　指数连结证券　股票　确定年金　贷款

第2章

货币的时间价值

目标引领

价值塑造

本章引导学生以政治经济学中的借贷资本以及利息、利率的论证为基础，体会借贷资本与职能资本的关系，理解货币资本转化为借贷资本进而产生利息的过程。借贷资本产生利息的过程体现出货币具有时间价值。

知识传授

通过本章的学习，理解货币具有时间价值，明确利率、积累值、单利、复利、积累函数的含义，学会在单利、复利方式下计算单笔投资的积累值；明确贴现率、现值、单贴现、复贴现、贴现函数的含义，学会在单贴现、复贴现方式下计算未来单笔资金的贴现值；理解实际利率和实际贴现率的含义；学会推导和计算各种利率和贴现率之间的等价关系。

思维导图

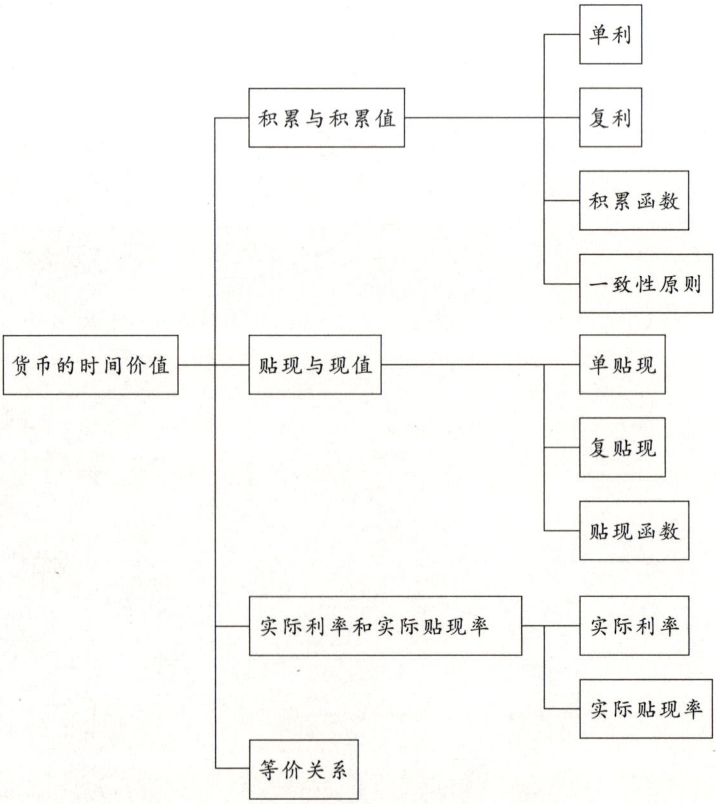

开篇导读

利息（Interest）是资金所有人或组织（Borrower）将资金（Capital）的使用权转让给资金需求人或组织（Lender）后所应获得的报酬。债权人的资金因为借予债务人而牺牲了当前消费及面对其他机会获利的可能性，所以债务人需要向债权人支付利息作为补偿。例如，银行需要向存款人支付利息；办理贷款的公司需要向贷款银行支付利息等。

启智增慧 2-1
政治经济学中关于利息、利率的论证

当资金和利息用货币单位表示时，债权人初始借出的资金被称为本金（Principal），经过一段时间后债权人回收的总金额被称为积累值（Accumulated Value），积累值和本金的差额就是这段时间内产生的利息。例如，某银行向一家企业借出10 000元贷款，1年之后该企业需要偿还银行12 000元。这里银行借出的10 000元为本金，企业1年后需要偿还的12 000元为积累值，而积累值与本金的差额2 000元为这笔贷款的利息。

利率/贴现率是度量利息的尺度，也是实务中研究任何问题都需要密切关注的因素。本章主要介绍利率/贴现率的基本理论。

2.1　积累与积累值

2.1.1　单利

单利计息方式是指每期利息仅以初始本金为基础来计算利息，各期利息不并入下期本金的一种计息方式。假设本金 C 被存入一个单利计息的账户，年利率为 i，n 年之后账户中的积累值为：

$$C(1+ni) \tag{2-1}$$

【例 2-1】一个投资者在一个单利计息的账户中存入本金 10 000元，账户年利率为5%，请计算3年后账户中的积累值是多少？

解：单利计息账户的特点是每年利息只以初始本金为基础来计算，账户每年产生的利息金额均为：

10 000×5%=500（元）

3年利息之和为：

500×3=1 500（元）

3年后的积累值为：

10 000+1 500=11 500（元）

此题也可以按照式（2-1）直接计算，即：

10 000×（1+3×5%）=11 500（元）

此外，式（2-1）对 n 不为整数的情况同样适用。例如，某账户单利计息积累3.6年，即可把 n=3.6代入式（2-1）计算。

值得注意的是，单利计息方式下每期利息无法并入本金持续生息，这会给投资者造成一定的投资损失。

【例2-2】一个投资者将5 000元本金存入一个年利率为10%的单利计息账户。请比较在以下两种情况下投资者账户中的积累值。

（1）该笔投资在账户中持续积累6年；

（2）该笔投资在账户中积累3年后，投资者将存款本息一次性取出，之后立即将本息和重新存入账户，继续积累3年。

解：（1）在持续积累6年的情况下，账户中的积累值为：

5 000×（1+6×10%）=8 000（元）

（2）该笔投资积累3年后，本息和为6 500元（5 000×（1+3×10%）），将本息和重新存入账户积累3年后的积累值为：

6 500×（1+3×10%）=8 450（元）

由上例可知，在单利计息方式下，投资者通过将本息取出再重新投资的方式来获得更多的利息。虽然投资者可以每年都进行一次同样的操作，就可以获得更高的利息，但这不是一种理想的模式。因为每次存、取款都会产生一系列不必要的额外交易成本和费用，且导致借贷行为短期化，所以在实务中单利计息方式的应用比较有限，通常适用于短期借贷。因此，利息可以自动并入本金持续生息的方式，即复利计息方式具有更强的实用性。

2.1.2 复利

复利计息方式是指将每期的利息都并入下期本金，可以在下一个计息期产生利息的计息方式。假设本金C被存入一个复利计息的账户，年利率为i，n年之后账户中的积累值为：

$$C(1+i)^n \tag{2-2}$$

【例2-3】一个投资者在一个复利计息的账户中存入本金10 000元，年利率为5%，请计算3年后账户中的积累值。

解：复利计息账户的特点是每年生成的利息可以并入本金作为下一年计息的基础。因此，账户各年积累值的计算，见表2-1。

表2-1 账户各年积累值的计算

时间（年）	本金（元）	利息（元）	年末积累值（元）
1	10 000	10 000×5%=500	10 000+500=10 500
2	10 500	10 500×5%=525	10 500+525=11 025
3	11 025	11 025×5%=551.25	11 025+551.25=11 576.25

也可以按照式（2-2）直接计算，即：

10 000×（1+5%）^{3}=11 576.25（元）

比较式（2-1）和式（2-2）可推导出单利与复利的积累速度满足以下关系：

$$C(1+i)^n\begin{cases}<C(1+n\times i) & 0<n<1\\=C(1+n\times i) & n=1\\>C(1+n\times i) & n>1\end{cases}$$

当积累期小于1期时，复利方式下资金的积累速度低于单利方式；当积累期等于1期时，复利与单利方式下资金的积累速度相同；当积累期超过1期时，复利方式下资金的积累速度高于单利方式。

2.1.3　积累函数

为了描述资金的积累过程，这里引入积累函数概念。对于 $t_1 \leq t_2$，定义积累函数 $A(t_1, t_2)$ 为 t_1 时刻投资 1 单位本金在 t_2 时刻的积累值。因此，t_1 时刻投资的 C 单位本金在 t_2 时刻的积累值可表示为：

$$CA(t_1, t_2) \tag{2-3}$$

当投资发生在 0 时刻时，n 期后的积累函数 $A(0, n)$ 通常可以简写为 $A(n)$。

【例 2-4】一个投资者在一个单利计息的账户中存入本金 10 000 元，年利率为 5%，3 年后账户的积累值为 11 500 元。试写出积累函数 $A(0, 3)$。

解：$A(0, 3) = \dfrac{11\,500}{10\,000} = 1.15$

或者由式（2-1）可知本金 C 被存入单利为 i 的账户 n 年后的积累值为 $C(1 + ni)$，因此常数单利账户中积累函数 $A(0, n)$ 为 $\dfrac{C(1 + ni)}{C} = 1 + ni$，代入例 2-4 中可得积累函数 $A(0, 3)=1+3\times5\%=1.15$。

同理，由式（2-2）可得常数复利账户中积累函数 $A(0, n) = \dfrac{C(1 + i)^n}{C} = (1 + i)^n$。

2.1.4　一致性原则

令 $t_0 \leq t_1 \leq t_2$，且投资者在 t_0 时刻将 1 单位本金存入账户。当本金在账户中持续积累到 t_2 时刻时，积累值可表示为 $A(t_0, t_2)$；当投资者在 t_1 时刻将资金取出后立即重新存入账户时，在 t_2 时刻的积累值可表示为 $A(t_0, t_1)A(t_1, t_2)$。在符合一致性原则的市场中，资金的积累值不应取决于投资者的个别行动。因此，上述两种情况下的积累值应该相等，即 $A(t_0, t_2) = A(t_0, t_1)A(t_1, t_2)$。一般情况下，一致性原则可表示为：

$$A(t_0, t_n) = A(t_0, t_1)A(t_1, t_2)\cdots A(t_{n-1}, t_n) \tag{2-4}$$

复利计息方式符合一致性原则。在一个复利 10% 的账户中存入 1 000 元，期限为 8 年，那么 8 年后账户的积累值为：

$1\,000A(0, 8) = 1\,000 \times (1 + 10\%)^8 = 2\,143.59$（元）

如果 3 年后将存款本息取出，则得到：

$1\,000A(0, 3) = 1\,000 \times (1 + 10\%)^3 = 1\,331$（元）

再立刻将这笔款项重新存入账户，5 年后账户的积累值为：

$1\,331A(3, 8) = 1\,331 \times (1 + 10\%)^5 = 2\,143.59$（元）

这两种方式下的积累值相同，即 $A(0, 8) = A(0, 3)A(3, 8)$。

【例 2-5】（1）某投资者在一个账户中存入 1 500 元，5 年后账户中的积累值为 3 600 元，请计算积累函数 $A(0, 5)$；（2）假设账户是单利计息的，请计算符合（1）项中积累函数的单利年利率；（3）假设账户是复利计息的，请计算符合（1）项中积累函数的复利年利率。

解：（1）积累函数 $A(0, 5)$ 为：

$$A(0, 5) = \frac{3\,600}{1\,500} = 2.4$$

（2）设符合（1）项中积累函数的单利年利率为i，可得：

$$A(0,5)=(1+5i)=2.4 \Rightarrow i=28\%$$

（3）设符合（1）项中积累函数的复利年利率为i，可得：

$$A(0,5)=(1+i)^5=2.4 \Rightarrow i=19.14\%$$

【例2-6】在满足一致性原则的市场中，已知0时刻投入4 500元，在10时刻的积累值为8 000元，且$A(0,8)=1.6$，$A(2,5)=1.1$，$A(2,6)=1.25$，$A(5,8)=1.25$，请计算$A(6,10)$。

解：根据一致性原则，可得：

$$A(0,8)=A(0,5)A(5,8) \Rightarrow 1.6=A(0,5)\times 1.25 \Rightarrow A(0,5)=\frac{1.6}{1.25}=1.28$$

$$A(0,5)=A(0,2)A(2,5) \Rightarrow 1.28=A(0,2)\times 1.1 \Rightarrow A(0,2)=\frac{1.28}{1.1}$$

$$A(0,6)=A(0,2)A(2,6)=\frac{1.28}{1.1}\times 1.25=\frac{1.6}{1.1}$$

$$A(0,10)=\frac{8\,000}{4\,500}=A(0,6)A(6,10) \Rightarrow A(6,10)=\frac{8\,000}{4\,500}\div\frac{1.6}{1.1}=\frac{8\,000}{4\,500}\times\frac{1.1}{1.6}=1.22$$

2.2 贴现与现值

上一节介绍了积累值的概念，即一笔投资在未来某个时点的价值。实务中人们往往需要在未来某些时点发生现金流，如安排退休后的养老金，或者为被保险人安排未来的保险理赔金等。因此，我们常常需要计算现在应投资多少本金，才能在未来的某一时点获得所期望的积累值。这种将未来的积累值换算成现在价值的过程被称为“贴现”，换算的结果就是“现值”或“贴现值”。

【例2-7】一个投资者需要在5年后支付5 000元，为此在银行开设了一个复利计息的存款账户，年利率为10%，请计算投资者在账户中存入多少本金，才能够在5年后积累够这笔资金。

解：设投资者现在存入账户的本金为X，可得：

$$X(1+10\%)^5=5\,000 \Rightarrow X=\frac{5\,000}{1.1^5}=3\,104.61\text{（元）}$$

我们可以进一步给出复利计息方式下现值的计算公式。当$n\geq 0$，且复利年利率为i时，n时刻的金额C在0时刻的现值为：

$$\frac{C}{(1+i)^n} \tag{2-5}$$

定义贴现因子，即：

$$v=\frac{1}{1+i} \tag{2-6}$$

n时刻的金额C在0时刻的现值可进一步表示为：

$$Cv^n \tag{2-7}$$

2.2.1 单贴现

单贴现计息方式是指每期仅以最终的积累值来计算贴息，而不以当期期末金额来计算贴息的一种计息方式。假设n年后的金额C以单贴现方式计算现值，年贴现率为d，则其现值为：

$$C(1-nd) \tag{2-8}$$

【例2-8】在单贴现率为每年5%的情况下，请计算3年后的10 000元在当下的现值。

解：在单贴现方式下，每年贴息只以最终的积累值为基础来计算，因此每年的贴息金额为：

$$10\,000\times 5\% = 500（元）$$

3年的贴息之和为：

$$3\times 500 = 1\,500（元）$$

贴现3年后，10 000元的现值为：

$$10\,000 - 3\times 500 = 8\,500（元）$$

此题也可以按照式（2-8）直接计算，即：

$$10\,000\times(1-3\times 5\%) = 8\,500（元）$$

【例2-9】一个公司将会在6个月后收到某客户支付的450 000元。为平滑现金流，该公司希望能立即获得现金收入，因此同意将自己6个月后的收款权转让给第三方以获得当前的现金收入，转让适用的单贴现率为每年15%，请计算该公司能够立即获得的现金金额。

解：该公司能够立即获得的现金金额为：

$$450\,000\times\left(1-\frac{6}{12}\times 15\%\right) = 416\,250（元）$$

与单利计息方式类似，实务中单贴现方式通常也有一定的局限性，仅适用于短期业务。单贴现率被用作政府发行的短期国库券（Treasury Bill）的报价方式。这种短期国库券实际上是政府作为借款人向投资者借款的一种工具，但产品并不直接给出价格（即政府现在的借款金额），而是给出将来的赎回值（即政府将来的还款金额），然后根据产品发行时给出的单贴现率，投资者可以计算出实际的产品价格。

【例2-10】一种8个月的短期国库券，赎回值为100 000元，假设产品以单贴现率每年15%发行，请计算产品的价格。

解：产品以单贴现的方式计算价格，即：

$$100\,000\times\left(1-\frac{8}{12}\times 15\%\right) = 90\,000（元）$$

2.2.2 复贴现

复贴现计息方式是指每期均以当期期末金额来计算贴息的一种计息方式。假设n年后的金额C以复贴现方式计算现值，年贴现率为d，则其现值为：

$$C(1-d)^n \tag{2-9}$$

【例2-11】在复贴现率为每年5%的情况下，请计算3年后的10 000元在当下的现值。

解：在复贴现方式下，每年贴息均以当期期末金额为基础来计算，因此贴现第1年的贴息金额为：

$$10\,000\times 5\% = 500（元）$$

贴现后资金金额为：

$10\,000 - 500 = 9\,500$（元）

贴现第2年的贴息金额为：

$9\,500 \times 5\% = 475$（元）

贴现后资金金额为：

$9\,500 - 475 = 9\,025$（元）

贴现第3年的贴息金额为：

$9\,025 \times 5\% = 451.25$（元）

贴现后资金金额为：

$9\,025 - 451.25 = 8\,573.75$（元）

此题也可以按照式（2-9）直接计算，即：

$10\,000 \times (1 - 5\%)^3 = 8\,573.75$（元）

2.2.3 贴现函数

与定义积累函数$A(n)$的过程类似，我们可以定义n时刻的1单位资金在0时刻的现值为$v(n)$，且满足：

$$v(n) = \frac{1}{A(n)} \tag{2-10}$$

由式（2-9）可知，在复贴现方式下贴现函数为：

$$v(n) = (1 - d)^n$$

同时，由式（2-2）和式（2-10）可知，在复利计息方式下贴现函数为：

$$v(n) = \frac{1}{A(n)} = \frac{1}{(1 + i)^n} \tag{2-11}$$

将式（2-6）代入式（2-11）得到：

$$v(n) = \frac{1}{A(n)} = \frac{1}{(1 + i)^n} = v^n$$

同理，我们可以由式（2-9）和式（2-10）推导出复贴现方式下的积累函数为：

$$A(n) = \frac{1}{v(n)} = \frac{1}{(1 - d)^n}$$

可见，无论已知条件是利率还是贴现率，我们都可以计算出资金的积累值和贴现值。

【例2-12】（1）根据以下条件：（a）年单贴现率为6%；（b）年复贴现率为6%；（c）年复利率为6%，请计算0时刻一笔1 000元的投资在10年后的积累值。（2）根据以下条件：（a）年单利率为4%；（b）年单贴现率为4%；（c）年复利率为4%，请计算5年后的 4 000元的现值。

解：（1）（a）$1\,000A(10) = 1\,000 \times \frac{1}{v(10)} = 1\,000 \times \frac{1}{1 - 10 \times 6\%} = 2\,500$（元）

（b）$1\,000A(10) = 1\,000 \times \frac{1}{v(10)} = 1\,000 \times \frac{1}{(1 - 6\%)^{10}} = 1\,856.61$（元）

（c）$1\,000A(10) = 1\,000 \times (1 + 6\%)^{10} = 1\,790.85$（元）

（2）（a）$4\,000v(5) = 4\,000 \times \frac{1}{A(5)} = 4\,000 \times \frac{1}{(1 + 5 \times 4\%)} = 3\,333.33$（元）

（b）$4\,000v(5) = 4\,000 \times (1 - 5 \times 4\%) = 3\,200$（元）

（c）$4\,000v(5) = 4\,000 \times \frac{1}{A(5)} = 4\,000 \times \frac{1}{(1 + 4\%)^5} = 3\,287.71$（元）

2.3 实际利率和实际贴现率

实际利率/实际贴现率是与名义利率/名义贴现率相区别的一对概念。在计算某度量期的实际利率/实际贴现率时，通常假设度量期内只支付1次利息/贴息，而当给出某度量期的名义利率/名义贴现率时，通常意味着度量期内利息/贴息的支付次数超过1次。我们将在第3章介绍名义利率和名义贴现率。

实际上，积累和贴现只是我们从不同的两个方向来看待现金流过程。假设一个借款人期初借出1 000元，要求借款人在1年后偿还1 100元。从积累的方向来思考，可以认为1 000元在1年后的积累值为1 100元，即该项贷款本金为1 000元，期末借款人在偿还本金的同时，还支付了100元的利息。而从贴现的方向来思考，可以认为1年后的1 100元现值仅为1 000元，即借款人1年后需要偿还1 100元，而现在他只能得到1 000元的贷款金额，100元的利息相当于在贷款期初就进行了支付。可见，我们在理解积累过程的时候，通常认为利息是在期末进行支付的，而在理解贴现过程的时候，通常认为利息是在期初进行支付的。

2.3.1 实际利率

一个度量期的实际利率是指在度量期期末所获得的利息与期初金额之比。假设在0时刻投资1单位本金，那么在$n-1$时刻的积累值为$A(n-1)$，而在n时刻的积累值则为$A(n)$。令第n期的实际利率为i_n，则有：

$$i_n=\frac{A(n)-A(n-1)}{A(n-1)} \tag{2-12}$$

【例2-13】一个投资者的银行账户中不同时间的金额如下：2023年1月1日为3 000元；2023年7月1日为3 100元；2024年1月1日为3 300元。请计算：（1）2023年1月1日到2023年7月1日半年间的实际利率；（2）2023年1月1日到2024年1月1日一年间的实际利率。

解：（1）半年间的实际利率为：

$$i_1=\frac{3\,100-3\,000}{3\,000}\times 100\%=3.33\%$$

（2）一年间的实际利率为：

$$i_2=\frac{3\,300-3\,000}{3\,000}\times 100\%=10\%$$

在复利计息方式下，积累函数满足$A(n)=(1+i)^n$，$A(n-1)=(1+i)^{n-1}$，代入式（2-12）可得：

$$i_n=\frac{(1+i)^n-(1+i)^{n-1}}{(1+i)^{n-1}}=\frac{(1+i)-1}{1}=i \tag{2-13}$$

可见，复利计息方式下第n期的实际利率与n相互独立，为常数i。也就是说，复利计息方式下每期实际利率均相等，即复利率i。因此，尽管定义不同，复利率与实际利率本质上是一致的，复利计息方式与每期按实际利率计息的方式是相同的。因此，本书后面章节中对复利率和实际利率不再加以区分。

【例 2-14】试推导单利计息方式下每期实际利率的变化情况。

解：在单利计息方式下，积累函数满足 $A(n)=1+ni$，$A(n-1)=1+(n-1)i$，代入式（2-12）可得：

$$i_n=\frac{(1+ni)-[1+(n-1)i]}{1+(n-1)i}=\frac{i}{1+(n-1)i}$$

可见，单利计息方式下第 n 期的实际利率与 n 成反比，即单利计息方式下随着期数的增加，实际利率在逐期下降。

2.3.2 实际贴现率

一个度量期的实际贴现率是指在度量期期初所获得的利息与期末金额之比。假设在 0 时刻投资 1 单位本金，那么在 $n-1$ 时刻的积累值为 $A(n-1)$，而在 n 时刻的积累值则为 $A(n)$。令第 n 期的实际贴现率为 d_n，则有：

$$d_n=\frac{A(n)-A(n-1)}{A(n)} \tag{2-14}$$

【例 2-15】一个投资者的银行账户中不同时间的金额如下：2023 年 1 月 1 日为 3 000 元；2023 年 7 月 1 日为 3 100 元；2024 年 1 月 1 日为 3 300 元。请计算：（1）2023 年 1 月 1 日到 2023 年 7 月 1 日半年间的实际贴现率；（2）2023 年 1 月 1 日到 2024 年 1 月 1 日一年间的实际贴现率。

解：（1）半年间的实际贴现率为：

$$d_1=\frac{3\,100-3\,000}{3\,100}\times 100\%=3.23\%$$

（2）一年间的实际贴现率为：

$$d_2=\frac{3\,300-3\,000}{3\,300}\times 100\%=9.09\%$$

在复贴现方式下，贴现函数满足 $v(n)=(1-d)^n$，$v(n-1)=(1-d)^{n-1}$，代入式（2-14）可得：

$$\begin{aligned}d_n&=\frac{A(n)-A(n-1)}{A(n)}\\&=\frac{A(n-1)^{-1}-A(n)^{-1}}{A(n-1)^{-1}}\\&=\frac{v(n-1)-v(n)}{v(n-1)}\\&=\frac{(1-d)^{n-1}-(1-d)^n}{(1-d)^{n-1}}\\&=\frac{1-(1-d)}{1}\\&=d\end{aligned} \tag{2-15}$$

可见，复贴现方式下第 n 期的实际贴现率与 n 相互独立，为常数 d。也就是说，复贴现方式下每期实际贴现率都相等，即复贴现率 d。因此，复贴现率与实际贴现率本质上是一致的，复贴现方式与每期按实际贴现率贴现的方式是相同的。因此，本书后面章节中对复贴现率和实际贴现率不再加以区分。

同理，在复利计息方式下，$A(n)^{-1}=(1+i)^{-n}$，$A(n-1)^{-1}=(1+i)^{1-n}$，代入式（2-14）

可得：

$$d_n=\frac{A(n)-A(n-1)}{A(n)}=\frac{A(n-1)^{-1}-A(n)^{-1}}{A(n-1)^{-1}}=\frac{(1+i)^{1-n}-(1+i)^{-n}}{(1+i)^{1-n}}=\frac{i}{1+i} \tag{2-16}$$

可见，复利计息方式下每期实际贴现率都相等。同样，在复贴现方式下可推导出每期实际利率相等的结论。需要强调的是，积累和贴现只是从不同的方向去理解现金流过程，基于复利的积累过程也可以看成基于复贴现的贴现过程。

2.4　等价关系

无论以何种方式积累或者贴现，如果相同金额的本金在相同的时间长度内积累成相同金额的积累值，那么几种适用的“率”具有等价关系。

【例2-16】一个账户以单利3%积累了4年，请计算与之等价的年实际利率。

解：设等价的年实际利率为i，以单利3%积累4年的积累值为：

$A(4)=1+4\times 3\%=1.12$

以年实际利率i积累4年的积累值可表示为：

$A(4)=(1+i)^4$

两种利率存在等价关系，即：

$(1+i)^4=1.12 \Rightarrow i=2.87\%$

求等价利率/贴现率的关键是，使不同计息/贴现方式下相同期间内的积累函数或贴现函数相等。

【例2-17】一个银行账户以年实际利率8%积累5年，请计算与之等价的单利年利率、月实际利率、每2年的实际利率、年实际贴现率和年单贴现率。

解：（1）设等价的单利年利率为i，可得：

$A(5)=(1+5i)=(1+8\%)^5 \Rightarrow i=9.39\%$

（2）设等价的月实际利率为j，可得：

$A(5)=(1+j)^{12\times 5}=(1+8\%)^5 \Rightarrow j=0.64\%$

（3）设等价的每2年的实际利率为k，可得：

$A(5)=(1+k)^{\frac{5}{2}}=(1+8\%)^5 \Rightarrow k=16.64\%$

（4）设等价的年实际贴现率为d，可得：

$v(5)=(1-d)^5=(1+8\%)^{-5} \Rightarrow d=7.41\%$

（5）设等价的年单贴现率为d，可得：

$v(5)=(1-5d)=(1+8\%)^{-5} \Rightarrow d=6.39\%$

就实际利率和实际贴现率而言，存在一些常见的等价关系。比较式（2-7）和式（2-9），可发现n期后金额C的现值既可以表示为Cv^n，又可以表示为$C(1-d)^n$，因此可得：

$$v=1-d \tag{2-17}$$

同样，由式（2-6）和式（2-17）可知：

$$d=1-v=1-\frac{1}{1+i}=\frac{i}{1+i} \tag{2-18}$$

式（2-18）与式（2-16）的结果一致。进一步理解，假设期初投资1单位资金，以实际利率i积累1期后的积累值为$1+i$。该期的利息为$1+i-1=i$，期末金额为$1+i$，按照定义可知，该期实际贴现率为当期利息除以期末金额，即$d=\frac{i}{1+i}$。

式（2-18）可进一步变形为：

$$d=iv \tag{2-19}$$

由实际利率和实际贴现率的定义可知，在本金为1的情况下，i可以看作是期末支付的利息，而d则可以看作是期初支付的利息。在等价关系存在的情况下，期末的利息i贴现1期应与期初支付的利息d相等，这也就是式（2-19）表示的含义。

本章小结

货币具有时间价值是利息理论这门学科的基本原理和底层逻辑，表现为资本能够产生利息。利息是资本所有人或组织将资本的使用权转让给资金需求人或组织后所应获得的报酬。利率/贴现率是度量利息的尺度，也是实务中研究任何问题都需要密切关注的因素。

单利计息方式是指每期利息仅以初始本金为基础来计算利息，各期利息不并入下期本金的一种计息方式。复利计息方式是指将每期的利息都并入下期本金，可以在下一个计息期产生利息的一种计息方式。复利计息方式符合一致性原则。为了描述资金的积累过程，定义0时刻的1单位资金在n时刻的积累值为积累函数。

单贴现计息方式是指每期仅以最终的积累值来计算贴息，而不以当期期末金额来计算贴息的一种计息方式。复贴现计息方式是指每期均以当期期末金额来计算贴息的一种计息方式。为了描述资金的贴现过程，定义n时刻的1单位资金在0时刻的现值为贴现函数。

在计算某度量期的实际利率/实际贴现率时，通常假设度量期内只支付1次利息/贴息。一个度量期的实际利率是指在度量期期末所获得的利息与期初金额之比。一个度量期的实际贴现率是指在度量期期初所获得的利息与期末金额之比。

无论以何种方式积累或者贴现，如果相同金额的本金在相同的时间长度内积累成相同金额的积累值，那么几种适用的“率”具有等价关系。

关键概念

利率　积累值　单利　复利　积累函数　贴现率　现值　单贴现　复贴现　贴现函数　实际利率　实际贴现率

综合训练

1. 一个投资者在年利率为3%的单利账户中存入500元，请计算6年后账户的积累值。

2. 一笔贷款价值5 000元，要求91天后还清。假设贷款以单贴现率每年4%计息，请计算91天后贷款的偿还金额（每年按365天计算）。

3. 一个投资者以92元的价格购买了一种面值为100元的90天期限的政府债券。投资者在购买30天后以94.8元的价格将债券卖给了另一个投资者。第二个投资者持有债券至期满，以面值赎回，请计算并比较两个投资者获得的年实际利率谁更高（每年按365天计算）。

4. 假设单利年利率为5%，请计算750元积累为1 200元所需要的时间长度。

5. 一种面值为100元的91天期限的政府债券，以单贴现率每年8%报价，请计算债券的年实际利率（每年按365天计算）。

第2章综合训练答案

第3章

名义“率”与利息力

目标引领

价值塑造

本章引导学生了解我国利率市场化改革的进程，理解利率市场化改革对我国经济社会发展起到的作用。在利率市场化改革的背景下，各类金融机构顺应市场需求，积极开发产品，进而需要更加丰富的利息度量尺度。本章对名义利率、名义贴现率以及利息力的学习，将有助于更好地理解我国利率市场化改革的过程。

知识传授

通过本章的学习，理解实际利率/实际贴现率与名义利率/名义贴现率的区别，学会名义利率/名义贴现率与实际利率/实际贴现率之间的换算；能够推导实际利率/实际贴现率、名义利率/名义贴现率与利息力之间的关系；当利息力为时间的函数时，能够计算等价的利率/贴现率。

思维导图

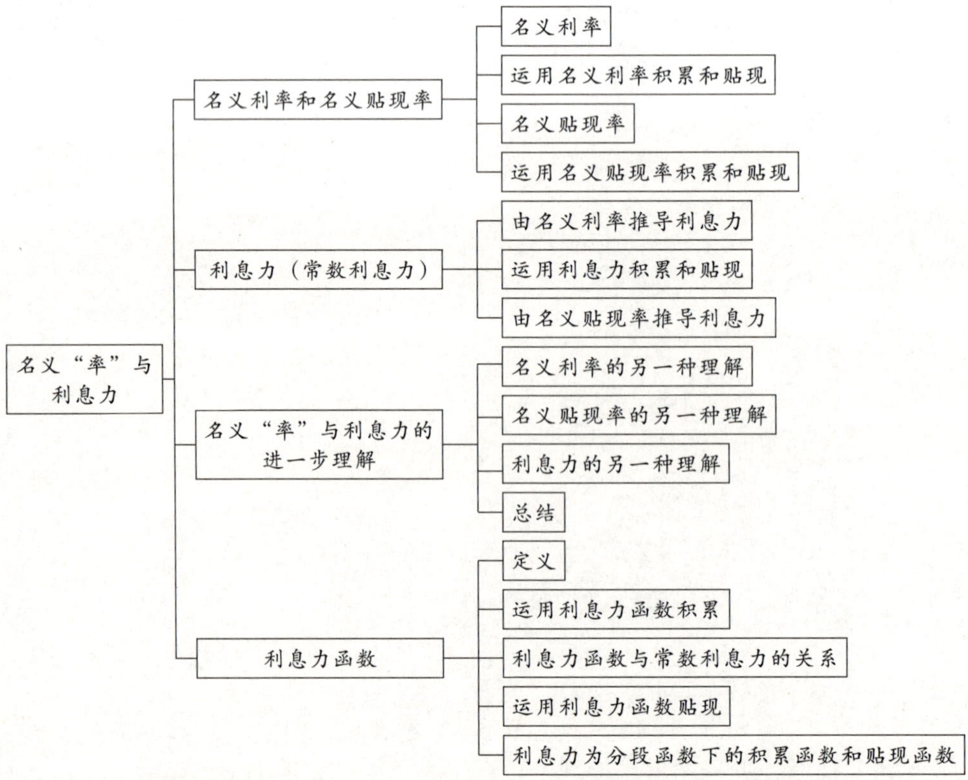

开篇导读

在上一章中我们学习了实际利率/实际贴现率，计算“实际”率的关键在于假设一个度量期内只支付1次利息/贴息（或在期初，或在期末）。而实务中我们常常遇到在一个度量期内利息支付（或计息）多次或者多个度量期利息支付（或计息）1次的情况。例如，通常“1年”是实务中最常用的度量期长度，而很多产品实际是按月或按季度计息的，即每月月末或每季度末把当期利息并入下期本金。因此，就需要一种能够体现每年利息支付频率多于或少于1次情况的年度利息度量指标。“名义年利率/名义年贴现率”就是这样的指标。而在计息频率进一步提高的情况下，我们还需要构建连续计息模型，利息力就是连续计息模型下度量利息增值能力的年度指标。

本章将在介绍名义利率、名义贴现率以及利息力概念的基础上，推导和分析各指标之间的关系，讲解如何运用上述指标对资金进行积累和贴现。

本章学习需要一定的高等数学微积分基础。

启智增慧3-1
中国利率市场化改革进程

3.1　名义利率和名义贴现率

3.1.1　名义利率

令$i^{(p)}$表示一个度量期内计息p次的名义利率，有时也被称为一个度量期转换p次或一个度量期复合计息p次的名义利率。如果以“1年”为度量期长度，那么$i^{(12)}$就是1年计息12次的名义利率，或每月计息1次的名义利率；而$i^{(4)}$则表示1年计息4次的名义利率，或每季度计息1次的名义利率。

名义利率$i^{(p)}$隐含的信息包括：（1）每$1/p$个度量期计息1次；（2）每$1/p$个度量期的实际利率为$i^{(p)}/p$。例如，每年计息4次的名义利率为6%意味着：（1）每季度计息1次；（2）每季度的实际利率为$\frac{6\%}{4}=1.5\%$。

本质上，当我们选择以“1年”为度量期时，名义利率实际上就是把每$1/p$年计息1次的实际利率进行“年化”，即以倍数的方式把非“年”利率转化为“年”利率。例如，假设每半年的实际利率为3%，我们可以通过计算得到每半年计息1次的年名义利率为6%（$2\times3\%$）。但需要注意的是，由于只是简单地进行了倍数计算而没有考虑复利计息的影响，6%显然并不是年实际利率。这里年实际利率可以通过$(1+3\%)^2-1=6.09\%$计算得到。

名义利率具有两个方面的优势：首先，与直接给出每$1/p$个度量期的实际利率相比，它表示的是整个度量期的利率，可以被用作与其他相同度量期的利率进行粗略比较；其次，与计算得到整个度量期的实际利率相比，它的计算方法简便，且在需要时可以方便地重新算得每$1/p$个度量期的实际利率。

【例3-1】（1）请将月实际利率2%表示为每月计息1次的年名义利率；（2）每2个月计息1次的年名义利率为3%，请计算每2个月的实际利率；（3）请计算与（2）项中等价的年实际利率。

解：（1）每月计息1次的年名义利率为：

$i^{(12)} = 12 \times 2\% = 24\%$

（2）每2个月计息1次的年名义利率为3%，即$i^{(6)} = 3\%$，因此每2个月的实际利率为：

$$\frac{i^{(6)}}{6} = \frac{3\%}{6} = 0.5\%$$

（3）设与$i^{(6)} = 3\%$等价的年实际利率为i，以$i^{(6)} = 3\%$积累1年应与以i积累1年的积累函数相等，即：

$$(1 + \frac{i^{(6)}}{6})^6 = 1 + i \Rightarrow i = (1 + \frac{3\%}{6})^6 - 1 = 3.04\%$$

可见，年实际利率大于年名义利率。

由上例可知，已知$i^{(p)}$，即可得到每$1/p$个度量期的实际利率$i^{(p)}/p$。因此，名义利率$i^{(p)}$表示的1个度量期的积累函数为$(1 + \frac{i^{(p)}}{p})^p$，而实际利率$i$表示的1个度量期的积累函数为$1+i$，可得：

$$1 + i = (1 + \frac{i^{(p)}}{p})^p \tag{3-1}$$

式（3-1）变形可得：

$$i^{(p)} = p[(1 + i)^{1/p} - 1] \tag{3-2}$$

运用式（3-1）和式（3-2）可以方便地将名义利率和实际利率相互转化。

【例3-2】（1）请将季度实际利率4%转化为每季度计息1次的年名义利率；（2）请计算与每月计息1次的年名义利率6%等价的年实际利率。

解：（1）每季度计息1次的年名义利率为：

$i^{(4)} = 4 \times 4\% = 16\%$

（2）与每4个月计息1次的年名义利率6%等价的年实际利率为：

$$i = (1 + \frac{6\%}{12})^{12} - 1 = 6.17\%$$

【例3-3】（1）请将年实际利率6%转化为每季度计息1次的年名义利率；（2）请计算与每4个月计息1次的年名义利率9%等价的年实际利率。

解：（1）每季度计息1次的年名义利率为：

$i^{(4)} = 4 \times [(1 + 6\%)^{1/4} - 1] = 5.87\%$

（2）与每4个月计息1次的年名义利率9%等价的年实际利率为：

$$i = (1 + \frac{9\%}{3})^3 - 1 = 9.27\%$$

另外，p的取值不一定是整数，如$p=1/2$意味着每个度量期计息1/2次，即每2个度量期计息1次。当取“1年”为度量期长度时，$i^{(1/2)}$表示每2年计息1次的年名义利率；当p取值非整数时，本节推导得到的关系式仍然成立。

3.1.2 运用名义利率积累和贴现

由上一章可知，实际利率为i时的积累函数为$A(n) = (1 + i)^n$，贴现函数为$v(n) = (1 + i)^{-n} = v^n$。结合式（3-1）即可在给定名义利率情况下进行积累和贴现。

【例3-4】（1）将500元本金存入一个每半年计息1次的年名义利率为8%的账户，请计算3年后的积累值；（2）已知每月计息1次的年名义利率为9%，请计算需要在5年后支付的800元的现值。

解：（1）由已知条件可知$i^{(2)}=8\%$，运用式（3-1）可得年实际利率为：

$$i=(1+\frac{8\%}{2})^2-1=8.16\%$$

因此，500元在3年后的积累值为：

$$500\times(1+8.16\%)^3=632.66(元)$$

（2）由已知条件可知$i^{(12)}=9\%$，运用式（3-1）可得年实际利率为：

$$i=(1+\frac{9\%}{12})^{12}-1=9.38\%$$

因此，5年后需要支付的800元的现值为：

$$800\times(1+9.38\%)^{-5}=510.96（元）$$

实际上，上例中我们并不需要在计算出实际利率后进行积累和贴现。

解：（1）由已知条件可知$i^{(2)}=8\%$，500元在3年后的积累值为：

$$500\times(1+i)^3=500\times(1+\frac{i^{(2)}}{2})^{2\times3}=500\times(1+\frac{8\%}{2})^6=632.66（元）$$

（2）由已知条件可知$i^{(12)}=9\%$，5年后的800元的现值为：

$$800\times(1+i)^{-5}=800\times(1+\frac{i^{(12)}}{12})^{-12\times5}=800\times(1+\frac{9\%}{12})^{-60}=510.96（元）$$

【例3-5】每季度计息1次的年名义利率为12%，请计算500元在6年后的积累值。

解：500元在6年后的积累值为：

$$500\times(1+\frac{12\%}{4})^{4\times6}=1\,016.40（元）$$

3.1.3　名义贴现率

令$d^{(p)}$表示一个度量期内计息p次的名义贴现率，有时也被称为一个度量期转换p次或一个度量期复合贴现p次的名义贴现率。如果以“1年”为度量期长度，那么$d^{(12)}$就是1年计息12次的名义贴现率，或每月计息1次的名义贴现率，而$d^{(4)}$则表示1年计息4次的名义贴现率，或每季度计息1次的名义贴现率。

名义贴现率$d^{(p)}$隐含的信息包括：（1）每$1/p$个度量期计息1次；（2）每$1/p$个度量期的实际贴现率为$\frac{d^{(p)}}{p}$。例如，每年计息4次的名义贴现率为5%意味着：（1）每季度计息1次；（2）每季度的实际贴现率为$\frac{5\%}{4}=1.25\%$。

与名义利率类似，当我们选择以“1年”为度量期时，名义贴现率实际上就是把每$1/p$年计息1次的实际贴现率进行“年化”，即以倍数的方式把非“年”贴现率转化为“年”贴现率。例如，假设每半年的实际贴现率为3%，我们可以通过$2\times3\%=6\%$的方式计算得到每半年计息1次的年名义贴现率为6%。同样，由于只是简单地进行了倍数计算而没有考虑复贴现的影响，6%显然并不是年实际贴现率。这里年实际贴现率可以通过$1-(1-3\%)^2=5.91\%$计算得到。

【例3-6】（1）请计算与月实际贴现率2%等价的每月计息1次的年名义贴现率；（2）请计算与每2个月计息1次的年名义贴现率3%等价的年实际贴现率。

解：（1）每月计息1次的年名义贴现率为：

$$d^{(12)}=12\times2\%=24\%$$

（2）每2个月计息1次的年名义贴现率为3%，即$d^{(6)}=3\%$。设与$d^{(6)}=3\%$等价的年实际贴现率为d，以$d^{(6)}=3\%$贴现1年应与以d贴现1年的贴现函数相等，即：

$$(1-\frac{d^{(6)}}{6})^6=1-d\Rightarrow d=1-(1-\frac{3\%}{6})^6=2.96\%$$

可见，年实际贴现率小于年名义贴现率。

从总体来看，已知$d^{(p)}$，即可得到每$1/p$个度量期的实际贴现率为$\frac{d^{(p)}}{p}$，因此有名义贴现率$d^{(p)}$表示的1个度量期的贴现函数$(1-\frac{d^{(p)}}{p})^p$。而由实际贴现率d表示的1个度量期的贴现函数为$1-d$，因此可得：

$$1-d=(1-\frac{d^{(p)}}{p})^p \tag{3-3}$$

式（3-3）变形可得：

$$d^{(p)}=p[1-(1-d)^{1/p}] \tag{3-4}$$

运用式（3-3）和式（3-4）可以方便地将等价的名义贴现率和实际贴现率相互转化。

实际上，更常用和更方便的做法是将名义贴现率与实际利率相互转化。由于$v=1-d$，且$v=(1+i)^{-1}$，式（3-4）可以变形为：

$$d^{(p)}=p[1-v^{1/p}]=p[1-(1+i)^{-1/p}] \tag{3-5}$$

式（3-5）整理可得：

$$1+i=(1-\frac{d^{(p)}}{p})^{-p} \tag{3-6}$$

由此已知，在名义贴现率情况下，我们可以直接计算与之等价的实际利率。

【例3-7】（1）请将季度实际贴现率3%转化为每季度计息1次的年名义贴现率；（2）请计算与每月计息1次的年名义贴现率15%等价的年实际贴现率。

解：（1）每季度计息1次的年名义贴现率为：

$$d^{(4)}=4\times 3\%=12\%$$

（2）年实际贴现率为：

$$d=1-(1-\frac{15\%}{12})^{12}=14.01\%$$

【例3-8】（1）请将年实际贴现率6%转化为每季度计息1次的年名义贴现率；（2）请计算与每4个月计息1次的年名义贴现率9%等价的年实际贴现率。

解：（1）每季度计息1次的年名义贴现率为：

$$d^{(4)}=4\times[1-(1-6\%)^{1/4}]=6.14\%$$

（2）年实际贴现率为：

$$d=1-(1-\frac{9\%}{3})^3=8.73\%$$

【例3-9】（1）请将年实际利率8%转化为每月计息1次的年名义贴现率；（2）请计算与每季度计息1次的年名义贴现率12%等价的年实际利率。

解：（1）每月计息1次的年名义贴现率为：

$$d^{(12)}=12\times[1-(1+8\%)^{-1/12}]=7.67\%$$

（2）年实际利率为：

$$i = (1 - \frac{12\%}{4})^{-4} - 1 = 12.96\%$$

同样，p的取值不一定是整数。当取“1年”为度量期长度时，$d^{(1/2)}$表示每2年计息1次的年名义贴现率；当p取值非整数时，本节推导得到的关系式仍然成立。

3.1.4 运用名义贴现率积累和贴现

由上一章可知，当实际贴现率为d时，贴现函数为$v(n) = (1 - d)^n$，积累函数为$A(n) = \frac{1}{v(n)} = (1 - d)^{-n}$。结合式（3-3）即可在给定名义贴现率的情况下进行积累和贴现。同样，当实际利率为i时，积累函数为$A(n) = (1 + i)^n$，贴现函数为$v(n) = A(n)^{-1} = (1 + i)^{-n} = v^n$。结合式（3-6）也可在给定名义贴现率的情况下进行积累和贴现。

【例3-10】（1）将500元本金存入一个每半年计息1次的年名义贴现率为8%的账户，请计算3年后的积累值；（2）已知每月计息1次的年名义贴现率为9%，请计算5年后需要支付的800元的现值。

解：（1）由已知条件可知$d^{(2)} = 8\%$，500元在3年后的积累值为：

$$500 \times (1 + i)^3 = 500 \times (1 - \frac{d^{(2)}}{2})^{-2 \times 3} = 500 \times (1 - \frac{8\%}{2})^{-6} = 638.77\text{（元）}$$

（2）由已知条件可知$d^{(12)} = 9\%$，5年后需要支付的800元的现值为：

$$800 \times (1 + i)^{-5} = 800 \times (1 - \frac{d^{(12)}}{12})^{12 \times 5} = 800 \times (1 - \frac{9\%}{12})^{60} = 509.24\text{（元）}$$

【例3-11】将200元存入一个账户1年，账户前3个月适用每月计息1次的年名义贴现率12%，后9个月适用每季度计息1次的年名义利率16%，请计算1年后账户中的积累值。

解：1年后账户中的积累值为：

$$200 \times (1 - \frac{12\%}{12})^{-12 \times \frac{3}{12}} \times (1 + \frac{16\%}{4})^{4 \times \frac{9}{12}} = 231.86\text{（元）}$$

3.2 利息力（常数利息力）

通过前面的学习我们知道，名义利率$i^{(p)}$是指每$1/p$个度量期计息1次，且每$1/p$个度量期的实际利率为$\frac{i^{(p)}}{p}$。当每个度量期内的计息频率逐渐提高，即p的取值越来越大，$1/p$的长度越来越短时，每个度量期内的利息支付将形成一个持续高频的现金流。此时，继续构建离散的现金流模型将是复杂而不便于计算的，因此我们引入连续现金流模型。

当一个度量期内的计息频率足够高（如以年为度量期时的每周计息或每日计息）时，我们不再把利息看作是每隔极短时间间隔就发生1次的离散支付，而是把利息看作是在整个度量期内持续发生的连续支付，即连续计息模式。在极限情况下，这种利息产生过程可以被看作是一种由常数“力”引起的本金增值过程，这种“力”被定义为“利息力”。

3.2.1 由名义利率推导利息力

由式（3-2）可知$i^{(p)} = p[(1 + i)^{1/p} - 1]$，当年实际利率$i$取5%时，可以计算得到与之

等价的每年计息频率不同的名义利率，如 $i^{(2)} = 4.949\%$，$i^{(4)} = 4.909\%$ 等。在 p 不同取值的情况下，可以得到 p 与 $i^{(p)}$ 的关系图，如图3-1所示。

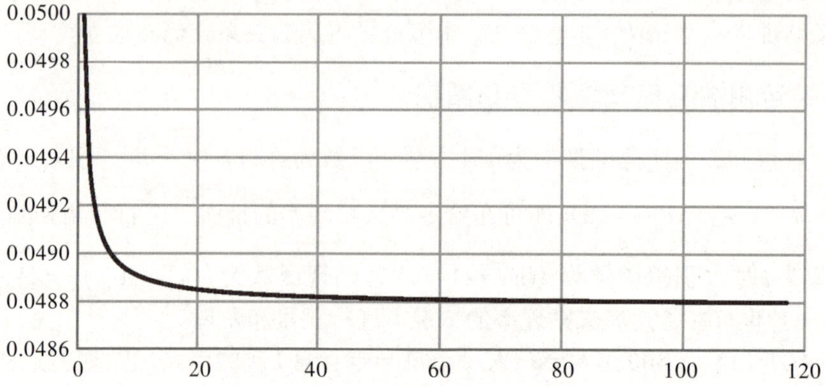

图3-1　名义利率 $i^{(p)}$ 随 p 增加的变化图

由图3-1可知，随着 p 趋向于无穷大，名义利率 $i^{(p)}$ 趋向于一个极限值。这一极限值就是利息力，即连续计息情况下的名义利率。我们通常用 δ 表示利息力。

对于给定的实际利率 i，$i^{(p)}$ 是与之等价的名义利率，存在 δ 满足 $\lim\limits_{p \to \infty} i^{(p)} = \delta$。$\delta$ 就是与实际利率 i 等价的利息力，即连续计息情况下的名义利率，或称连续复利情况下的名义利率。

接下来我们推导利息力与实际利率之间的关系。这里需要用到欧拉定理，即当 n 趋向于无穷大时，$\lim\limits_{n \to \infty} (1 + \frac{x}{n})^n = e^x$。由欧拉定理及式（3-1）可得 p 趋向于无穷大时，$1 + i = \lim\limits_{p \to \infty} (1 + \frac{i^{(p)}}{p})^p = \lim\limits_{p \to \infty} e^{i^{(p)}} = e^{\delta}$。

整理后可得：

$$1 + i = e^{\delta} \tag{3-7}$$

或：

$$\delta = \ln(1 + i) \tag{3-8}$$

以下给出另一种推导过程。由式（3-2）可得：

$$\delta = \lim_{p \to \infty} i^{(p)} = \lim_{p \to \infty} p[(1 + i)^{1/p} - 1] = \lim_{p \to \infty} \frac{(1 + i)^{1/p} - 1}{1/p} = \lim_{k \to 0} \frac{(1 + i)^k - 1}{k}$$

其中，令 $k = 1/p$。由于上式右边的分子和分母均趋向于0，因此求极限时可同时对分子和分母求 k 的导数，进一步整理可得：

$$\delta = \lim_{k \to 0} \frac{(1 + i)^k - 1}{k} = \lim_{k \to 0} \frac{(1 + i)^k \ln(1 + i)}{1} = \ln(1 + i)$$

上式的结果与式（3-8）相同。

通过式（3-7）和式（3-8）即可在已知实际利率时求得等价的利息力，同样可以在已知利息力时求得等价的实际利率。例如，当实际利率 i 取5%时，可求得 $\delta = \ln(1 + 5\%) = 0.04879$，这正是图3-1中名义利率 $i^{(p)}$ 趋向的极限值。

3.2.2　运用利息力积累和贴现

当实际利率为i时，积累函数为$A(n)=(1+i)^n$，联合式（3-7）可得：

$$A(n)=(1+i)^n=(e^{\delta})^n=e^{n\delta} \tag{3-9}$$

同样，我们可以给出贴现函数$v(n)=(1+i)^{-n}=v^n$，联合式（3-7）可得：

$$v=(1+i)^{-1}=(e^{\delta})^{-1}=e^{-\delta} \tag{3-10}$$

$$v(n)=(1+i)^{-n}=(e^{\delta})^{-n}=e^{-n\delta} \tag{3-11}$$

【例3-12】（1）将500元本金存入一个年利息力为8%的账户，请计算3年后的积累值；（2）已知年利息力为9%，请计算5年后需要支付的800元的现值。

解：（1）由已知条件可知$\delta=8\%$，500元在3年后的积累值为：

$500e^{3\delta}=500e^{3\times 8\%}=635.62$（元）

（2）由已知条件可知$\delta=9\%$，5年后需要支付的800元的现值为：

$800e^{-5\delta}=800e^{-5\times 9\%}=510.10$（元）

3.2.3　由名义贴现率推导利息力

上一节中我们已经定义了$\delta=\lim\limits_{p\to\infty}i^{(p)}$。值得进一步研究和推导的问题是，当$p$趋向于无穷大时，名义贴现率$d^{(p)}$是否也趋向于一个极限值。

由式（3-6）可知$1+i=(1-\dfrac{d^{(p)}}{p})^{-p}$，运用欧拉定理可得$p$趋向于无穷大时，$1+i=\lim\limits_{p\to\infty}(1-\dfrac{d^{(p)}}{p})^{-p}=\dfrac{1}{\lim\limits_{p\to\infty}(1+\dfrac{-d^{(p)}}{p})^{p}}=\dfrac{1}{e^{-d^{(p)}}}=e^{d^{(p)}}$。

由上式得到$1+i=e^{d^{(\infty)}}$，而由式（3-7）我们得到$1+i=e^{\delta}$，因此可得到$\lim\limits_{p\to\infty}d^{(p)}=\delta$。

类似地，我们也可以给出另一种推导过程。由式（3-6）可知$d^{(p)}=p[1-(1+i)^{-1/p}]$，当$p$趋向于无穷大时，$\lim\limits_{p\to\infty}d^{(p)}=\lim\limits_{p\to\infty}p[1-(1+i)^{-1/p}]=\lim\limits_{p\to\infty}\dfrac{1-(1+i)^{-1/p}}{1/p}=\lim\limits_{k\to 0}\dfrac{1-(1+i)^{-k}}{k}$。

其中，令$k=1/p$。由于上式右边的分子和分母均趋向于0，因此求极限时可同时对分子和分母求k的导数，进一步整理可得：

$$\lim_{p\to\infty}d^{(p)}=\lim_{k\to 0}\frac{1-(1+i)^{-k}}{k}=\lim_{k\to 0}\frac{(1+i)^{-k}\ln(1+i)}{1}=\ln(1+i)=\delta$$

通过上面的推导可知利息力δ既是p趋向于无穷大时的名义利率，又是p趋向于无穷大时的名义贴现率。

同样，当年实际利率i取5%时，由$d^{(p)}=p[1-(1+i)^{-1/p}]$可以计算得到与之等价的每年计息频率不同的名义贴现率。在p不同取值的情况下，可以得到p与$d^{(p)}$的关系图，如图3-2所示。

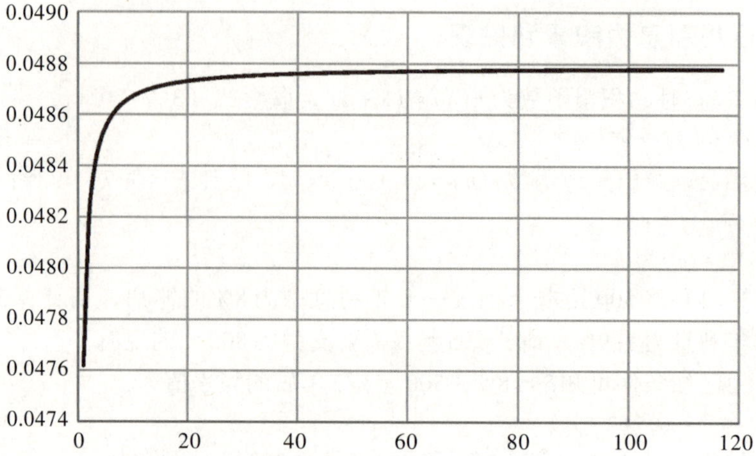

图3-2 名义贴现率$d^{(p)}$随p增加的变化图

由图3-2可知，当年实际利率i取5%时，随着p趋向于无穷大，名义贴现率$d^{(p)}$与名义利率$i^{(p)}$趋向于同一个极限值，即$\ln(1+5\%)=0.04879$。也就是说，随着p趋向于无穷大，名义利率是从“上面”逐渐趋近于δ，而名义贴现率是从“下面”逐渐趋近于δ。因此，我们可以得出等价的实际利率、实际贴现率、名义利率、名义贴现率以及利息力之间的大小关系，即：

$$d < d^{(2)} < d^{(3)} < \cdots < \delta < \cdots < i^{(3)} < i^{(2)} < i$$

【例3-13】已知实际利率i，名义利率$i^{(3)}$、$i^{(234)}$，实际贴现率d，名义贴现率$d^{(6)}$与利息力δ等价，请把它们按照从大到小的顺序排列。

解：$i > i^{(3)} > i^{(234)} > \delta > d^{(6)} > d$

3.3 名义“率”与利息力的进一步理解

3.3.1 名义利率的另一种理解

通过之前的学习我们知道，复利计息方式下每期生成的利息将会并入本金继续生息，即在整个度量期中不仅本金持续生成利息，利息本身也在不断增值生息。接下来我们转变一种思路，把本金和利息的生息过程分开来看。

首先，我们来思考本金的生息过程。当以名义利率$i^{(p)}$积累时，可以把每个度量期分成p个相等的时间间隔，1单位本金每经历一个小的时间间隔之后，均在期末支付利息$\frac{i^{(p)}}{p}$。我们先不考虑利息如何进一步生息，把每笔利息都“放在”产生利息的“当下”。于是，在名义利率为$i^{(p)}$的情况下，1单位本金产生的利息，形成了一个每隔$1/p$期就在期末支付1次$\frac{i^{(p)}}{p}$金额的现金流，p次支付之后的总利息金额为$i^{(p)}$。

接下来，我们来思考上述利息现金流的增值生息过程。以1个度量期为例，上述利息现金流在1个度量期期末的积累值计算如下：

$$\frac{i^{(p)}}{p}(1+i)^{\frac{p-1}{p}}+\frac{i^{(p)}}{p}(1+i)^{\frac{p-2}{p}}+\cdots+\frac{i^{(p)}}{p}$$

$$=\frac{i^{(p)}}{p}\times\frac{(1+i)^{\frac{p-1}{p}}\times\{1-[(1+i)^{-1/p}]^{p}\}}{1-(1+i)^{-1/p}}$$

$$=\frac{i^{(p)}}{p}\times\frac{i}{(1+i)^{1/p}-1}=i\times\frac{i^{(p)}}{p[(1+i)^{1/p}-1]} \quad (3-12)$$

由此我们可以得到：当以名义利率 $i^{(p)}$ 积累时，1单位本金经历1个度量期后的本息和为 $1+i\times\frac{i^{(p)}}{p[(1+i)^{1/p}-1]}$；当以实际利率 i 积累时，1单位本金经历1个度量期后的本息和为 $1+i$。当名义利率 $i^{(p)}$ 与实际利率 i 等价时，两种计息方式下的积累值应该相等，即：

$$i\times\frac{i^{(p)}}{p[(1+i)^{1/p}-1]}=i\Rightarrow i^{(p)}=p[(1+i)^{1/p}-1] \quad (3-13)$$

式（3-13）的结果与式（3-2）相同。重新审视式（3-13），我们可以从另一个角度去理解名义利率 $i^{(p)}$。当实际利率为 i 时，1单位本金经历 $1/p$ 期后，积累值为 $(1+i)^{1/p}$，减去本金之后得到每 $1/p$ 期期末支付的利息金额为 $(1+i)^{1/p}-1$。因此，1个度量期经历了 p 次支付之后，总利息支付金额（注意是加总的金额而非积累值）为 $p[(1+i)^{1/p}-1]$，而这一金额就是名义利率 $i^{(p)}$。

3.3.2 名义贴现率的另一种理解

与上一节思路类似，当名义贴现率为 $d^{(p)}$ 时，1单位本金在1个度量期中产生的利息，可以看作把1个度量期分成 p 个相等的时间间隔，在每个小的时间间隔期初都支付 $\frac{d^{(p)}}{p}$ 金额，共支付 p 次的现金流。因此，当实际贴现率为 d 时，这些利息在1个度量期期初的现值计算如下：

$$\frac{d^{(p)}}{p}+\frac{d^{(p)}}{p}(1-d)^{1/p}+\cdots+\frac{d^{(p)}}{p}(1-d)^{\frac{p-1}{p}}$$

$$=\frac{d^{(p)}}{p}\times\frac{1-[(1-d)^{1/p}]^{p}}{1-(1-d)^{1/p}}$$

$$=\frac{d^{(p)}}{p}\times\frac{d}{1-(1-d)^{1/p}}$$

$$=d\times\frac{d^{(p)}}{p[1-(1-d)^{1/p}]} \quad (3-14)$$

当实际贴现率 d 与名义贴现率 $d^{(p)}$ 等价时，两种贴现方式下1单位本金在1个度量期中生成贴息的现值应该相等。因此，式（3-14）的结果应与实际贴现率 d 相等，即：

$$d\times\frac{d^{(p)}}{p[1-(1-d)^{1/p}]}=d\Rightarrow d^{(p)}=p[1-(1-d)^{1/p}] \quad (3-15)$$

式（3-15）的结果与式（3-4）相同。重新审视式（3-15），我们可以从另一个角度去理解名义贴现率 $d^{(p)}$。当实际贴现率为 d 时，1单位资金贴现 $1/p$ 期后，贴现值为 $(1-d)^{1/p}$，本金与之相减后得到每 $1/p$ 期期初支付的贴息金额为 $1-(1-d)^{1/p}$。因此，1个度量期经历了 p 次支付之后，总贴息支付金额（注意是加总的金额，而非现值）为 $p[1-(1-d)^{1/p}]$，而这一金额就是名义贴现率 $d^{(p)}$。

3.3.3 利息力的另一种理解

我们依据与上两节同样的思路，可以把利息力δ看作1单位本金在1个度量期中连续计息情况下支付的总利息金额。因此，度量期间内t时刻瞬时利息支付金额可表示为$\lim\limits_{p\to\infty}\frac{\delta}{p}=\lim\limits_{\Delta t\to 0}\delta\Delta t=\delta dt$。

其中，$\Delta t=1/p$代表瞬时区间长度。因此，t时刻瞬时利息在1个度量期期末的积累值为$\delta(1+i)^{1-t}dt$。

进一步，将1个度量期内所有的瞬时利息在期末的积累值求和，需要用积分，即：

$$\int_0^1\delta(1+i)^{1-t}dt=\delta\times(1+i)\times\int_0^1(1+i)^{-t}dt=\frac{-\delta(1+i)}{\ln(1+i)}\times(1+i)^{-t}\Big|_0^1=i\times\frac{\delta}{\ln(1+i)}\tag{3-16}$$

当实际利率i与利息力δ等价时，两种计息方式下1单位本金经历1个度量期后生成利息的积累值应该相等。因此，式（3-16）的结果应与实际利率i相等，即：

$$i\times\frac{\delta}{\ln(1+i)}=i\Rightarrow\delta=\ln(1+i)\tag{3-17}$$

式（3-17）的结果与式（3-8）相同。我们可以从另一个角度去理解利息力δ。当实际利率为i时，1单位本金在1个度量期内瞬时产生的利息金额为δdt，总利息支付金额为δ。

3.3.4 总结

当实际利率i、实际贴现率d、名义利率$i^{(p)}$、名义贴现率$d^{(p)}$与利息力δ等价时，以1单位本金为基础，可推导出以下结论：当利息在一个度量期的期末支付时，金额为i；当利息在一个度量期的期初支付时，金额为d；当每个度量期分为p个小区间，利息在每个小区间的期末支付时，金额为$\frac{i^{(p)}}{p}$；当利息在每个小区间的期初支付时，金额为$\frac{d^{(p)}}{p}$；当利息在度量期内连续支付时，瞬时支付金额为δdt。

【例3-14】（1）已知$\delta=6\%$，请计算与之等价的i、$i^{(4)}$和$d^{(12)}$；（2）已知$i=8\%$，请计算与之等价的d、$d^{(4)}$、$i^{(2)}$和δ；（3）已知$d=6\%$，请计算与之等价的i、$d^{(2)}$、$i^{(12)}$和δ。

解：（1）与$\delta=6\%$等价，可得：

$i=e^{6\%}-1=6.18\%$

$i^{(4)}=4\times[e^{6\%\times 1/4}-1]=6.05\%$

$d^{(12)}=12\times[1-(e^{6\%})^{-1/12}]=5.99\%$

（2）与$i=8\%$等价，可得：

$d=1-(1+8\%)^{-1}=7.41\%$

$d^{(4)}=4\times[1-(1+8\%)^{-1/4}]=7.62\%$

$i^{(2)}=2\times[(1+8\%)^{1/2}-1]=7.85\%$

$\delta=\ln(1+8\%)=7.70\%$

（3）与$d=6\%$等价，可得：

$i=(1-6\%)^{-1}-1=6.38\%$

$d^{(2)}=2\times[1-(1-6\%)^{1/2}]=6.09\%$

$i^{(12)}=12\times[(1-6\%)^{-1/12}-1]=6.20\%$

$\delta = \ln[(1-6\%)^{-1}] = 6.19\%$

3.4 利息力函数

在第2节中我们介绍了常数利息力的概念。在连续现金流模型中，当资金的即时生息强度保持不变时，可适用常数利息力模型；当资金的即时生息强度随时间变化时，可采用利息力函数模型。

3.4.1 定义

利息力度量了资本在每个时点上的利息增长强度，t时刻的利息力函数定义为：

$$\delta(t) = \frac{A'(t)}{A(t)} \tag{3-18}$$

其中，$A(t)$为积累函数，$A'(t)$为积累函数对t的导数。

首先，我们需要进一步理解式（3-18）。如前文所述，当1年计息p次的年名义利率为$i^{(p)}$时，可以把每个度量期分成p个小区间，每个小区间的实际利率为$\frac{i^{(p)}}{p}$。类似地，当常数利息力为δ时，可以把每个度量期分成无数个Δt小区间，则每个小区间的实际利率，即瞬时实际利率为$\lim\limits_{p\to\infty}\frac{i^{(p)}}{p} = \lim\limits_{p\to\infty} i^{(p)}\frac{1}{p} = \delta\lim\limits_{\Delta t\to 0}\Delta t = \delta dt$。当利息力为时间函数时，可以把$\delta$变成$\delta(t)$，因此$t$时刻的瞬时实际利率可表示为：

$$\delta(t)dt \tag{3-19}$$

从另一个角度来推导瞬时利率：0时刻投资1单位资金在t时刻的价值可以用积累函数$A(t)$表示，经过Δt后的价值可表示为$A(t+\Delta t)$，因此当Δt趋近于0时，t到$t+\Delta t$区间的实际利率，即t时刻的瞬时实际利率可表示为：

$$\lim_{\Delta t\to 0}\frac{A(t+\Delta t)-A(t)}{A(t)} \tag{3-20}$$

式（3-19）与式（3-20）均表示了t时刻的瞬时实际利率，因此两式联立可得：

$$\delta(t)dt = \lim_{\Delta t\to 0}\frac{A(t+\Delta t)-A(t)}{A(t)}$$

$$\Rightarrow \delta(t) = \lim_{\Delta t\to 0}\frac{A(t+\Delta t)-A(t)}{A(t)}\times\frac{1}{dt} = \lim_{\Delta t\to 0}\frac{A(t+\Delta t)-A(t)}{\Delta t}\times\frac{1}{A(t)} = \frac{A'(t)}{A(t)}$$

上式与我们给出的利息力函数的定义（见式（3-18））相同。

利用式（3-18）可以在已知积累函数时求得利息力函数。例如，已知积累函数为$A(t) = (1+i)^t$（关于t连续），可推导出利息力函数为$\delta(t) = \frac{A'(t)}{A(t)} = \frac{(1+i)^t\ln(1+i)}{(1+i)^t} = \ln(1+i)$。

此时，由于积累函数是复利计息方式下的积累函数，因此利息力函数恰好就是与实际利率等价的常数利息力。

3.4.2 运用利息力函数积累

由定义式（3-18）可得：

$$\delta(t)=\frac{d}{dt}\ln A(t)\Rightarrow\delta(t)dt=d\ln A(t) \tag{3-21}$$

式（3-21）两边在 t_1 至 t_2 区间求积分可得：

$$\int_{t_1}^{t_2}\delta(t)dt=\int_{t_1}^{t_2}d\ln A(t)=\ln A(t)\Big|_{t_1}^{t_2}=\ln A(t_2)-\ln A(t_1)=\ln\frac{A(t_2)}{A(t_1)}$$

整理后可得：

$$\frac{A(t_2)}{A(t_1)}=e^{\int_{t_1}^{t_2}\delta(t)dt}$$

即：

$$A(t_1,\ t_2)=e^{\int_{t_1}^{t_2}\delta(t)dt} \tag{3-22}$$

特别是，当 $t_1=0$，$t_2=n$ 时，有：

$$A(n)=A(0,\ n)=e^{\int_0^n\delta(t)dt}$$

【例 3-15】已知利息力为时间 t（以年为单位）的函数，即 $\delta(t)=0.02+0.01t$，请计算：（1）0时刻投资1 000元在第8年年末的积累值；（2）5时刻投资1 000元在第8年年末的积累值。

解：（1）0时刻投资1 000元在第8年年末的积累值为：

$$\begin{aligned}1\,000A(0,\ 8)&=1\,000e^{\int_0^8(0.02+0.01t)dt}\\&=1\,000e^{(0.02t+0.005t^2)\big|_0^8}\\&=1\,000e^{0.48}\\&=1\,616.07(\text{元})\end{aligned}$$

（1）5时刻投资1 000元在第8年年末的积累值为：

$$\begin{aligned}1\,000A(5,\ 8)&=1\,000e^{\int_5^8(0.02+0.01t)dt}\\&=1\,000e^{(0.02t+0.005t^2)\big|_5^8}\\&=1\,000e^{0.48-0.225}\\&=1\,290.46(\text{元})\end{aligned}$$

利息力也可以是时间的分段函数。

【例 3-16】已知利息力为时间 t（以年为单位）的分段函数，即 $\delta(t)=\begin{cases}0.08 & 0\leqslant t<5\\0.13-0.01t & t\geqslant 5\end{cases}$，请计算2时刻投资500元在第10年年末的积累值。

解：2时刻投资500元在第10年年末的积累值为：

$$\begin{aligned}500A(2,\ 10)&=500A(2,\ 5)A(5,\ 10)\\&=500e^{\int_2^5 0.08dt}e^{\int_5^{10}(0.13-0.01t)dt}\\&=500e^{0.08t\big|_2^5}e^{(0.13t-0.005t^2)\big|_5^{10}}\\&=500e^{0.4-0.16}e^{0.8-0.525}\\&=500e^{0.515}\\&=836.82(\text{元})\end{aligned}$$

【例 3-17】已知利息力为时间 t（以年为单位）的分段函数，即 $\delta(t)=$

$\begin{cases} 0.05 & 0 \leqslant t < 5 \\ 0.4 - 0.05t & t \geqslant 5 \end{cases}$，请计算3时刻投资500元在第10年年末的积累值。

解：3时刻投资500元在第10年年末的积累值为：

$$\begin{aligned} 500e^{\int_3^{10}\delta(t)dt} &= 500e^{\int_3^5 0.05dt}e^{\int_5^{10}(0.4-0.05t)dt} \\ &= 500e^{0.05t|_3^5}e^{(0.4t-0.025t^2)|_5^{10}} \\ &= 500e^{0.25-0.15}e^{(4-2.5)-(2-0.625)} \\ &= 500e^{0.225} \\ &= 626.16(\text{元}) \end{aligned}$$

3.4.3　利息力函数与常数利息力的关系

常数利息力被看作是利息力函数的特殊形式。当利息力为常数δ时，运用利息力函数的积累函数（见式（3-22）），可得$A(n) = A(0, n) = e^{\int_0^n \delta dt} = e^{\delta n}$。这与之前推导的式（3-9）的结果一样。

当实际利率为i时，积累函数为$A(n) = (1+i)^n$，因此$(1+i)^n = e^{\delta n}$。由此我们又一次得到$1 + i = e^{\delta}$。这与之前推导的式（3-7）的结果一致。由此可知，常数利息力就是利息力函数的特殊形式。

3.4.4　运用利息力函数贴现

通过利息力函数可以求出未来现金流的现值。由式（3-22）可知t_1时刻投资1单位资金在t_2时刻的积累值为$e^{\int_{t_1}^{t_2}\delta(t)dt}$，因此在$t_1$时刻投资$e^{-\int_{t_1}^{t_2}\delta(t)dt}$单位资金在$t_2$时刻的积累值为$e^{-\int_{t_1}^{t_2}\delta(t)dt}e^{\int_{t_1}^{t_2}\delta(t)dt} = 1$，即$t_2$时刻的1单位资金在$t_1$时刻的现值为$e^{-\int_{t_1}^{t_2}\delta(t)dt}$，可得：

$$A(t_1, t_2)^{-1} = e^{-\int_{t_1}^{t_2}\delta(t)\mathrm{d}t} \tag{3-23}$$

特别的是，n时刻的1单位资金在0时刻的现值为$e^{-\int_0^n \delta(t)dt}$，即贴现函数为$\nu(n) = e^{-\int_0^n \delta(t)dt}$。

【例3-18】 已知利息力为时间t（以年为单位）的分段函数，即$\delta(t) = \begin{cases} 0.08 & 0 \leqslant t < 5 \\ 0.13 - 0.01t & t \geqslant 5 \end{cases}$，请计算第10年年末的500元在第3年年末的现值。

解：第10年年末的500元在第3年年末的现值为：

$$\begin{aligned} 500A(3, 10)^{-1} &= 500e^{-\int_3^{10}\delta(t)dt} \\ &= 500e^{-\int_3^5 0.08dt}e^{-\int_5^{10}(0.13-0.01t)dt} \\ &= 500e^{-0.08t|_3^5}e^{-(0.13t-0.005t^2)|_5^{10}} \\ &= 500e^{-(0.4-0.24)}e^{-(0.8-0.525)} \\ &= 500e^{-0.435} \\ &= 323.63(\text{元}) \end{aligned}$$

【例3-19】 已知利息力为时间t（以年为单位）的分段函数，即$\delta(t) = \begin{cases} 0.08 - 0.001t & 0 \leqslant t < 3 \\ 0.025t - 0.04 & 3 \leqslant t < 5 \\ 0.03 & t \geqslant 5 \end{cases}$，请计算：（1）第10年年末支付的8 000元在第2年年末的现值；（2）从第2年年末到第10年年末，与上述利息力等价的年实际利率。

解：（1）第10年年末支付的8 000元在第2年年末的现值为：

$$
\begin{aligned}
8\,000e^{-\int_2^{10}\delta(t)dt} &= 8\,000e^{-\int_2^{3}(0.08-0.001t)dt}e^{-\int_3^{5}(0.025t-0.04)dt}e^{-\int_5^{10}0.03dt}\\
&= 8\,000e^{-(0.08t-0.0005t^2)\big|_2^3}e^{-(0.0125t^2-0.04t)\big|_3^5}e^{-(0.03t)\big|_5^{10}}\\
&= 8\,000e^{-(0.2355-0.158)}e^{-(0.1125+0.0075)}e^{-(0.3-0.15)}\\
&= 8\,000e^{-0.3475}\\
&= 5\,651.62(\text{元})
\end{aligned}
$$

（2）设从第2年年末到第10年年末，与上述利息力等价的年实际利率为i，可得：

$$5\,651.62\times(1+i)^{10-2}=8\,000 \Rightarrow i=4.44\%$$

3.4.5 利息力为分段函数下的积累函数和贴现函数

【例3-20】已知利息力为时间t（以年为单位）的分段函数，即$\delta(t)=\begin{cases}0.08 & 0\leqslant t<5\\ 0.13-0.01t & t\geqslant 5\end{cases}$，请计算积累函数的形式，即0时刻投资1单位资金在t年年末的价值表达式。

解：当$0\leqslant t<5$时，可得：

$$A(0,\ t)=e^{\int_0^t 0.08ds}=e^{0.08s\big|_0^t}=e^{0.08t}$$

当$t\geqslant 5$时，可得：

$$
\begin{aligned}
A(0,\ t) &= A(0,\ 5)A(5,\ t)\\
&= e^{\int_0^5 0.08ds}e^{\int_5^t(0.13-0.01s)ds}\\
&= e^{0.08s\big|_0^5}e^{(0.13s-0.005s^2)\big|_5^t}\\
&= e^{0.4}e^{0.13t-0.005t^2-0.525}\\
&= e^{0.13t-0.005t^2-0.125}
\end{aligned}
$$

因此，积累函数为：

$$A(0,\ t)=\begin{cases}e^{0.08t} & 0\leqslant t<5\\ e^{0.13t-0.005t^2-0.125} & t\geqslant 5\end{cases}$$

【例3-21】已知利息力为时间t（以年为单位）的分段函数，即$\delta(t)=\begin{cases}0.04+0.002t & 0\leqslant t<10\\ 0.015t-0.08 & 10\leqslant t<12\\ 0.07 & t\geqslant 12\end{cases}$，请计算贴现函数的形式，即$t$年年末的1单位资金在0时刻的价值表达式。

解：当$0\leqslant t<10$时，可得：

$$A(0,\ t)^{-1}=e^{-\int_0^t(0.04+0.002s)ds}=e^{-(0.04s+0.001s^2)\big|_0^t}=e^{-0.04t-0.001t^2}$$

当$10\leqslant t<12$时，可得：

$$
\begin{aligned}
A(0,\ t)^{-1} &= A(0,\ 10)^{-1}A(10,\ t)^{-1}\\
&= e^{-\int_0^{10}(0.04+0.002s)ds}e^{-\int_{10}^t(0.015s-0.08)ds}\\
&= e^{-(0.04s+0.001s^2)\big|_0^{10}}e^{-(0.0075s^2-0.08s)\big|_{10}^t}\\
&= e^{-0.5}e^{-0.0075t^2+0.08t-0.05}\\
&= e^{-0.0075t^2+0.08t-0.55}
\end{aligned}
$$

当$t\geqslant 12$时，可得：

$$
\begin{aligned}
A(0,\ t)^{-1} &= A(0,\ 10)^{-1}A(10,\ 12)^{-1}A(12,\ t)^{-1} \\
&= e^{-\int_0^{10}(0.04+0.002s)ds}e^{-\int_{10}^{12}(0.015s-0.08)ds}e^{-\int_{12}^{t}0.07ds} \\
&= e^{-(0.04s+0.001s^2)|_0^{10}}e^{-(0.0075s^2-0.08s)|_{10}^{12}}e^{-0.07s|_{12}^{t}} \\
&= e^{-0.5}e^{-(0.12+0.05)}e^{-0.07t+0.84} \\
&= e^{-0.67}e^{-0.07t+0.84} \\
&= e^{-0.07t+0.17}
\end{aligned}
$$

因此，积累函数为：

$$
A(0,\ t)^{-1} = \begin{cases} e^{-0.04t-0.001t^2} & 0 \leqslant t < 10 \\ e^{-0.0075t^2+0.08t-0.55} & 10 \leqslant t < 12 \\ e^{-0.07t+0.17} & t \geqslant 12 \end{cases}
$$

本章小结

名义年利率、名义年贴现率和利息力是度量每年计息频率多于或少于1次情况的年度“率”。

名义利率为$i^{(p)}$意味着每$1/p$个度量期计息1次，且每$1/p$个度量期的实际利率为$\frac{i^{(p)}}{p}$。名义贴现率为$d^{(p)}$意味着每$1/p$个度量期计息1次，且每$1/p$个度量期的实际贴现率为$\frac{d^{(p)}}{p}$。运用名义利率、名义贴现率可以计算资金的积累值和现值。

在利息连续支付模型下，利息产生过程可以被看作是一种由利息力引起的本金增值过程，这种利息力可以是常数，也可以是时间的函数。常数利息力可以由名义利率的极限形式推导得到，也可以由名义贴现率的极限形式推导得到，即$\delta = \lim\limits_{p\to\infty} i^{(p)} = \lim\limits_{p\to\infty} d^{(p)}$。实际利率、实际贴现率、名义利率、名义贴现率与利息力之间存在的大小关系为：$d < d^{(2)} < d^{(3)} < \cdots < \delta < \cdots < i^{(3)} < i^{(2)} < i$。$t$时刻的利息力函数定义为$\delta(t) = \frac{A'(t)}{A(t)}$，常数利息力是利息力函数的特殊形式。运用常数利息力和利息力函数可以计算资金的积累值和现值。

关键概念

名义利率　名义贴现率　利息力　常数利息力　利息力函数

综合训练

1.请计算与每月计息1次的年名义利率6%等价的年实际贴现率。

2.假设年利息力为8%，请计算8.56元在下列时间（每年按365天计算）后的积累值：（1）4个月；（2）5年；（3）8年零6天。

3.当实际利率$i = 9\%$时，请计算与之等价的$i^{(2)}$、$d^{(3)}$、$i^{(6)}$、$d^{(12)}$。

4.（1）每半年计息1次的年名义利率为12%，请计算年实际利率；（2）每月计息1次的年名义利率为8%，请计算年实际利率；（3）年实际利率为9%，请计算每月计息1次的年名义利率；（4）每季度计息1次的年名义利率为11%，请计算每月计息1次的年名义利率。

5. 在下列两种情况下，请计算年实际利率：（1）投资450元30个月后的积累值为700元；（2）现在投资200元，18个月后追加投资250元，36个月后的总积累值为700元。

6. 某账户在每个周一、周三、周五按照年实际利率13%计息，在每个周二、周四、周六按照年实际利率10%计息，在每周日按照年实际利率14%计息。假设资金在账户积累的时间长度是7的整倍数，请计算与账户等价的均衡年实际利率。

7. 有两种投资方式：方式1是3个月期的存款账户，按每季度计息1次的年名义利率8%计息；方式2是3个月期的政府债券，按单贴现率报价。如果两种投资方式均能为投资者提供同样的实际利率，请计算出政府债券的单贴现率。

8. 已知t时刻的利息力函数满足$\delta(t)=0.004t+0.00015t^2$，请计算：（1）0时刻投资350元在8时刻的积累值；（2）8年间的常数年实际利率。

9. 假设利息力函数满足$\delta(t)=0.02t+0.05$（t以年为单位），请计算：（1）第2年的实际利率；（2）如果在$t=1/2$时投资1元钱，那么$t=8$时的积累值是多少。

10. 假设0时刻投资450元，在下列情况下，请计算6个月后的积累值：（1）年利息力为6%；（2）每月计息1次的年名义利率为6%；（3）年实际利率为6%。

11.（1）请计算与每季度计息1次的年名义利率8%等价的每季度计息1次的年名义贴现率；（2）一笔价值8 000元的投资，按照每半年计息1次的名义贴现率5%积累1年，接下来按照每4个月计息1次的名义利率5%积累1年，请计算该笔投资2年后的积累值。

第3章综合训练答案

12. 在下列情形下，请计算等价的年实际利率：（1）每2年的实际利率为13.5%；（2）年实际贴现率为6.83%；（3）每月利息力为0.6%；（4）每季度计息1次的年名义贴现率为8%；（5）每2年计息1次的年名义利率为15%。

第4章

货币利率与真实利率

目标引领

价值塑造

本章首先向学生介绍《管子·轻重篇》中关于货币数量论的相关内容，进而引导学生体会我国传统文化中，对流通中商品与货币的多寡、物价的高低及其变化规律的认识，在此基础上辅助学生更好地理解通货膨胀及其对商品经济和利率的影响。

知识传授

通过本章学习，理解通货膨胀因素对利率的影响，能够区分货币利率与真实利率的含义；在给定通货膨胀率或物价指数的情况下，学会货币利率与真实利率的计算和换算。

思维导图

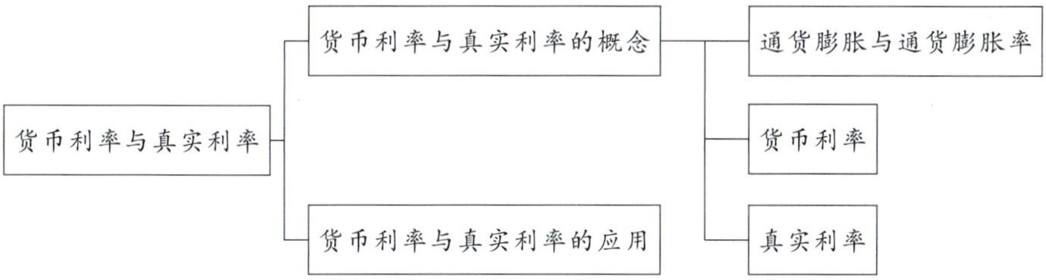

开篇导读

截至目前，我们已经学习了“实际利率/实际贴现率”与“名义利率/名义贴现率”的概念。需要注意的是，在利息理论学科框架内，“实际”与“名义”这一对概念关注的核心问题是，一个度量期内计息的次数是否为1次。而在很多其他经济学学科框架内，“实际”与“名义”这一对概念往往涉及是否考虑“通货膨胀”的问题。利息理论学科同样关注通货膨胀对利率的影响，但由于“实际”与“名义”这一对概念，我们已经赋予其特殊含义，因此我们把包含通货膨胀的利率命名为“货币利率”，而非“名义利率”，而把剔除了通货膨胀的利率命名为“真实利率”，而非“实际利率”。

本章将介绍货币利率与真实利率这一对概念。此前我们学习的用货币单位表示金额情况下计算得到的利率都是货币利率，当考虑通货膨胀因素时，我们就需要引入真实利率的概念。

4.1 货币利率与真实利率的概念

4.1.1 通货膨胀与通货膨胀率

通货膨胀是指在货币流通条件下，由于货币的实际供给大于流通中对货币的实际需求，而导致物价在一段时间内持续而普遍上涨的现象。通货膨胀的反面是通货紧缩，表现为一段时间内物价持续而普遍下降的现象。

通货膨胀率通常用价格指数增长率来间接表示。通货膨胀率（物价上涨率）=（现期物价水平-基期物价水平）/基期物价水平。如果价格指数增长率大于0，说明存在通货膨胀；如果价格指数增长率小于0，说明存在通货紧缩。

在通货膨胀的情况下，货币的购买力会下降。购买力可以理解为货币现金可以购买的商品数量。

【例4-1】（1）已知一本书在2023年1月1日售价13元，而在2023年12月31日售价14元，请计算2023年此书价格的通货膨胀率；（2）当你有182元时，请问在2023年1月1日和2023年12月31日可以购买此书多少本？

解：（1）设通货膨胀率为j，可得：

$$1+j=\frac{14}{13}\Rightarrow j=7.69\%$$

（2）在2023年1月1日可以购买：

$$\frac{182}{13}=14\text{（本）}$$

在2023年12月31日可以购买：

$$\frac{182}{14}=13\text{（本）}$$

在例4-1中，由于2023年存在通货膨胀，同样的货币金额在年末只能买到更少的书，即与年初货币的购买力相比，同样金额的货币在年末的购买力下降了。

启智增慧4-1《管子·轻重篇》中的货币数量论①

4.1.2 货币利率

根据积累函数的定义我们知道，0时刻投资1单位资金，在t时刻的积累值可以用$A(0,\ t)$来表示。当上述本金和积累值给出具体的货币单位（如元、美元或英镑等）时，由此计算得出的利率就是货币利率。对于在一段时期内积累的任何一系列货币支付，货币利率就是在积累期结束时为产生货币积累值而适用的利率水平。

【例4-2】假设1元经过1年后的积累值为1.05元，请计算货币利率。

解：设货币利率为i_1，可得：

$$1\times(1+i_1)=1.05\Rightarrow i_1=5\%$$

① 何平.《国蓄》篇所见《管子》的货币数量论［J］.中国钱币，2019（2）.

4.1.3 真实利率

实务中，各种积累过程都发生在存在不同程度通货膨胀（紧缩）的经济体中，这使得未来积累值的购买力可能下降（或上升）。因此，在通货膨胀（紧缩）存在的情况下，要计算真实利率，就必须考察未来价值的真实购买力。

在例4-1中，由于年末的182元只能购买13本书，因此以年初书价来计算，这182元在年末的真实购买力价值为169元（13×13）。我们同样可以通过货币金额除以（1+通货膨胀率）来计算货币的真实购买力价值，即$\frac{182}{1+7.69\%}$。

用积累函数来表示，假设积累过程发生在一个有通货膨胀的经济体内，0时刻投资1单位货币资金，在t时刻的货币积累值为$A(0, t)$，而其真实购买力价值为$A^*(0, t)$。1单位本金为积累产生货币积累值$A(0, t)$所需的利率是货币利率，而为积累产生真实购买力积累值$A^*(0, t)$所需的利率就是真实利率。对于在一段时期内积累的任何一系列货币支付，真实利率就是在积累期结束时为产生真实购买力积累值而适用的利率水平。

【例4-3】 假设1元经过1年后的积累值为1.05元，但由于存在通货膨胀因素，1年后1.05元的真实购买力价值仅为1.04元，请计算真实利率。

解：设真实利率为i_2，可得：

$$1\times(1+i_2)=1.04 \Rightarrow i_2=4\%$$

【例4-4】 一个银行账户提供4.2%的年实际利率，通货膨胀率为3%，请计算真实利率。

解：由题意可知1单位资金积累1年后的货币积累值为$A(0, 1)=1\times(1+4.2\%)=1.042$，而真实购买力的积累值为$A^*(0, 1)=\frac{1.042}{1+3\%}=1.0117$。因此，真实利率为：

$$(\frac{1.0117-1}{1})\times 100\%=1.17\%$$

【例4-5】 一个投资者购买了一种12年期的债券，可获得货币年实际收益率8.5%。假设债券存续的12年内年通货膨胀率为4%，请计算投资者获得的真实年实际收益率。

解：设真实年实际收益率为i'，可得：

$$i'=\frac{1+i}{1+4\%}-1=4.33\%$$

以上各例题中，我们都假设了正的通货膨胀率，此时1单位资金的真实购买力积累值$A^*(0, t)$将小于货币积累值$A(0, t)$，因此真实利率要小于货币利率。当通货膨胀率为负的时，经济体实际上面临的是通货紧缩，以上计算方法同样适用于通货紧缩的情况。当通货紧缩时，1单位资金的真实购买力积累值$A^*(0, t)$将大于货币积累值$A(0, t)$，此时真实利率也将大于货币利率。

【例4-6】 一个银行账户提供4.2%的年实际利率，由于存在通货紧缩因素，1年后1元的真实购买力价值为1.02元，请计算真实利率。

解：由题意可知1单位资金积累1年后的货币积累值为$A(0, 1)=1\times(1+4.2\%)=1.042$，而真实购买力的积累值为$A^*(0, 1)=1.042\times 1.02=1.06284$。因此，真实利率为：

$$(\frac{1.06284-1}{1})\times 100\%=6.284\%$$

4.2 货币利率与真实利率的应用

在各项具体业务或交易的测算中，究竟应该使用货币利率还是真实利率，主要取决于以下两个因素：(1) 业务或交易的实际目的；(2) 使用的数据是否已考虑了通胀的影响。

考虑以下两个例子：

例A：假设一个40岁的人计划在60岁时进行环球旅行，他声称经调查，环球旅行的成本为250 000元，他希望计算出现在应该在账户中存入多少本金，才能在60岁时实现计划。

例B：假设一个人在20年后需要偿还一笔500 000元的贷款，即贷款合同上明确写着20年后的还款金额是500 000元。他希望计算出现在应该在账户中存入多少本金，才能在20年后偿还贷款。

首先，从业务或交易的实际目的来看：例A中的当事人要实现的目标是在60岁时可以进行环球旅行，而不是存够250 000元的金额；而例B中的当事人要实现的目标则是在20年后确确实实地存够500 000元。其次，从使用的数据是否已考虑了通货膨胀因素来看：在例A中当事人经调查得到的成本不太可能是20年后的，而更可能是现在进行一次环球旅行的成本（除非有特殊说明），因此可推断这250 000元是真实购买力价值；而例B中的500 000元是20年后的还款金额，即20年后用货币单位表示的价值，属于货币价值。综合来看，当使用250 000元真实购买力价值作为积累值时，我们需要用真实利率去反算现在的存款金额；而当使用500 000元货币价值作为积累值时，我们需要用货币利率去反算现在的存款金额。

本章小结

通货膨胀（通货紧缩）是指在货币流通条件下，由于货币的实际供给大于（小于）流通中对货币的实际需求，而导致物价在一段时间内持续而普遍上涨（下降）的现象。

对于在一段时期内积累的任何一系列货币支付，货币利率就是在积累期结束时为产生货币积累值而适用的利率水平，而真实利率就是在积累期结束时为产生真实购买力积累值而适用的利率水平。

在各项具体业务或交易中究竟应该使用货币利率还是真实利率，主要取决于业务或交易的实际目的以及使用的数据是否已考虑了通胀因素。

关键概念

通货膨胀　货币利率　真实利率

综合训练

1. 某一国家在过去20年内的平均年通货膨胀率为10%，在下列情况下，请分别计算真实利率：（1）一种黄金投资品2017年1月1日售价15 000元，2019年12月31日售价20 000元；（2）一幅油画2020年3月1日售价20 000元，2020年9月1日售价24 000元；（3）一块宝石2021年7月1日售价24 000元，2023年7月1日售价20 000元；（4）一座小雕像2016年11月1日售价为9 500元，2023年12月31日售价18 000元。

第4章综合训练答案

第5章

现金流的积累和贴现

目标引领

价值塑造

本章在引领学生理解连续支付现金流应用意义的基础上，引出金融系统重要组成部分的保险业，进而引导学生了解中国保险业的发展历程，体会中华人民共和国成立前后以及改革开放前后我国保险业的发展变化情况。

知识传授

通过本章的学习，引领学生学会在给定常数利率或贴现率时，求离散/连续现金流的现值、积累值和任意时点的价值；在利率或贴现率随时间变化时，求离散/连续现金流的现值、积累值和任意时点的价值；在利息力为时间的连续函数时，求离散/连续现金流的现值、积累值和任意时点的价值。

思维导图

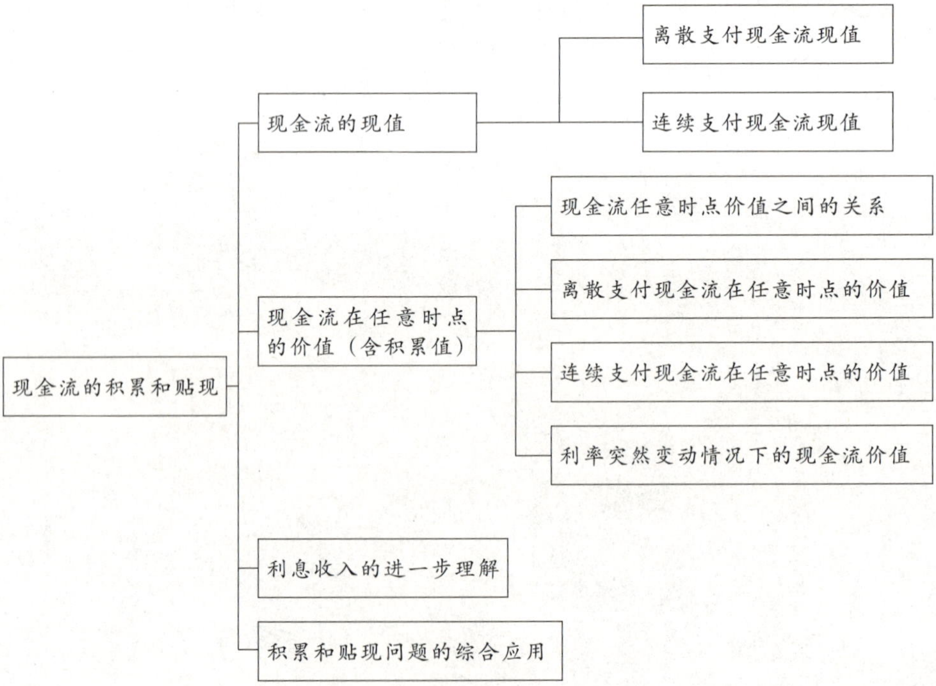

开篇导读

我们已经学习了单笔资金的积累和贴现，但现实中的业务和交易往往涉及多笔资金的流入和流出，因此在研究金融问题时，需要依据业务或交易支付模式的特点，构建现金流模型（参见第1章）。

实务中，常见的现金流模型是离散支付的现金流模型，表现为每笔支付金额都发生在离散时点上。在支付频率较为频繁的情况下（如以“年”为度量单位时的每日支付或每周支付），构建连续支付的现金流模型更加合理和易于计算。因此，我们在研究现金流的积累和贴现问题时，要注意和区分现金流模型属于离散支付模型还是连续支付模型。

本章是系统介绍不同时点现金流价值如何求解的一章，求解时需要关注的问题包括：现金流类型（如离散支付、连续支付）；求解的已知条件（如利率、贴现率、贴现函数、积累函数、利息力常数/函数、利率是否变化等）；关注价值的时点（如现值、积累值、任意时点价值）等。

本章学习需要一定的高等数学微积分基础。

5.1 现金流的现值

在求现金流现值问题时，需要确定现金流的种类是离散支付现金流还是连续支付现金流。

5.1.1 离散支付现金流现值

我们已经学过t时刻的金额C在0时刻的现值为Cv^t。其中，$v=\dfrac{1}{1+i}$，i是度量期的实际利率。现在考虑未来的两笔金额：t_1时刻的金额C_1和t_2时刻的金额C_2，包含这两笔支付的现金流现值就是这两笔支付各自的现值之和，即$C_1\nu^{t_1}+C_2\nu^{t_2}$。

【例5-1】请计算2023年6月1日支付的350元和2023年12月1日支付的420元在2021年6月1日的现值，年实际利率为12%。

解：设现值为PV，可得：

$$PV=350\nu^2+420\nu^{2.5}=350\times(1+12\%)^{-2}+420\times(1+12\%)^{-2.5}=595.39(\text{元})$$

在t_1，t_2，…，t_n时刻发生的一系列现金流C_{t_1}，C_{t_2}，…，C_{t_n}在0时刻的现值为：

$$\sum_{j=1}^{n}C_{t_j}\nu^{t_j} \tag{5-1}$$

【例5-2】某公司按照租赁协议的要求，每年为其办公场所支付75 000元租金。租赁期为2021年1月1日至2023年12月31日，租金交付日为每年的1月1日。该公司计划于2020年1月1日在一个年利率为7.5%的复利账户中存入一笔钱用于支付未来的租金，请计算该公司需要一次性存入多少钱？

解：$\nu=\dfrac{1}{1+i}=\dfrac{1}{1.075}=0.93023$

该公司需要一次性存入的金额为：

$$75\,000\nu+75\,000\nu^2+75\,000\nu^3=195\,039.43\text{（元）}$$

若实际利率不是常数，我们可以用贴现函数来表示现金流的现值。令$v(t)$表示t时刻1单位资金在0时刻的现值，则t_1，t_2，…，t_n时刻发生的一系列现金流C_{t_1}，C_{t_2}，…，C_{t_n}在0

时刻的现值为：

$$C_{t_1}\nu(t_1)+C_{t_2}\nu(t_2)+\cdots+C_{t_n}\nu(t_n)=\sum_{j=1}^{n}C_{t_j}\nu(t_j) \tag{5-2}$$

如果一个现金流的支付次数是无限的，且其现值收敛，则现值可表达为$\sum_{j=1}^{\infty}C_{t_j}\nu(t_j)$。实务中，如果计算永续支付现金流的现值，则通常需要满足收敛的条件。

同理，若给定利息力$\delta(t)$，则t_1，t_2，…，t_n时刻发生的一系列现金流C_{t_1}，C_{t_2}，…，C_{t_n}在0时刻的现值为$\sum_{j=1}^{\infty}C_{t_j}\exp\left[-\int_0^{t_j}\delta(s)ds\right]$。

【例5-3】已知$\delta(t)=3\%$，请计算6时刻支付的250元和8时刻支付的600元在0时刻的现值。

解：本题中利息力为常数，因此两笔支付的现值为：

$$250e^{-6\times 3\%}+600e^{-8\times 3\%}=680.79\text{（元）}$$

5.1.2 连续支付现金流现值

连续支付现金流是一种理论模型。如果不考虑计算的复杂程度和成本，原则上我们可以把金融业务或交易中出现的现金流，都抽象为离散支付的现金流模型，即每笔资金支付时间均相互离散的模型，这与我们对现实的直观感受和理解相一致。但实务中，当现金流的支付频率足够高时，构建离散支付的现金流模型可能存在问题，且难以满足模拟预测的需求。例如，在以“年”为度量期的情况下，如果每天都有小额现金的流入或流出，那么在构建离散支付现金流模型时，时间间隔将被设定为1/365天（或更小），支付次数将被设定为365次（或更多），这使得对现金流积累和贴现的工作变得越来越复杂和难以实现。这一问题在某些每天存在多次支付的领域或机构更为明显。

保险公司就属于这类支付频率相对较高的机构。正常营业的保险公司每天都可能收到若干笔投保人支付投保保费，同样每天也可能需要支出若干笔保险理赔的赔款，这使得保险公司的现金流支付模式，符合支付频率相对较高、每次支付金额相对较低的特点。此时，构建连续支付的现金流模型将更易计算，且能更方便地进行模拟分析。因此，作为保险精算基础课程的利息理论课程，我们将向大家介绍连续支付的现金流模型。

启智增慧5-1
中国保险业发展历程

假设$T>0$，在0到T区间存在连续支付现金流，且有$0<t<T$。令$M(t)$为金额函数，表示0到t区间内的总现金支付金额，且$M(t)$为t的连续函数。定义t时刻的支付率函数为$\rho(t)=M'(t)$。

由此，如果存在$0\leqslant\alpha\leqslant\beta\leqslant T$，那么$\alpha$到$\beta$区间的总支付金额为：

$$M(\beta)-M(\alpha)=\int_{\alpha}^{\beta}M'(t)dt=\int_{\alpha}^{\beta}\rho(t)dt \tag{5-3}$$

因此，支付率函数就是金额函数的导函数，而求任意两个时刻之间的总支付金额，就是在该时间区间内对支付率函数求积分。

支付率实际上就是单位时间的支付金额，以常数支付率为例，假设支付率为24元/年，这意味着每年的支付金额为24元，每半年的支付金额为$24\times\frac{1}{2}=12$元，每月的支付金额为$24\times\frac{1}{12}=2$元，以此类推，每个极小的时间区间内的支付金额可表示为$24\times dt$。类似地，当支付率为$\rho(t)$时，$\rho(t)dt$代表每个极小的时间区间内的支付金额，即t时刻的瞬时支付金额。因此，式（5-3）可以看作把α到β区间内所有瞬时支付金额加总，即可得到区间内的总支付金额。

【例5-4】某保险公司发行了一种10年期的创新型保险产品，要求投保人每周支付保费10元。假设该保险公司每年均可卖出10 000份产品。请计算：（1）该公司在产品推出的最初几年内，保费收入的支付率函数（产品推出的最初几年内没有到期的产品，因此不存在投保人停止缴费的情况）；（2）该公司最初3年的总保费收入（每年按365.25天计算）。

解：（1）t年该公司卖出产品10 000t份，在存量保单为10 000t份，每份产品每周保费收入为10元的情况下，t年该公司每周保费总收入为：

$$10\,000t\times 10=100\,000t\text{（元）}$$

以年为支付率度量的单位时间，可知1年有52.18（365.25÷7）周，因此t年的支付率为：

$$52.18\times 100\,000t=5\,218\,000t\text{（元/年）}$$

（2）该公司最初3年的总保费收入为：

$$\int_0^3\rho(t)dt=\int_0^3 5\,218\,000tdt=\frac{5\,218\,000t^2}{2}\bigg|_0^3=23\,481\,000\text{(元)}$$

以上述分析为基础，我们知道t时刻的瞬时支付金额可以表示为$\rho(t)dt$，因此t时刻的瞬时支付金额在0时刻的现值可以表示为$\nu(t)\rho(t)dt$。其中，$\nu(t)$为贴现函数。进而得到0到T区间所有瞬时支付金额在0时刻的总现值为$\int_0^T\nu(t)\rho(t)dt$。如果现金流是永续支付的，则可改写为$\int_0^\infty\nu(t)\rho(t)dt$。

我们把上节离散支付现金流的现值表达式和本节连续支付现金流的现值表达式综合在一起，可以得到通用的现金流现值表达式，即：

$$\sum_{j=1}^{\infty}C_{t_j}\nu(t_j)+\int_0^\infty\nu(t)\rho(t)dt \tag{5-4}$$

【例5-5】一个公司预计在接下来的5年内获得连续现金流收入，现金流的支付率是420元/年。该公司同时预计在第1年年末支出750元，在第3年年末支出500元。当贴现函数为$\nu(t)=1-\frac{t}{125}$时，请计算该公司5年内所有现金流的现值。

解：该公司5年内所有现金流的现值为：

$$\begin{aligned}PV&=\int_0^5 420\nu(t)dt-750\nu(1)-500\nu(3)\\&=\int_0^5 420\times(1-\frac{t}{125})dt-750\times(1-\frac{1}{125})-500\times(1-\frac{3}{125})\\&=420\times(t-\frac{t^2}{250})\Big|_0^5-6\times 124-4\times 122\\&=420\times(5-\frac{25}{250})-744-488\\&=826\text{(元)}\end{aligned}$$

【例5-6】一个公司预期在接下来的5年内获得连续现金流收入，现金流的支付率是时间t（单位为年）的函数，即$\rho(t) = 100 \times 0.8^t$。在常数年利息力为8%的情况下，请计算此现金流的现值。

解：此现金流的现值为：

$$PV = \int_0^5 v(t)\rho(t)dt = \int_0^5 e^{-0.08t} \times 100 \times 0.8^t dt = 100\int_0^5 (e^{-0.08} \times 0.8)^t dt = \frac{100 \times (e^{-0.08} \times 0.8)^t}{\ln(e^{-0.08} \times 0.8)}\bigg|_0^5 = 257.42(\text{元})$$

【例 5-7】已知在$0 \leqslant t \leqslant 10$区间内有连续支付现金流，支付率为$\rho(t) = e^{-0.05t}$。在$0 \leqslant t \leqslant 10$区间内利息力为$\delta(t) = 0.03$，请计算现金流在0时刻的现值。

解：现金流在0时刻的现值为：

$$\begin{aligned}
PV &= \int_0^{10} \rho(t) e^{-\int_0^t 0.03ds} dt \\
&= \int_0^{10} \rho(t) e^{-0.03s|_0^t} dt \\
&= \int_0^{10} e^{-0.05t} e^{-0.03t} dt \\
&= \int_0^{10} e^{-0.08t} dt \\
&= -\frac{1}{0.08} e^{-0.08t}\Big|_0^{10} \\
&= -\frac{1}{0.08}(e^{-0.8} - 1) \\
&= 6.8834
\end{aligned}$$

当利息力为时间的函数，且支付率也为时间的函数时，求解连续支付现金流的现值会相对复杂，需要求解双重积分。

【例 5-8】已知在$0 < t \leqslant 5$区间内利息力为$\delta(t) = 0.01t + 0.04$；在$0 < t \leqslant 5$区间内有连续支付现金流，且支付率为$\rho(t) = 0.5t + 2$，请计算连续支付现金流在0时刻的现值。

解：连续支付现金流开始于0时刻，结束于5时刻，因此应用式（5-9）时，a取0，b取5。连续支付现金流在0时刻的现值为：

$$\begin{aligned}
PV_{t=0} &= \int_0^5 (0.5t + 2)\exp\left[-\int_0^t (0.01s + 0.04)ds\right] dt \\
&= \int_0^5 (0.5t + 2)\exp\left[-(0.005s^2 + 0.04s)\big|_0^t\right] dt \\
&= \int_0^5 (0.5t + 2)\exp\left[-(0.005t^2 + 0.04t)\right] dt \\
&= -50 \times \int_0^5 -(0.01t + 0.04)\exp\left[-(0.005t^2 + 0.04t\right] dt \\
&= -50 \times \exp\left[-(0.005t^2 + 0.04t)\right]\Big|_0^5 \\
&= -50 \times (e^{-0.325} - 1) \\
&= 13.87
\end{aligned}$$

5.2 现金流在任意时点的价值（含积累值）

5.2.1 现金流任意时点价值之间的关系

考虑两个时点t_1和t_2。（1）当$t_1 \geqslant t_2$时，t_2时刻的1单位资金在t_1时刻的价值可以被定义为积累函数；（2）当 $t_1 < t_2$ 时，t_2 时刻的1单位资金在 t_1 时刻的价值可以被定义为贴现函数。（3）当忽略 t_1 和 t_2 的大小关系时，求 t_2 时刻的1单位资金在 t_1 时刻的价值，可以先把 t_2 时刻的1单位资金贴现到0时刻，再把0时刻的价值积累到 t_1 时刻。所以，无论在哪种情况下，这一价值都可以被表示为：

$$\frac{\nu(t_2)}{\nu(t_1)} \tag{5-5}$$

或：

$$\nu(t_2)A(t_1)$$

依据同样的道理，我们现在给出既包含离散支付又包含连续支付的一般情况。当 t 时刻的离散支付用 C_t 表示，连续支付的支付率用 $\rho(t)$ 表示时，整个现金流在任意时刻 t_1 的价值为：

$$\sum C_t \frac{\nu(t)}{\nu(t_1)} + \int_{-\infty}^{\infty} \rho(t) \frac{\nu(t)}{\nu(t_1)} dt \tag{5-6}$$

当 t_1=0时，上式表示整个现金流在0时刻的现值，即：

$$\sum C_t \nu(t) + \int_{-\infty}^{\infty} \rho(t)\nu(t)dt \tag{5-7}$$

这与上一节推导的式（5-4）相同。可见，式（5-6）实际上是包含了现值表达式在内的更通用的价值表达式：当所求价值的时点在所有支付金额发生之后，所求现金流价值即为整个现金流的积累值；当所求价值的时点在所有支付金额发生之前，所求现金流价值即为整个现金流的贴现价值。同时，应用式（5-6）还可以求得现金流发生过程中任意时点的现金流价值。

由式（5-5）和式（5-6）可知，当给定两个时点 t_1 和 t_2 时，则有：

$$\text{现金流在0时刻的价值} = \text{现金流在}t_1\text{时刻的价值} \times \nu(t_1) = \text{现金流在}t_2\text{时刻的价值} \times \nu(t_2)$$

整理可得：

$$\text{现金流在}t_1\text{时刻的价值} = \text{现金流在}t_2\text{时刻的价值} \times \frac{\nu(t_2)}{\nu(t_1)}$$

或：

$$\text{现金流在}t_1\text{时刻的价值} \times \nu(t_1) = \text{现金流在}t_2\text{时刻的价值} \times \nu(t_2) \tag{5-8}$$

式（5-8）的两边都表示现金流在0时刻的现值。

5.2.2　离散支付现金流在任意时点的价值

由式（5-8）可直接求得离散支付现金流在任意时点的价值。

【例5-9】 已知 v（12）=0.65，v（6）=0.85，请计算12时刻的960元在6时刻的价值。

解：12时刻的960元在6时刻的价值为：

$$960 \times \nu(12) \times \nu(6)^{-1} = 960 \times \frac{0.65}{0.85} = 734.12\text{（元）}$$

【例5-10】 有以下四笔支付：2019年1月1日支付120元；2020年1月1日支付150元；2022年1月1日支付180元；2023年1月1日支付200元。令2018年1月1日为0时刻，可得 $\nu(t) = 0.9 - \frac{(t-2)^3}{80}$（$t$ 以年为单位），请计算这四笔支付在2021年1月1日时的价值。

解：这四笔支付在2018年1月1日时的价值为：

$$120v(1)+150v(2)+180v(4)+200v(5)$$
$$=120\times[0.9-\frac{(1-2)^3}{80}]+150\times[0.9-\frac{(2-2)^3}{80}]+180\times[0.9-\frac{(4-2)^3}{80}]+200\times[0.9-\frac{(5-2)^3}{80}]$$
$$=120\times0.9125+150\times0.9+180\times0.8+200\times0.5625$$
$$=501(\text{元})$$

这四笔支付在2021年1月1日时的价值为：

$$501\times v(3)^{-1}=501\times[0.9-\frac{(3-2)^3}{80}]^{-1}=501\times\frac{1}{0.8875}=564.51(\text{元})$$

当已知实际利率或名义利率时，可根据实际利率或名义利率对应的积累函数/贴现函数，求得离散支付现金流在任意时点的价值。

【例5-11】某公司按照租赁协议的要求，每年为其办公场所支付75 000元租金。租赁期为2020年1月1日至2022年12月31日，租金交付日为每年的1月1日。每季度计息1次的年名义利率为8%。请计算：（1）所有租金在2019年1月1日的价值；（2）所有租金在2022年12月31日的价值。

解：由题意可知每季度的实际利率为2%（8%÷4）。

（1）令 $v=\frac{1}{1+2\%}=0.980392$，可得所有租金在2019年1月1日的价值为：

$$PV=7\,500\times(v^4+v^8+v^{12})=19\,243.72\ (\text{元})$$

（2）所有租金在2022年12月31日的价值为：

$$PV\times(1+2\%)^{4\times4}=19\,243.72\times1.02^{16}=26\,417.50\ (\text{元})$$

【例5-12】请计算例5-11中所有租金的现金流：（1）在2018年1月1日的价值；（2）在2021年1月1日的价值；（3）在2023年7月1日的价值。

解：（1）所有租金在2018年1月1日的价值为：

$$75\,000\times(1+2\%)^{-4\times2}+75\,000\times(1+2\%)^{-4\times3}+75\,000\times(1+2\%)^{-4\times4}=177\,782.20\ (\text{元})$$

（2）所有租金在2021年1月1日的价值为：

$$177\,782.20\times(1+2\%)^{4\times3}=225\,470.82\ (\text{元})$$

（3）所有租金在2023年7月1日的价值为：

$$177\,782.20\times(1+2\%)^{4\times5.5}=274\,847.67\ (\text{元})$$

当利息力为时间的函数时，可以利用现金流任意时点的价值（含积累值）与现值的关系求得现金流价值，也可以直接通过积分求解。

【例5-13】已知利息力 $\delta(t)=\begin{cases}0.04 & 0<t\leqslant10\\0.001(t-10)^2+0.04 & t>10\end{cases}$，请计算0时刻的150元在20时刻的积累值。

解：积累值为：

$$\begin{aligned}150A(0,20)&=150A(0,10)A(10,20)\\&=150\times\exp(0.04\times10)\times\exp\left\{\int_{10}^{20}[0.001\times(t-10)^2+0.04]dt\right\}\\&=150e^{0.4}\times\exp[\frac{0.001}{3}\times(t-10)^3+0.04t\Big|_{10}^{20}]\\&=150\times1.4918\times e^{0.7333}\\&=465.89(\text{元})\end{aligned}$$

5.2.3 连续支付现金流在任意时点的价值

要求解连续支付现金流在任意时点的价值，可以首先求得现金流的现值，在此基础上，运用式（5-8）即可直接得到连续支付现金流在任意时点的价值。本节我们将给出另一种积分求解法。

5.1.2 节中我们已经学习了连续支付现金流现值的计算方法。0 至 T 区间内，当 t 时刻的支付率为 $\rho(t)$ 时，现值计算公式为 $\int_0^T \nu(t)\rho(t)dt$。

在一般情况下，已知 a 至 b 区间内，t 时刻的支付率为 $\rho(t)$，利息力为 $\delta(t)$，整个现金流在 a 时刻的价值为：

$$PV_{t=a} = \int_a^b \rho(t)\exp\left[-\int_a^t \delta(s)ds\right]dt \tag{5-9}$$

整个现金流在 b 时刻的价值为：

$$AV_{t=b} = \int_a^b \rho(t)\exp\left[\int_t^b \delta(s)ds\right]dt \tag{5-10}$$

【例 5-14】 已知在 $0 \leqslant t \leqslant 10$ 区间内利息力 $\delta(t) = 0.07$；在 $5 \leqslant t \leqslant 10$ 区间内有连续支付现金流，且支付率 $\rho(t) = 10e^{0.05t}$，请计算连续支付现金流在 10 时刻的积累值。

解：连续支付现金流开始于 5 时刻，结束于 10 时刻，因此应用式（5-10）时，a 取 5，b 取 10。连续支付现金流在 10 时刻的积累值为：

$$\begin{aligned}
AV_{t=10} &= \int_5^{10} 10e^{0.05t}\exp\left(\int_t^{10} 0.07ds\right)dt \\
&= \int_5^{10} 10e^{0.05t}\exp\left(0.07s\Big|_t^{10}\right)dt \\
&= \int_5^{10} 10e^{0.05t}e^{0.7-0.07t}dt \\
&= 10e^{0.7}\int_5^{10} e^{-0.02t}dt \\
&= 10e^{0.7} \times \frac{e^{-0.02t}}{-0.02}\Bigg|_5^{10} \\
&= 10e^{0.7} \times \frac{e^{-0.2}-e^{-0.1}}{-0.02} \\
&= 86.699
\end{aligned}$$

同样，当利息力为时间的函数，且支付率也为时间的函数时，连续支付现金流任意时点价值的求解，需要用到双重积分。

【例 5-15】 已知在 $0 < t \leqslant 15$ 区间内利息力 $\delta(t) = 0.02 + 0.04t$；在 $2 < t \leqslant 10$ 区间内有连续支付现金流，支付率 $\rho(t) = 0.4 + 0.8t$，请计算连续支付现金流在 15 时刻的积累值。

解：连续支付现金流在 15 时刻的积累值为：

$$
\begin{aligned}
AV &= \int_{2}^{10} \rho(t) e^{\int_{t}^{15} \delta(s) ds} dt \\
&= \int_{2}^{10} (0.4 + 0.8t) e^{\int_{t}^{15} (0.02 + 0.04s) ds} dt \\
&= \int_{2}^{10} (0.4 + 0.8t) e^{(0.02s + 0.02s^2)\big|_{t}^{15}} dt \\
&= -20 \times \int_{2}^{10} (-0.02 - 0.04t) e^{4.8 - 0.02t - 0.02t^2} dt \\
&= -20 \times e^{4.8 - 0.02t - 0.02t^2} \Big|_{2}^{10} \\
&= 1\,886.13
\end{aligned}
$$

5.2.4 利率突然变动情况下的现金流价值

当利率出现突然变动时，需要从利率变动的时点分段计算现金流价值。

【例 5-16】假设2015年12月31日之前年实际利率为8%，此后年实际利率变动为6%，请计算下面两笔支付在2009年1月1日的现值：（1）2013年7月1日支付的2 000元；（2）2020年12月31日支付的5 000元。

解：（1）发生在2013年7月1日的支付，距贴现日2009年1月1日的区间长度为4.5年，且此期间没有利率变动，适用的实际利率为8%。因此，该笔支付在2009年1月1日的现值为：

$$2\,000 \times \left(\frac{1}{1 + 8\%}\right)^{4.5} = 2\,000 \times 0.70728 = 1\,414.56 \text{（元）}$$

（2）发生在2020年12月31日的支付，距贴现日2009年1月1日的区间长度为12年，但在2015年12月31日出现了一次利率变动，因此贴现该笔支付时需要分两步：首先，将支付金额贴现到2015年12月31日，区间长度为5年，适用的实际利率为6%；其次，将该笔支付在2015年12月31日的价值继续贴现到2009年1月1日，区间长度为7年，适用的实际利率为8%。因此，该笔支付在2009年1月1日的现值为：

$$5\,000 \times \left(\frac{1}{1 + 6\%}\right)^{5} \times \left(\frac{1}{1 + 8\%}\right)^{7} = 5\,000 \times 0.74726 \times 0.58349 = 2\,180.09 \text{（元）}$$

【例 5-17】已知前2年按照每年7%的单利积累，后3年按照每月计息1次的年名义贴现率12%积累，请计算0时刻的1 500元积累5年后的积累值。

解：0时刻的1 500元在5年后的积累值为：

$$1\,500 \times (1 + 2 \times 7\%) \times \left(1 - \frac{12\%}{12}\right)^{-12 \times 3} = 2\,455.44 \text{（元）}$$

【例 5-18】某人在一个账户中投资了35 000元，账户头13个月按年实际利率9%计息，接下来的11个月按年利息力8.5678%计息，最后2年按年利息力9.2323%计息，请计算账户4年后的积累值。

解：账户4年后的积累值为：

$$35\,000 \times (1 + 9\%)^{13/12} \times e^{8.5678\% \times \frac{11}{12}} \times e^{9.2323\% \times 2} = 49\,993.42 \text{（元）}$$

5.3　利息收入的进一步理解

现在我们考虑这样一种情况：一个投资者期初将本金C进行投资，每期利率为i，投资者希望每期获得的利息Ci不并入本金继续积累，而是在利息支付的时点将利息取出，投资期结束时投资者得到本金C的返还。由此投资者期初有资金C支出，投资期间每期都将获得利息Ci的现金收入，期末将得到本金C的现金收入。我们可以预期在一项业务中所有收入现金流的现值应与期初支出的金额相同。

【例5-19】一个投资者将2 000元存入一个年实际利率为4%的银行账户，在接下来的3年内每年年末将获得的利息取出，3年后取出本金，请计算投资者所有收入现金流的现值。

解：投资者每年年末将获得的利息收入为80元（2 000×4%），因此3年的总利息收入的现值为：

$$80v + 80v^2 + 80v^3 = 222.01\text{（元）}$$

而3年后本金收入的现值为：

$$2\,000v^3 = 1\,777.99\text{（元）}$$

其中，$v = \dfrac{1}{1+4\%}$。因此，所有收入现金流的现值为：

$$222.01 + 1\,777.99 = 2\,000\text{（元）}$$

可见，投资者所有收入现金流的现值与期初支出的本金相同。

【例5-20】一位女士在一个特殊的银行账户中存入2 500元，账户将在接下来的6年内，每年在该女士生日当天将账户中积累的利息支付给该女士，且在存款满6年整时返还本金以及最后一段时间（从该女士最后一次生日至存款6年期满）积累的利息。假设年实际利率为8%，请计算该女士获得的全部利息收入的现值。

解：该女士获得的全部利息收入的现值为：

$$2\,500 - 2\,500v^6 = 2\,500 - 2\,500\times(1+8\%)^{-6} = 924.58\text{（元）}$$

类似地，我们考虑连续计息的情况。一个投资者期初将本金C进行投资，假设投资期内t时刻的利息力为$\delta(t)$，因此t时刻的瞬时利息支付金额为$C\delta(t)dt$，在每次利息支付均被取出的前提下，利息收入将形成一个连续支付的现金流，投资期结束时投资者得到本金C的返还。假设投资期为0到T区间，我们可以写出连续支付的利息现金流的现值为：

$$\begin{aligned}C\int_0^T\delta(t)v(t)dt &= C\int_0^T\delta(t)\exp[-\int_0^t\delta(s)\,ds]\,dt\\&= -C\exp[-\int_0^t\delta(s)\,ds]\Big|_0^T\\&= -C\{\exp[-\int_0^T\delta(s)ds]-1\}\\&= C[1-v(T)]\end{aligned}$$

而期末返还的本金的现值为：

$$Cv(T)$$

将利息现金流的现值与返还本金的现值求和得到：

$$C\int_0^T\delta(t)v(t)dt + Cv(t) = C[1-v(T)] + Cv(t) = C$$

上面的推导是容易理解的，一笔投资获得的利息现金流的现值与未来返还的本金的现值之和应该与期初投资的本金金额相等。

5.4 积累和贴现问题的综合应用

【例5-21】某人获得了可以在两种奖励之中任选其一的机会：一种奖励是现在立刻向其账户中存入150 000元；另一种奖励是1年后向其账户中存入82 500元，2年后再存入82 500元。假设账户的年投资收益率为6%，若获奖人打算在5年后取出奖金，他应选择哪种奖励？若获奖人打算在20年后取出奖金，他应选择哪种奖励？

解：实际上，获奖人是打算5年后取出奖金，还是打算20年后取出奖金并不重要，只需要比较两种奖励的现值。

第一种奖励的现值=150 000元

第二种奖励的现值为：

$$82\,500(\nu+\nu^2)=82\,500\times 1.83339=151\,254.68\text{（元）}$$

第二种奖励的现值更大，因此获奖人应该选择第二种奖励。

【例5-22】某投资者愿意现在支付150 000元，以换取在未来8年内获得常数支付率的连续现金流收入。当年实际利率为8%时，请计算：（1）连续现金流的支付率；（2）这个连续现金流收入在8年后的积累值。

解：（1）设连续现金流的支付率为ρ，可得：

$$150\,000=\int_0^8\rho(1+8\%)^{-t}dt=-\rho\frac{1}{\ln(1+8\%)}(1+8\%)^{-t}\Big|_0^8\Rightarrow\rho=\frac{150\,000\times\ln 1.08}{(1-1.08^{-8})}=25\,110.67(\text{元/年})$$

（2）这个连续现金流收入在8年后的积累值为：

$$150\,000\times(1+8\%)^8=277\,639.53\text{（元）}$$

【例5-23】（1）已知t（单位为年）时刻的利息力$\delta(t)=\begin{cases}0.04 & 0<t\leqslant 1\\ 0.05t-0.01 & 1<t\leqslant 5\\ 0.24 & t>5\end{cases}$，请推导出0时刻投资1单位本金在$t$时刻的积累函数$A(t)$；（2）在5时刻到10时刻区间内，存在连续支付现金流，支付率为$25e^{-0.02t}$，请计算此现金流在0时刻的现值。

解：（1）求积累函数时，需要在利息力不连续的时点分段计算：

当$0<t\leqslant 1$时，可得：

$$A(t)=e^{0.04t}$$

当$1<t\leqslant 5$时，可得：

$$\begin{aligned}A(t)&=A(0,\ 1)A(1,\ t)\\&=e^{0.04}\times\exp\left[\int_1^t(0.05s-0.01)ds\right]\\&=e^{0.04}\times\exp\left[(0.025s^2-0.01s)\Big|_1^t\right]\\&=e^{0.04}\times e^{0.025t^2-0.01t-0.025+0.01}\\&=e^{0.025t^2-0.01t+0.025}\end{aligned}$$

当$t>5$时，可得：

$$
\begin{aligned}
A(t) &= A(0,\ 5)A(5,\ t) \\
&= e^{0.025 \times 5^2 - 0.01 \times 5 + 0.025} \times \exp\left(\int_5^t 0.24ds\right) \\
&= e^{0.6} \times \exp(0.24t - 0.24 \times 5) \\
&= e^{0.6 + 0.24t - 1.2} \\
&= e^{0.24t - 0.6}
\end{aligned}
$$

（2）在5时刻到10时刻区间内，t时刻的瞬时支付金额为$25e^{-0.02t}dt$，金额在0时刻的现值$v(t)25e^{-0.02t}dt = A(t)^{-1}25e^{-0.02t}dt$。由于现金流发生的区间是5时刻到10时刻，适用的积累函数为$t > 5$区间的积累函数，因此5时刻到10时刻区间连续支付现金流在0时刻的现值为：

$$
\begin{aligned}
PV_{t=0} &= \int_5^{10} A(t)^{-1}25e^{-0.02t}dt \\
&= \int_5^{10} (e^{0.24t - 0.6})^{-1}25e^{-0.02t}dt \\
&= 25\int_5^{10} e^{-0.24t + 0.6 - 0.02t}dt \\
&= 25\int_5^{10} e^{-0.26t + 0.6}dt \\
&= -\frac{25}{0.26} \times e^{-0.26t + 0.6}\Big|_5^{10} \\
&= 34.7356(\text{元})
\end{aligned}
$$

【例5-24】 有一种连续支付的10年期年金，假设时间t（以年为单位）为从年金开始时刻之后的时间长度。年金最开始的支付率为300元/年，之后的支付率随时间t线性下降至10年后的200元/年。假设利息力为时间t的函数，即$\delta(t) = 0.3 - 0.01t$，请计算：（1）年金的现值；（2）年金10年后的积累值。

解：根据题意，连续年金的支付率可写为$\rho(t) = 300 - 10t$。

（1）年金现值为：

$$
\begin{aligned}
PV &= \int_0^{10} \rho(t)e^{-\int_0^t \delta(s)ds}dt \\
&= \int_0^{10} (300 - 10t)e^{-\int_0^t (0.3 - 0.01s)ds}dt \\
&= \int_0^{10} (300 - 10t)e^{-(0.3s - 0.005s^2)|_0^t}dt \\
&= -1\,000 \times \int_0^{10} -(0.3 - 0.01t)e^{-(0.3t - 0.005t^2)}dt \\
&= -1\,000 \times e^{-(0.3t - 0.005t^2)}\Big|_0^{10} \\
&= -1\,000 \times (e^{-(3 - 0.5)} - 1) \\
&= 917.92(\text{元})
\end{aligned}
$$

（2）年金的积累值为：

$$
AV = PV \times e^{\int_0^{10}\delta(t)dt} = 917.92 \times e^{\int_0^{10}(0.3 - 0.01t)dt} = 917.92 \times e^{(0.3t - 0.005t^2)|_0^{10}} = 917.92 \times e^{3 - 0.5} = 11\,182.55(\text{元})
$$

【例5-25】 假设利息力是时间t（单位为年）的函数，即$\delta(t) = \begin{cases} 0.01 + 0.002t + 0.0003t^2 & 0 \leqslant t < 5 \\ 0.0025 + 0.005t & 5 \leqslant t < 8 \\ 0.0425 & t \geqslant 8 \end{cases}$，在10时刻到15时刻之间有连续支付现金流，支付率为150元/年，请计算现金流在0时刻的现值。

解：现金流在0时刻的现值为：

$$\int_{10}^{15} 150e^{-\int_0^t \delta(s)ds}dt$$
$$= \int_{10}^{15} 150e^{-\int_0^5 (0.01+0.002s+0.0003s^2)ds - \int_5^8 (0.0025+0.005s)ds - \int_8^t 0.0425ds}dt$$
$$= e^{-\int_0^5 (0.01+0.002s+0.0003s^2)ds - \int_5^8 (0.0025+0.005s)ds} \times \int_{10}^{15} 150e^{-\int_8^t 0.0425ds}dt$$
$$= e^{-(0.01s+0.001s^2+0.0001s^3)|_0^5 - (0.0025s+0.0025s^2)|_5^8} \times \int_{10}^{15} 150e^{-0.0425(t-8)}dt$$
$$= e^{-0.0875-0.105} \times e^{0.34} \times (-\frac{150}{0.0425}) \times e^{-0.0425t}\Big|_{10}^{15}$$
$$= e^{0.1475} \times (-\frac{150}{0.0425}) \times (e^{-0.6375} - e^{-0.425})$$
$$= 511.94(\text{元})$$

【例 5-26】(1) 假设利息力为时间 t（以年为单位）的函数，满足 $\delta(t) = 0.02 - 0.0085t + 0.002t^2$，$0 \leqslant t \leqslant 12$。请计算0时刻至12时刻区间与上述函数利息力等价的常数利息力；(2) 已知投资者在0时刻投资450元，又在6时刻投资300元，请计算这两笔投资在10时刻的积累值。

解：(1) 设等价的常数利息力为δ，可得：

$$e^{\int_0^{12} (0.02-0.0085t+0.002t^2)dt} = e^{12\delta}$$
$$\Rightarrow \delta = \frac{\int_0^{12} (0.02-0.0085t+0.002t^2)dt}{12}$$
$$= \frac{(0.02t - 0.00425t^2 + \frac{0.002t^3}{3})\Big|_0^{12}}{12}$$
$$= \frac{0.78}{12}$$
$$= 0.065$$

(2) 这两笔投资在10时刻的积累值为：

$$450e^{\int_0^{10} (0.02-0.0085t+0.002t^2)dt} + 300e^{\int_6^{10} (0.02-0.0085t+0.002t^2)dt}$$
$$= 450e^{(0.02t-0.00425t^2+\frac{0.002t^3}{3})|_0^{10}} + 300e^{(0.02t-0.00425t^2+\frac{0.002t^3}{3})|_6^{10}}$$
$$= 450e^{0.44167} + 300e^{0.33067}$$
$$= 1\,117.46(\text{元})$$

【例 5-27】已知利息力是时间 t（以年为单位）的函数，即 $\delta(t) = \begin{cases} 0.03+0.006t & 0 \leqslant t < 6 \\ 0.138-0.012t & 6 \leqslant t < 10 \\ 0.018 & t \geqslant 10 \end{cases}$，(1) 请推导出0时刻投资1单位本金在$t$时刻积累函数的表达式；(2) 请计算12时刻的450元在0时刻的价值；(3) 请计算与 (2) 项中等价的年实际贴现率；(4) 已知在10时刻至16时刻区间内存在连续支付现金流，年支付率为$36e^{0.02t}$，请计算现金流在5时刻的价值。

解：(1) 当$0 \leqslant t < 6$时，可得：

$$A(0,\ t) = e^{\int_0^t (0.03+0.006t)dt} = e^{(0.03s+0.003s^2)|_0^t} = e^{(0.03t+0.003t^2)}$$

当$6 \leqslant t < 10$时，可得：

$$A(0,t)=e^{\int_0^6(0.03+0.006t)dt+\int_6^t(0.138-0.012s)ds}=e^{(0.03\times 6+0.003\times 36)+(0.138s-0.006s^2)|_6^t}=e^{0.288+(0.138t-0.006t^2)-0.612}=e^{0.138t-0.006t^2-0.324}$$

当$t\geqslant 10$时，可得：

$$A(0,t)=A(0,10)e^{\int_{10}^t 0.018dt}=e^{0.138\times 10-0.006\times 100-0.324}e^{0.018t-0.18}=e^{0.456+0.018t-0.18}=e^{0.018t+0.276}$$

（2）12时刻的450元在0时刻的现值为：

$$450\times A^{-1}(0,12)=450e^{-0.018\times 12-0.276}=275.13(\text{元})$$

（3）设等价的年实际贴现率为d，可得：

$$(1-d)^{12}=A^{-1}(0,12)=e^{-0.018\times 12-0.276}\Rightarrow d=4.017\%$$

（4）现金流在5时刻的价值为：

$$\int_{10}^{16}36e^{0.02t}e^{-0.018t-0.276}e^{(0.03\times 5+0.003\times 25)}dt$$

$$=\int_{10}^{16}36e^{0.002t-0.051}dt$$

$$=\frac{36}{0.002}\int_{10}^{16}0.002e^{0.002t-0.051}dt$$

$$=18\,000\,e^{0.002t-0.051}\Big|_{10}^{16}$$

$$=18\,000\times 0.0117038$$

$$=210.67(\text{元})$$

本章小结

求解现金流在不同时点的价值问题时，需要首先确定现金流的种类是离散支付现金流还是连续支付现金流。离散支付现金流在任意时点的价值等于现金流中各笔支付（在给定时点）的价值之和。

连续支付现金流的支付率函数（常数），就是金额函数的导函数（导数）。求任意两个时刻之间的总支付金额，就是在该时间区间内对支付率函数求积分；而求任意两个时刻之间连续支付现金流在任意时点的价值，就要在该时间区间内对瞬时支付金额（在给定时点）的价值函数求积分。

现金流任意时点的价值之间存在等价关系，在求得现金流某一时点价值的基础上，可以求得现金流在其他时点的价值。当利率出现突然变动时，需要从利率变动的时点分段计算现金流价值。

当把利息收入作为现金流考虑时，一笔投资获得的利息现金流的现值与未来返还的本金现值之和应该与期初投资的本金金额相等。

现金流的积累和贴现问题涉及很多复杂多变的情况，当现金流为连续支付模式时，现金流价值的求解常常用到积分数学工具。

关键概念

离散支付现金流　连续支付现金流　现金流的现值　现金流在任意时点的价值　利率变动

综合训练

1. 判断下列等式是否正确：（1）$A(t_1,\ t_2)=\dfrac{A(0,\ t_2)}{A(0,\ t_1)}$；（2）$A(0,\ t_2)=A(0,\ t_1)+A(t_1,\ t_2)$；（3）$\nu(t_2)=\nu(t_1)\nu(t_2-t_1)$；（4）$\dfrac{1}{\nu(t_2)}=A(0,\ t_1)A(t_1,\ t_2)$。

2. 假设每季度计息1次的年名义利率为8%，请计算2023年1月1日支付的150元和2023年5月1日支付的320元在2022年6月1日的现值。

3. 一个投资者在账户中存入45 000元，从次年年初开始每年取出相同的金额，在第12次取款后账户中剩余2 000元。假设年实际利率为6%，请计算投资者每次取出的金额。

4. 假设利息力为时间t（单位为年）的函数，即$\delta(t)=\begin{cases}0.12 & 0\leqslant t\leqslant 3\\ 0.18-0.02t & 3\leqslant t\leqslant 8\\ 0.02t-0.14 & t>8\end{cases}$，请计算：（1）10时刻支付的1 200元在5时刻的价值；（2）5时刻至10时刻区间内与（1）项等价的每月计息1次的年名义利率；（3）假设在0时刻至3时刻区间内存在连续支付现金流，支付率为$\rho(t)=150e^{0.03t}$，此现金流在10时刻的积累值。

5. 一种连续支付现金流在t（单位为年）时刻的支付率为$\rho(t)=6+3t$，$0\leqslant t\leqslant 12$。在此期间的利息力为时间t的函数，即$\delta(t)=0.04+0.02t$，$0\leqslant t\leqslant 12$，请计算12年后现金流的积累值。

第5章综合训练答案

第6章

等额年金

目标引领

价值塑造

通过本章的学习，引导学生了解中国的养老保险体系，理解基本养老保险、企业年金补充养老保险、个人储蓄性养老保险和商业养老保险四个层次的内涵，在此基础上理顺各层次之间的关系。

知识传授

通过本章学习，引导学生理解期末付标准等额年金、期初付标准等额年金、一年支付多次的标准等额年金、连续支付标准年金以及永续年金的支付模式；学会上述年金现值和积累值的计算方法；掌握各种年金涉及的精算符号；学会用精算符号表示各种年金的现值和积累值。

思维导图

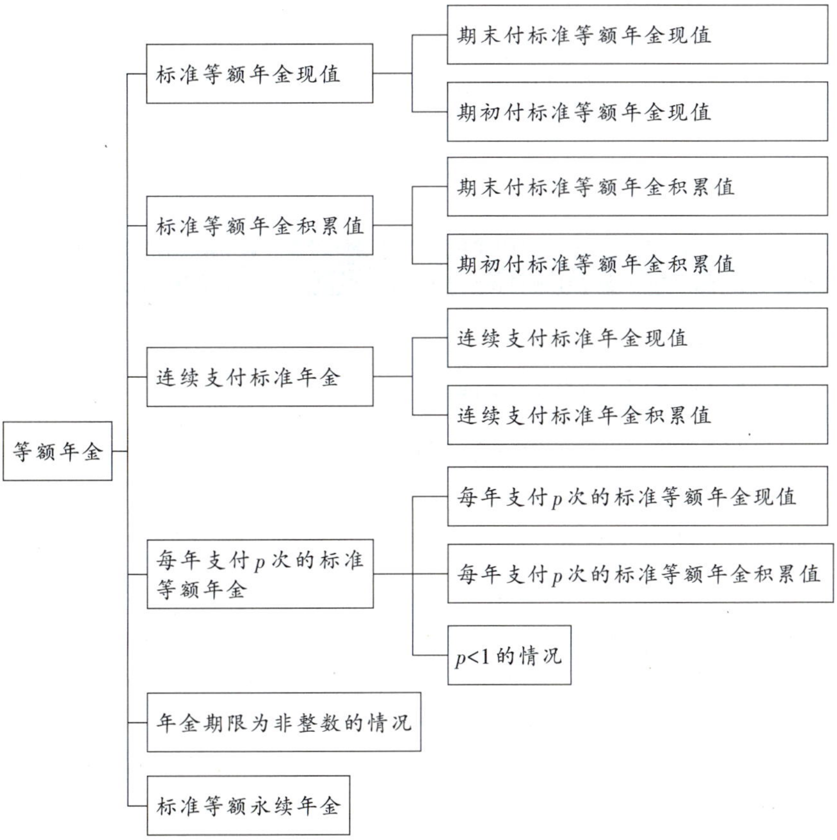

开篇导读

在接下来的两章中我们将学习一系列遵循一定支付规律的现金流，并学会用精算符号表示其现值和积累值。以下是我们将要使用的主要术语。

年金就是一系列有规律的支付款项。

年金通常分为两大类：确定年金（Annuity Certain）和生存年金（Life Annuity）。确定年金就是在有限的确定期限内支付确定金额的年金，其特点是支付次数和支付金额均为确定的，不依赖于某些特定事件。生存年金是指以年金支付人或受领人生存为条件的年金，其特点是尽管支付金额是确定的，但支付次数依赖于支付人或受领人是否生存，当支付人或受领人死亡时支付就会停止。各类养老保险、生存保险等产品，都属于生存年金。本书的研究对象集中在确定年金部分，在不引起混淆的情况下，后续章节将把确定年金简称为年金。

启智增慧6-1 中国养老保险体系

当年金各款项的支付发生在每期期末时，该年金被称为期末付年金（in Arrear）；当年金各款项的支付发生在每期期初时，该年金被称为期初付年金（in Advance或Annuity-due）。

在给定度量期的情况下，当年金首次支付发生在第一个度量期内时，该年金被称为即期年金（Immediate Annuity）；当年金首次支付不发生在第一个度量期内时，即首次支付推迟若干期之后发生，该年金被称为延期年金（Deferred Annuity）。

当年金的支付间隔相同，且每次支付款项均相等时，该年金被称为等额年金（Level Annuity）；当年金出现其他变化形式时，该年金被称为一般年金，包括递增年金（Increasing Annuity）和递减年金（Decreasing Annuity）等。

本章主要介绍标准等额即期年金，下一章将介绍递增年金、递减年金、延期年金等一般年金。

6.1 标准等额年金现值

6.1.1 期末付标准等额年金现值

考虑一项等时间间隔n期支付的年金，每期期末支付1单位金额，首次支付发生在$t+1$时刻。此年金的支付情况如图6-1所示。

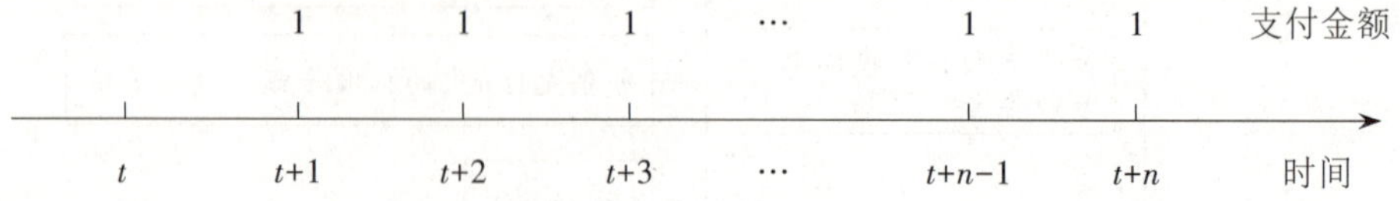

图6-1 期末付标准等额年金支付情况

从t时刻来看，上述年金就是期末付标准等额年金，所有支付金额贴现到t时刻的现值之和就是年金的现值，用年金符号$a_{\overline{n}|}$表示。

当每期利率i=0时，可得：

$a_{\overline{n}|} = n$

当 $i \neq 0$ 时，可得：

$$a_{\overline{n}|} = v + v^2 + v^3 + \cdots + v^n = \frac{v(1 - v^n)}{1 - v} = \frac{1 - v^n}{i} \tag{6-1}$$

我们还可以用另一种方法验证式（6-1）的结果。由 $a_{\overline{n}|}$ 的定义可知：

$$a_{\overline{n}|} = v + v^2 + v^3 + \cdots + v^n \tag{6-2}$$

在式（6-2）的两边同时乘以1+i，得到：

$$(1 + i)a_{\overline{n}|} = (v + v^2 + v^3 + \cdots + v^n) \times (1 + i) = 1 + v + v^2 + \cdots + v^{n-1} \tag{6-3}$$

式（6-3）与式（6-2）左右两边相减，得到：

$$ia_{\overline{n}|} = 1 + v + v^2 + \cdots + v^{n-1} - (v + v^2 + v^3 + \cdots + v^n) = 1 - v^n$$

整理可得：

$$a_{\overline{n}|} = \frac{1 - v^n}{i}$$

因此，$a_{\overline{n}|}$ 就是每期期末支付1单位金额的 n 期年金的现值。当利率为 i 时，$a_{\overline{n}|}$ 还可以写成 $a_{\overline{n}|i}$ 或者 $a_{\overline{n}|@i}$。

【例6-1】已知一项年金从2022年4月到2022年12月（包括12月）每月第一天支付1 000元，假设每月计息1次的年名义利率为6%，请计算年金在2022年3月1日的现值。

解：月实际利率为0.5%（$\frac{6\%}{12}$），由于从2022年4月到2022年12月一共产生9次支付，因此年金在2022年3月1日的现值为：

$$1\,000a_{\overline{9}|@0.5\%} = 1\,000 \times \frac{1 - (1 + 0.5\%)^{-9}}{0.5\%} = 8\,779 \text{（元）}$$

6.1.2 期初付标准等额年金现值

考虑一项等时间间隔 n 期支付的年金，每期期初支付1单位金额，首次支付发生在 t 时刻。此年金的支付情况如图6-2所示。

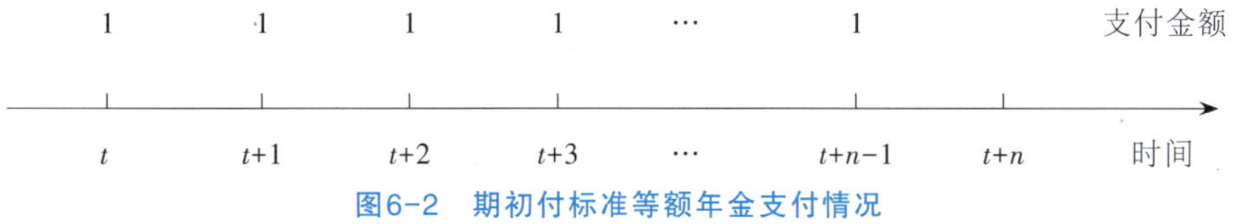

图6-2 期初付标准等额年金支付情况

从 t 时刻来看，上述年金就是期初付标准等额年金。所有支付金额贴现到 t 时刻的现值之和就是年金的现值，用年金符号 $\ddot{a}_{\overline{n}|}$ 表示。

当每期利率 i=0时，可得：

$\ddot{a}_{\overline{n}|} = n$

当 $i \neq 0$ 时，可得：

$$\ddot{a}_{\overline{n}|} = 1 + v + v^2 + \cdots + v^{n-1} = \frac{1 - v^n}{1 - v} = \frac{1 - v^n}{d} \tag{6-4}$$

因此，$\ddot{a}_{\overline{n}|}$ 就是每期期初支付1单位金额的 n 期年金的现值。

【例6-2】已知一项年金从2021年7月到2021年12月（包括12月）每月第一天支付1 500元，假设每月计息1次的年名义利率为12%，请计算年金在2021年7月1日的现值。

解：月实际利率为1%（$\frac{12\%}{12}$），年金在2021年7月1日的现值为：

$$1\,500\ddot{a}_{\overline{6}|@0.01} = 1\,500 \times \frac{1-(1+0.01)^{-6}}{0.01 \div (1+0.01)} = 8\,780.15(\text{元})$$

【例6-3】已知每半年计息1次的名义年利率为8%。一项年金每月支付1次，每次支付350元，共支付41次，首次支付发生在2022年1月1日，请计算年金在2021年1月1日的现值。

解：设每月实际利率为j，可得：

$$j = (1+\frac{8\%}{2})^{2\times\frac{1}{12}} - 1 = 0.6558\%$$

年金在2022年1月1日的现值为：

$$350\ddot{a}_{\overline{41}|@j} = 350 \times \frac{1-(1+0.6558\%)^{-41}}{0.6558\% \div (1+0.6558\%)} = 12\,629.1451(\text{元})$$

年金在2021年1月1日的现值为：

$$12\,629.1451 \times (1+\frac{8\%}{2})^{-2} = 11\,676.35(\text{元})$$

由式（6-1）和式（6-4）推导可知：

$$\ddot{a}_{\overline{n}|} = (1+i)a_{\overline{n}|} \tag{6-5}$$

同时，当$n \geqslant 2$时，可得：

$$\ddot{a}_{\overline{n}|} = 1 + a_{\overline{n-1}|} \tag{6-6}$$

我们对式（6-5）可以做进一步的理解。由于$\ddot{a}_{\overline{n}|}$代表的现金流在支付次数、支付间隔和支付金额上都与$a_{\overline{n}|}$代表的现金流相同，只是在支付时间上整体提前了一期，因此$\ddot{a}_{\overline{n}|}$代表的现金流现值更大，是$a_{\overline{n}|}$代表的现金流现值的1+i倍，即$\ddot{a}_{\overline{n}|} = (1+i)a_{\overline{n}|}$。

6.2 标准等额年金积累值

6.2.1 期末付标准等额年金积累值

每期期末支付1单位金额的n期年金在第n期期末的积累值就是期末付标准等额年金的积累值，用年金符号$s_{\overline{n}|}$表示。换言之，$s_{\overline{n}|}$与$a_{\overline{n}|}$代表的现金流在支付次数、支付时间和支付金额上都相同，只是$a_{\overline{n}|}$表示现金流在0时刻的现值，而$s_{\overline{n}|}$表示现金流在n时刻的积累值。

当每期利率i=0时，可得：

$$s_{\overline{n}|} = n$$

当$i \neq 0$时，可得：

$$s_{\overline{n}|} = (1+i)^{n-1} + (1+i)^{n-2} + \cdots + (1+i) + 1 = (1+i)^n a_{\overline{n}|} = \frac{(1+i)^n - 1}{i} \tag{6-7}$$

6.2.2 期初付标准等额年金积累值

每期期初支付1单位金额的n期年金在第n期期末的积累值就是期初付标准等额年金的积累值，用年金符号$\ddot{s}_{\overline{n}|}$表示。同样，$\ddot{s}_{\overline{n}|}$与$\ddot{a}_{\overline{n}|}$代表的现金流在支付次数、支付时间和支付金

额上都相同，只是$\ddot{a}_{\overline{n}|}$表示现金流在0时刻的现值，而$\ddot{s}_{\overline{n}|}$表示现金流在n时刻的积累值。

当每期利率i=0时，可得：

$$\ddot{s}_{\overline{n}|} = n$$

当$i \neq 0$时，可得：

$$\ddot{s}_{\overline{n}|} = (1+i)^n + (1+i)^{n-1} + \cdots + (1+i)^2 + (1+i) = (1+i)^n \ddot{a}_{\overline{n}|} = \frac{(1+i)^n - 1}{d} \tag{6-8}$$

由式（6-7）和式（6-8）推导可知：

$$\ddot{s}_{\overline{n}|} = (1+i)s_{\overline{n}|} \tag{6-9}$$

$$s_{\overline{n+1}|} = 1 + \ddot{s}_{\overline{n}|}$$

或：

$$\ddot{s}_{\overline{n}|} = s_{\overline{n+1}|} - 1 \tag{6-10}$$

6.3 连续支付标准年金

6.3.1 连续支付标准年金现值

连续支付年金是一系列连续支付的现金流，支付率为1单位金额/期的连续支付年金是连续支付标准年金。令$n \geqslant 0$，支付期间为0到n（n可以为非整数）区间的连续支付标准年金在0时刻的现值，用符号$\bar{a}_{\overline{n}|}$表示。

在常数利息力假设下：当利息力$\delta = 0$（或者实际利率i=0）时，可得：

$$\bar{a}_{\overline{n}|} = n$$

当$\delta \neq 0$（或者$i \neq 0$）时，可得：

$$\bar{a}_{\overline{n}|} = \int_0^n 1 \times v^t dt = \int_0^n e^{-\delta t} dt = -\frac{1}{\delta} e^{-\delta t}\Big|_0^n = \frac{1 - e^{-\delta n}}{\delta} = \frac{1 - v^n}{\delta} \tag{6-11}$$

【例6-4】 一种连续支付现金流在第t年的支付率为$120 \times 1.06^{t-1}$，$t = 1, 2, \cdots, 10$。假设年实际利率为8%，请计算现金流在0时刻的现值。

解：现金流在0时刻的现值为：

$$120\bar{a}_{\overline{1}|} + 120\bar{a}_{\overline{1}|} \times 1.06v + 120\bar{a}_{\overline{1}|} \times 1.06^2 v^2 + \cdots + 120\bar{a}_{\overline{1}|} \times 1.06^9 v^9$$

$$= 120\bar{a}_{\overline{1}|}(1 + 1.06v + 1.06^2 v^2 + \cdots + 1.06^9 v^9)$$

$$= 120 \times \frac{1 - v}{\delta} \times \frac{1 - 1.06^{10} v^{10}}{1 - 1.06v}$$

$$= 120 \times 0.962488 \times 9.206514$$

$$= 1\,063.34(\text{元})$$

由于式（6-11）可以变形为：

$$\bar{a}_{\overline{n}|} = \frac{i}{\delta} \times \frac{1 - v^n}{i}$$

因此，当n为整数时，可得：

$$\bar{a}_{\overline{n}|} = \frac{i}{\delta} a_{\overline{n}|}$$

6.3.2 连续支付标准年金积累值

支付期间为0到n（n可以为非整数）区间的一项连续支付标准年金在n时刻的积累值，用符号$\bar{s}_{\overline{n|}}$表示。

在常数利息力假设下，当利息力$\delta = 0$（或者实际利率i=0）时，可得：

$$\bar{s}_{\overline{n|}} = n$$

当$\delta \neq 0$（或者$i \neq 0$）时，可得：

$$\bar{s}_{\overline{n|}} = \int_0^n 1 \times (1+i)^{n-t} dt = \int_0^n e^{\delta(n-t)} dt = -\frac{1}{\delta} e^{\delta(n-t)} \Big|_0^n = \frac{e^{\delta n} - 1}{\delta} = \frac{(1+i)^n - 1}{\delta} \tag{6-12}$$

由于$\bar{s}_{\overline{n|}}$和$\bar{a}_{\overline{n|}}$是同一现金流分别在n时刻和0时刻的价值，因此式（6-12）也可以通过下式得到：

$$\bar{s}_{\overline{n|}} = (1+i)^n \bar{a}_{\overline{n|}} = (1+i)^n \times \frac{1-v^n}{\delta} = \frac{(1+i)^n - 1}{\delta}$$

同样，当n为整数时，可得：

$$\bar{s}_{\overline{n|}} = \frac{i}{\delta} s_{\overline{n|}}$$

目前，我们学习了三种标准年金的现值和积累值表达式，值得注意的是，各表达式的相似之处：分子相同，分母不同。

$$a_{\overline{n|}} = \frac{1-v^n}{i} \qquad \ddot{a}_{\overline{n|}} = \frac{1-v^n}{d} \qquad \bar{a}_{\overline{n|}} = \frac{1-v^n}{\delta}$$

$$s_{\overline{n|}} = \frac{(1+i)^n - 1}{i} \qquad \ddot{s}_{\overline{n|}} = \frac{(1+i)^n - 1}{d} \qquad \bar{s}_{\overline{n|}} = \frac{(1+i)^n - 1}{\delta}$$

6.4 每年支付p次的标准等额年金

6.4.1 每年支付p次的标准等额年金现值

考虑这样一项年金：持续支付n年，每年总支付金额为1，但这1单位金额并不是一次性支付，而是在1年中分p次等额支付的；将每年分成p个相等的时间区间，当每次支付发生在每个时间区间的期末时，该年金被称为每年支付p次的期末付标准等额年金。该年金每年的总支付金额为1，每次的支付金额为$1/p$，共支付np次，各次支付发生的时间为$1/p$，$2/p$，$3/p$，…，n。

令n和p都是正整数，$a_{\overline{n|}}^{(p)}$表示n年期每年支付p次的期末付标准等额年金在0时刻的现值。由上述年金的支付模式可知：

$$\begin{aligned} a_{\overline{n|}}^{(p)} &= \frac{1}{p} v^{1/p} + \frac{1}{p} v^{2/p} + \cdots + \frac{1}{p} v^{np/p} \\ &= \frac{1}{p} \times \frac{v^{1/p}(1 - v^{np/p})}{1 - v^{1/p}} \\ &= \frac{1 - v^n}{p[(1+i)^{1/p} - 1]} \\ &= \frac{1 - v^n}{i^{(p)}} \end{aligned} \tag{6-13}$$

由于式（6-13）可以变形为：

$$a_{\overline{n}|}^{(p)}=\frac{i}{i^{(p)}}\times\frac{1-v^{n}}{i}$$

因此，可得：

$$a_{\overline{n}|}^{(p)}=\frac{i}{i^{(p)}}a_{\overline{n}|}\tag{6-14}$$

接下来我们从另一个角度理解式（6-14），每年支付p次的期末付标准等额年金的现值可以分两步：第一步，把年金中每年的p次支付分别积累到当年年末，可得：

$$\frac{1}{p}\times s_{\overline{p}|@i^{(p)}/p}=\frac{1}{p}\times\frac{(1+i^{(p)}/p)^{p}-1}{i^{(p)}/p}=\frac{1}{p}\times\frac{(1+i)-1}{i^{(p)}/p}=\frac{i}{i^{(p)}}$$

由此构成每年年末支付$\frac{i}{i^{(p)}}$金额的n年期等额年金。

第二步计算构成年金的现值为：

$$\frac{i}{i^{(p)}}a_{\overline{n}|}$$

因此，可得：

$$a_{\overline{n}|}^{(p)}=\frac{i}{i^{(p)}}a_{\overline{n}|}$$

上式与式（6-14）的结果相同。

以类似的思路考虑以下两种n年期年金：第一种年金每年年末支付1次，但每次支付金额不相同，第t年的支付金额为x_t，令此年金的现值为a；第二种年金每年的总支付金额与第一种年金相同，即第t年的支付金额为x_t，但支付方式是将每年划分成p个小区间，在第t年中每个小区间期末支付x_t/p，令此年金的现值为$a^{(p)}$。现在考虑将第二种年金每年的p次支付分别积累到当年年末，第t年年末的积累值为：

$$\frac{x_t}{p}\times s_{\overline{p}|@i^{(p)}/p}=\frac{x_t}{p}\times\frac{(1+i^{(p)}/p)^{p}-1}{i^{(p)}/p}=\frac{x_t}{p}\times\frac{(1+i)-1}{i^{(p)}/p}=\frac{i}{i^{(p)}}x_t$$

由此构成第t年年末支付$\frac{i}{i^{(p)}}x_t$金额的n年期年金。年金每年的支付金额都恰好是第一种年金的$\frac{i}{i^{(p)}}$倍，因此现值也应为第一种年金现值的$\frac{i}{i^{(p)}}$倍，即：

$$a^{(p)}=\frac{i}{i^{(p)}}a$$

其中，$a=\sum_{t=1}^{n}x_t v^{t}$。

【例6-5】已知这样一种现金流：第1年年末支付1元，第2年年末支付4元，第3年年末支付9元……第10年年末支付100元。在年实际利率为6%的情况下，上述现金流的现值为245.32元。假设另一种现金流，每年总支付金额与上述现金流相同，但支付并非发生在每年年末，而是每过1/3年发生1次，每年分3次支付，请计算第二种现金流的现值。

解：由之前的分析可知，第二种现金流的现值是第一种现金流现值的$\frac{i}{i^{(p)}}$倍，因此第二种现金流的现值为：

$$245.32\times\frac{i}{i^{(3)}}=245.32\times\frac{6\%}{3\times[(1+6\%)^{1/3}-1]}=250.16(\text{元})$$

接下来，我们介绍每年支付p次的期初付标准等额年金。与上述支付模式类似，只是当每次支付发生在每个时间区间的期初时，该年金被称为每年支付p次的期初付标准等额年金。年金每年的总支付金额为1，每次的支付金额为$1/p$，共支付了np次，各次支付发生的时间为0，$1/p$，$2/p$，…，$(n-1)/p$。

令n和p都是正整数，可得$\ddot{a}_{\overline{n}|}^{(p)}$，表示$n$年期每年支付$p$次的期初付标准等额年金在0时刻的现值。由上述年金的支付模式可知：

$$\begin{aligned}\ddot{a}_{\overline{n}|}^{(p)} &= \frac{1}{p}+\frac{1}{p}v^{1/p}+\frac{1}{p}v^{2/p}+\cdots+\frac{1}{p}v^{(np-1)/p}\\ &= \frac{1}{p}\times\frac{1\times(1-v^{np/p})}{1-v^{1/p}}\\ &= \frac{1-v^n}{p[1-(1+i)^{-1/p}]}\\ &= \frac{1-v^n}{d^{(p)}}\end{aligned} \tag{6-15}$$

【例6-6】已知一项年金在2019年到2021年间每月第一天支付100元，假设年实际利率为8%，请计算年金在2018年1月1日的现值。

解：年金每年的支付金额为1 200元，是每年支付12次的期初付标准等额年金的1 200倍。因此，年金在2019年1月1日的价值为$1\,200\ddot{a}_{\overline{3}|}^{(12)}$，在2018年1月1日的现值为：

$$1\,200\ddot{a}_{\overline{3}|}^{(12)}v = 1\,200\frac{1-v^3}{d^{(12)}}v = 1\,200\times\frac{1-0.79383}{0.076714}\times 0.92593 = 2\,986.14(\text{元})$$

由于式（6-15）可以变形为：

$$\ddot{a}_{\overline{n}|}^{(p)} = \frac{i}{d^{(p)}}\times\frac{1-v^n}{i}$$

因此，可得：

$$\ddot{a}_{\overline{n}|}^{(p)} = \frac{i}{d^{(p)}}a_{\overline{n}|} \tag{6-16}$$

同样，从另一个角度理解式（6-16），每年支付p次的期初付标准等额年金的现值可以分两步：第一步，把年金中每年的p次支付分别积累到当年年末，可得：

$$\frac{1}{p}\times\ddot{s}_{\overline{p}|@i^{(p)}/p} = \frac{1}{p}\times\frac{(1+i^{(p)}/p)^p-1}{d^{(p)}/p} = \frac{1}{p}\times\frac{(1+i)-1}{d^{(p)}/p} = \frac{i}{d^{(p)}}$$

由此构成每年年末支付$\frac{i}{d^{(p)}}$金额的n年期等额年金。

第二步计算构成年金的现值为：

$$\frac{i}{d^{(p)}}a_{\overline{n}|}$$

因此，可得：

$$\ddot{a}_{\overline{n}|}^{(p)} = \frac{i}{d^{(p)}}a_{\overline{n}|}$$

上式与式（6-16）的结果相同。

由式（6-13）和式（6-15）推导可知：

$$\ddot{a}_{\overline{n}|}^{(p)} = (1+i)^{\frac{1}{p}}a_{\overline{n}|}^{(p)} \tag{6-17}$$

由于$\ddot{a}_{\overline{n}|}^{(p)}$代表的现金流在支付次数、支付间隔和支付金额上都与$a_{\overline{n}|}^{(p)}$代表的现金流相

同，只是在支付时间上整体提前了1/p期，因此$\ddot{a}_{\overline{n}|}^{(p)}$代表的现金流现值更大，是$a_{\overline{n}|}^{(p)}$代表的现金流现值的$(1+i)^{1/p}$倍，即$\ddot{a}_{\overline{n}|}^{(p)}=(1+i)^{1/p}a_{\overline{n}|}^{(p)}$。

进一步，由于$\lim\limits_{p\to\infty} i^{(p)}=\lim\limits_{p\to\infty} d^{(p)}=\delta$，因此可得：

$$\lim_{p\to\infty} a_{\overline{n}|}^{(p)}=\lim_{p\to\infty}\ddot{a}_{\overline{n}|}^{(p)}=\bar{a}_{\overline{n}|}$$

6.4.2　每年支付p次的标准等额年金积累值

类似地，定义$s_{\overline{n}|}^{(p)}/\ddot{s}_{\overline{n}|}^{(p)}$表示$n$年期每年支付$p$次的期末付/期初付标准等额年金在$n$时刻的积累值。因此，可得：

$$s_{\overline{n}|}^{(p)}=(1+i)^n a_{\overline{n}|}^{(p)}=(1+i)^n\frac{i}{i^{(p)}}a_{\overline{n}|}=\frac{i}{i^{(p)}}s_{\overline{n}|}=\frac{(1+i)^n-1}{i^{(p)}}$$

同时：

$$\ddot{s}_{\overline{n}|}^{(p)}=(1+i)^n\ddot{a}_{\overline{n}|}^{(p)}=(1+i)^n\frac{i}{d^{(p)}}a_{\overline{n}|}=\frac{i}{d^{(p)}}s_{\overline{n}|}=\frac{(1+i)^n-1}{d^{(p)}}$$

【例6-7】一个投资者支付1 200元购买了一种固定利息债券。债券每半年支付50元票息，15年后以1 200元赎回。投资者将债券收益存入一个年实际利率为6%的账户，请计算10年后投资者账户中的积累值。

解：10年后投资者账户中的积累值为：

$$50\times2\times s_{\overline{10}|@6\%}^{(2)}=100\times\frac{(1+6\%)^{10}-1}{2\times[(1+6\%)^{1/2}-1]}=1\,337.56(\text{元})$$

【例6-8】一种年金前5年每年年初支付450元，接下来的7年每季度末支付1次，每年的支付金额为200元。已知每半年计息1次的年名义利率为7%，请计算年金在第12年年末的积累值。

解：设年实际利率为i，可得：

$$i=(1+\frac{7\%}{2})^2-1=7.1225\%$$

年金在第12年年末的积累值为：

$$\begin{aligned}&450\ddot{s}_{\overline{5}|}\times(1+i)^7+200s_{\overline{7}|}^{(4)}\\&=450\times\frac{(1+i)^5-1}{d}\times(1+i)^7+200\times\frac{(1+i)^7-1}{i^{(4)}}\\&=450\times\frac{(1+i)^5-1}{i\div(1+i)}\times(1+i)^7+200\times\frac{(1+i)^7-1}{4\times[(1+i)^{1/4}-1]}\\&=4\,498.25+1\,783.03\\&=6\,281.28(\text{元})\end{aligned}$$

6.4.3　$p<1$的情况

当$p<1$时，我们讨论的年金形式就变成多年支付1次的年金。比如，$p=0.5$，意味着每2年支付1次年金。实际上，当p为某一整数的倒数，且np仍然为一个整数时（如$p=1/4$，$n=28$，$np=7$），我们之前推导的各项公式仍然适用。比如，$a_{\overline{28}|}^{(1/4)}$代表一种每4年年末支付1次，每次支付金额为4（即平均每年支付金额为1），持续28年（共支付7次）的年金的现值。上述年金的现值为：

$$4v^4+4v^8+\cdots+4v^{28}=4\times\frac{v^4(1-v^{28})}{(1-v^4)}$$
$$=\frac{(1-v^{28})}{1/4\times[(1+i)^4-1]}$$
$$=\frac{1}{1/4\times[\frac{(1+i)^4-1}{i}]}\times\frac{(1-v^{28})}{i}$$
$$=\frac{4}{s_{\overline{4|}}}\times a_{\overline{28|}}$$

当$p<1$时，年金的积累值不再赘述。

【例6-9】 令X表示一种每年年末支付1 500元的10年期年金的现值，现值的利率等价于每季度计息1次的年名义利率6%；令Y表示一种每4年年末支付3 000元的20年期年金的现值，现值的利率等价于每半年计息1次的年名义利率6%，请计算X/Y。

解：设X的年实际利率为i_1，Y的4年实际利率为i_2，可得：

$$i_1=(1+\frac{6\%}{4})^4-1=6.1364\%$$

$$i_2=(1+\frac{6\%}{2})^{2\times4}-1=26.6770\%$$

X可计算为：

$$X=1\,500a_{\overline{10|}@i_1}=1\,500\times\frac{1-v_1^{10}}{i_1}=10\,969.14(\text{元})$$

Y可计算为：

$$Y=3\,000a_{\overline{20/4|}@i_2}=3\,000\times\frac{1-v_2^{5}}{i_2}=7\,798.21(\text{元})$$

因此，可得：

$$\frac{X}{Y}=1.4066$$

实际上，多年支付1次的年金也可以借助标准年金符号来计算现值和积累值。

【例6-10】 已知年实际利率为8%，请计算从1978年1月1日至2022年1月1日（包括2022年1月1日）间每2年支付2 400元的一系列现金流在2023年1月1日的积累值。

解：设每2年的实际利率为i，可得：

$$i=(1+8\%)^2-1=16.64\%$$

现金流构成的年金在2022年1月1日的积累值为：

$$2\,400s_{\overline{23|}@i}=2\,400\times\frac{(1+16.64\%)^{23}-1}{16.64\%}=482\,799.3078(\text{元})$$

年金在2023年1月1日的积累值为：

482 799.3078×（1+8%）=521 423.25（元）

6.5 年金期限为非整数的情况

令p为正整数，截至目前符号$a_{\overline{n|}}^{(p)}$仅被定义为n取正整数情况下的年金现值。对某些n为非整数的情况，$a_{\overline{n|}}^{(p)}$具有较为直观的解释。例如，$a_{\overline{23.5|}}$可能并不具有清晰可解释的意义，

但符号$a_{\overline{23.5}|}^{(4)}$代表的是每年总支付金额为1，每季度末支付1次，持续23.5年的年金（即每次支付金额为0.25，每季度支付1次，共支付94次的年金）现值。而符号$a_{\overline{23.25}|}^{(2)}$就不具有清晰可解释的意义。

假设n为$1/p$的整数倍，即$n=r/p$。其中，r为正整数。此时，$a_{\overline{n}|}^{(p)}$表示每过$1/p$时间就发生1次支付，每次支付金额为$1/p$，共计r次支付的年金现值。当$i=0$时，可得$a_{\overline{n}|}^{(p)} = n$；当$i \neq 0$时，可得：

$$
\begin{aligned}
a_{\overline{n}|}^{(p)} &= \frac{1}{p} \times (\nu^{1/p} + \nu^{2/p} + \nu^{3/p} + \cdots + \nu^{r/p}) \\
&= \frac{1}{p} \times \frac{\nu^{1/p}(1 - \nu^{r/p})}{1 - \nu^{1/p}} \\
&= \frac{1}{p} \times [\frac{1 - \nu^{r/p}}{(1 + i)^{1/p} - 1}] \\
&= \frac{1 - \nu^{n}}{i^{(p)}}
\end{aligned}
$$

上式与式（6-13）的结果相同。可见，当$n=1/p$的整数倍时，$a_{\overline{n}|}^{(p)}$的表达式仍然适用。

我们应该认识到，通过改变度量期，可以把n年期、每年支付p次的标准等额年金看作是np期、每期支付$1/p$金额的年金。从现值来看，应满足：

$$a_{\overline{n}|}^{(p)}@i = \frac{1}{p} a_{\overline{np}|}@\frac{i^{(p)}}{p}$$

类似地，$\ddot{a}_{\overline{n}|}^{(p)}$、$s_{\overline{n}|}^{(p)}$和$\ddot{s}_{\overline{n}|}^{(p)}$也可以进行上述的等价变化。如果$n$不为$1/p$的整数倍，那么对$a_{\overline{n}|}^{(p)}$并不存在普遍被认可的解释。

6.6 标准等额永续年金

无固定截止期限，永远支付下去的年金称为永续年金。例如，一种股票每年年末提供10元的股利收入，当$i > 0$时，所有股利收入的现值为：

$$10\nu + 10\nu^2 + 10\nu^3 + \cdots = 10 \times \frac{\nu(1 - \nu^{\infty})}{1 - \nu} = \frac{10}{i}$$

值得注意的是，上述结果还可以通过下式得到：

$$\lim_{n \to \infty} 10a_{\overline{n}|} = \lim_{n \to \infty} 10 \times \frac{1 - \nu^{n}}{i} = \frac{10}{i}$$

一般情况下，每年支付金额为1的标准等额永续年金的现值年金符号应满足：

（1）期末付标准等额永续年金的现值$a_{\overline{\infty}|} = \dfrac{1}{i}$；

（2）期初付标准等额永续年金的现值$\ddot{a}_{\overline{\infty}|} = \dfrac{1}{d}$；

（3）每年支付p次的期末付标准等额永续年金的现值$a_{\overline{\infty}|}^{(p)} = \dfrac{1}{i^{(p)}}$；

（4）每年支付p次的期初付标准等额永续年金的现值$\ddot{a}_{\overline{\infty}|}^{(p)} = \dfrac{1}{d^{(p)}}$。

【例6-11】一种永续年金，每年年末支付450元，年实际利率为8%时，请计算年金的现值。

解：年金的现值为：

$$PV = 450a_{\overline{\infty}|} = 450 \times \frac{1}{8\%} = 5\ 625(元)$$

【例 6–12】一个投资者在其女儿出生当天投资了X元以换取未来在女儿每个生日当天收入1 500元（构成永续年金）。假设年实际利率为4%，请计算投资金额X。

解：投资金额X为：

$$X = 1\ 500a_{\overline{\infty}|@4\%} = 1\ 500 \times \frac{1}{4\%} = 37\ 500(元)$$

需要注意的是，永续年金是无法计算积累值的。

本章小结

年金就是一系列有规律的支付款项。本章主要介绍标准等额即期年金，包括期末付标准等额年金、期初付标准等额年金、一年支付多次的标准等额年金、连续支付标准年金和永续年金。

n期期末付标准等额年金是每期期末支付1单位金额的n期年金，其现值和积累值分别用精算符号$a_{\overline{n}|}$和$s_{\overline{n}|}$表示；n期期初付标准等额年金是每期期初支付1单位金额的n期年金，其现值和积累值分别用精算符号$\ddot{a}_{\overline{n}|}$和$\ddot{s}_{\overline{n}|}$表示。

n期连续支付标准年金是支付率为1单位金额/期的n期连续支付年金，其现值和积累值分别用精算符号$\bar{a}_{\overline{n}|}$和$\bar{s}_{\overline{n}|}$表示。

每年支付p次的n期期末付标准等额年金，是每年总支付金额为1，每次支付金额为$1/p$，共支付np次，各次支付发生时间分别为$1/p$，$2/p$，$3/p$，…，n的年金，其现值和积累值分别用精算符号$a_{\overline{n}|}^{(p)}$和$s_{\overline{n}|}^{(p)}$表示；每年支付p次的n期期初付标准等额年金，是每年总支付金额为1，每次支付金额为$1/p$，共支付np次，各次支付发生时间分别为0，$1/p$，$2/p$，$3/p$，…，$(n-1)/p$的年金，其现值和积累值分别用精算符号$\ddot{a}_{\overline{n}|}^{(p)}$和$\ddot{s}_{\overline{n}|}^{(p)}$表示。

标准等额永续年金是每年支付金额为1的、无固定截止期限的年金。期末付/期初付标准等额永续年金的现值和每年支付p次的期末付/期初付标准等额永续年金的现值，分别用精算符号$a_{\overline{\infty}|}/\ddot{a}_{\overline{\infty}|}$和$a_{\overline{\infty}|}^{(p)}/\ddot{a}_{\overline{\infty}|}^{(p)}$表示。永续年金只能计算现值，无法计算积累值。

关键概念

年金　确定年金　生存年金　即期年金　期末付标准等额年金　期初付标准等额年金　一年支付多次的标准等额年金　连续支付标准年金　标准等额永续年金　年金现值　年金积累值

综合训练

1. 当利率$i=8\%$时，请计算以下年金符号的价值：（1）$a_{\overline{5}|}^{(6)}$；（2）$\ddot{a}_{\overline{5}|}^{(6)}$；（3）$\bar{s}_{\overline{15}|}$；（4）$\ddot{a}_{\overline{15}|}^{(12)}$；（5）$a_{\overline{8.5}|}^{(12)}$。

2. 判断命题$\ddot{s}_{\overline{n}|}^{(p)} = (1 + i)s_{\overline{n}|}^{(p)}$是否正确。

3. 判断等式$\ddot{a}_{\overline{n}|}^{(p)} = [\frac{i}{i^{(p)}} + \frac{i}{p}]a_{\overline{n}|}$是否成立。

4. 当每季度计息1次的名义利率为12%时，请计算一种每月月末支付600元的永续年金的现值。

5. 假设每月计息1次的年名义利率为9%，（1）每月月末支付1次的10年期年金，前6年每年支付金额为1 500元，后4年每年的支付金额为600元。在第10年年末另有一笔1 200元的支付，请计算所有支付金额的现值；（2）10年期连续支付的年金，每年支付金额是多少时，年金与（1）项中计算得到的现值相等；（3）请计算（1）、（2）项中前7年的现金流在第7年年末的积累值。

第6章综合训练答案

第7章

一般年金

目标引领

价值塑造

老龄化问题是我国面临的严峻问题，已经引起政府相关部门的高度重视。多数养老保险产品都属于延期年金产品。本章在学习延期年金产品的过程中，引领学生了解我国解决养老化问题的顶层设计理念和具体的方案，包括总体方案和商业养老保险的总体思路。

知识传授

通过本章学习理解期末付延期年金、期初付延期年金、一年支付多次的延期年金、连续支付延期年金的支付模式及精算符号的表达式，学会用精算符号计算相应的年金价值；理解期末付等差递增年金、期初付等差递增年金、连续支付逐期递增年金及连续支付连续递增年金的支付模式及精算符号的表达式，学会用精算符号计算相应的年金价值；掌握特殊年金现值、积累值的计算技巧。

思维导图

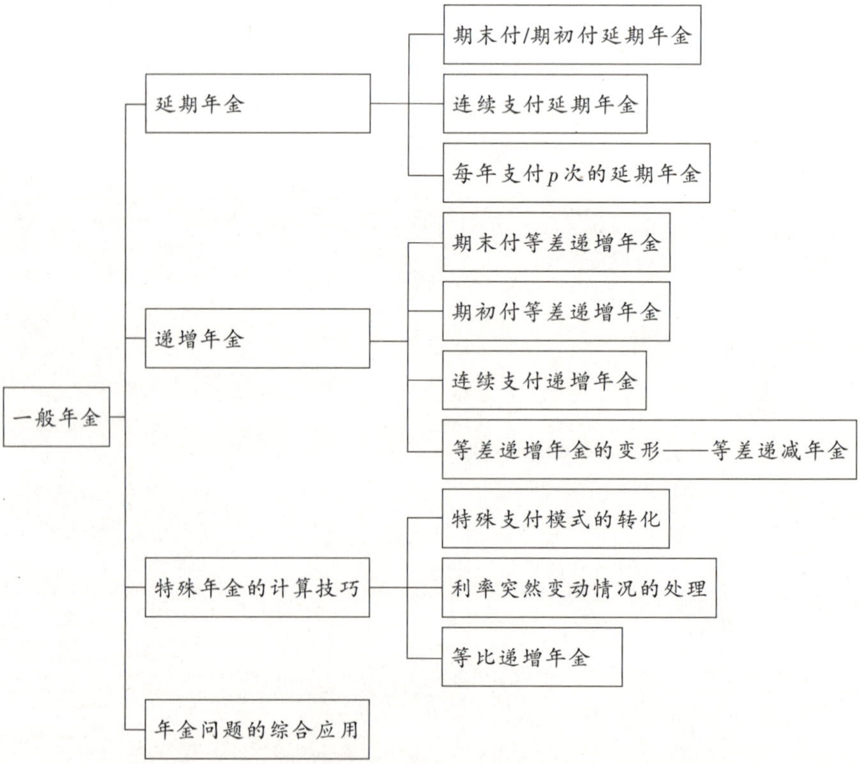

开篇导读

上一章我们学习了各种类型的标准等额年金的现值和积累值的计算方法，并给出了相应的精算符号。在金融业务和交易实务中，需要处理的年金类型往往更为复杂，因此我们需要学习一般年金的价值计算方法，并给出相应的精算符号。

当年金支付金额和形式更为复杂时，可以将复杂年金转化为各种类型标准年金的组合，进而计算复杂年金的价值。相应的计算和转化技巧需要系统地总结和整理。

本章我们首先推导各类延期年金的现值和积累值，进而给出等差递增年金的支付模式和现值/积累值的计算方法，并对相应的标准型年金，给出精算符号的推导过程和表达式。最后，介绍某些特殊年金的转化和计算技巧，并给出一般年金现值/积累值计算的综合应用算例。

7.1 延期年金

7.1.1 期末付/期初付延期年金

当年金首次支付不发生在第一个度量期内时，即首次支付推迟若干期之后发生，该年金被称为延期年金（Deferred Annuity）。多数养老保险产品都属于延期年金产品，投保人在工作阶段缴纳保费，退休后按年或按月领取养老金。从投保时刻来看，养老金的领取是推迟了若干年之后才发生的。虽然养老金是在未来发生的现金流，但有关机构或部门（一个国家的养老保险基金或保险公司的养老保险准备金等）需要在当下就做好资金安排。因此，我们有必要研究延期年金的价值问题。

启智增慧7-1　中国解决养老化问题的顶层设计①

假设 m 和 n 都是非负整数。从0时刻来看，$m+1$，$m+2$，…，$m+n$ 时刻分别支付1单位金额的 n 次支付就构成了延长 m 期的标准等额期末付年金（如图7-1所示），其现值用延期年金符号 ${}_{m|}a_{\overline{n|}}$ 表示。

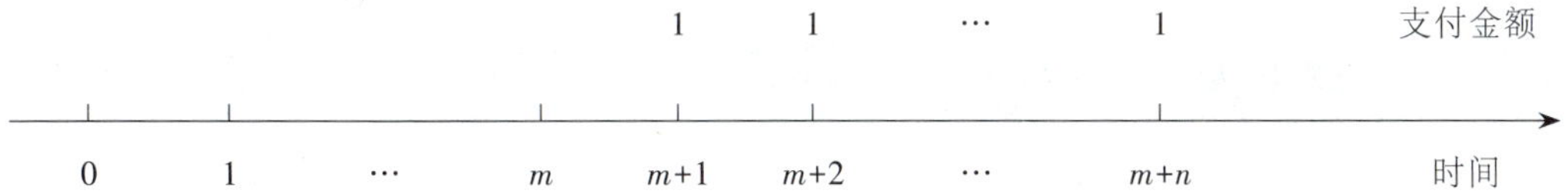

图7-1　标准等额期末付年金

延期年金可以看作是一项延迟了若干年后才开始支付的即期年金。由以上支付模式可得：

$$
\begin{aligned}
{}_{m|}a_{\overline{n|}} &= v^{m+1} + v^{m+2} + v^{m+3} + \cdots + v^{m+n} \\
&= (v + v^2 + v^3 + \cdots + v^{m+n}) - (v + v^2 + v^3 + \cdots + v^m) \\
&= v^m (v + v^2 + v^3 + \cdots + v^m)
\end{aligned}
$$

上式可整理为：

$$
{}_{m|}a_{\overline{n|}} = a_{\overline{m+n|}} - a_{\overline{m|}} \tag{7-1}
$$

① 王和. 保险的未来［M］. 北京：中信出版社，2019.

$$ {}_{m|}a_{\overline{n|}} = v^m a_{\overline{n|}} \tag{7-2} $$

相应地，延期m期的标准等额期初付年金用符号${}_{m|}\ddot{a}_{\overline{n|}}$表示，且${}_{m|}\ddot{a}_{\overline{n|}} = v^m \ddot{a}_{\overline{n|}}$。

【例7-1】已知每半年计息1次的年名义利率为8%，请计算${}_{6|}a_{\overline{15|}}$。

解：年实际利率为：

$$ i = (1 + \frac{8\%}{2})^2 - 1 = 8.16\% $$

因此，可算得：

$$ {}_{6|}a_{\overline{15|}} = a_{\overline{15|}} \times v^6 = \frac{1 - v^{15}}{i} \times v^6 = 5.2944 $$

7.1.2 连续支付延期年金

假设m和n都是非负整数，延期m期之后开始的，支付率为1单位金额/期的n期连续年金，即延期m期标准连续支付年金，其在0时刻的现值用延期年金符号${}_{m|}\bar{a}_{\overline{n|}}$表示，可推导出：

$$ {}_{m|}\bar{a}_{\overline{n|}} = \int_m^{m+n} e^{-\delta t} dt = \int_0^{m+n} e^{-\delta t} dt - \int_0^m e^{-\delta t} dt = e^{-\delta m} \int_0^n e^{-\delta s} ds $$

因此，可得：

$$ {}_{m|}\bar{a}_{\overline{n|}} = \bar{a}_{\overline{m+n|}} - \bar{a}_{\overline{m|}} = v^m \bar{a}_{\overline{n}} $$

7.1.3 每年支付p次的延期年金

延期m年之后开始的，每年支付p次的n年期期末付/期初付标准年金在0时刻的现值可表示为：

$$ {}_{m|}a_{\overline{n|}}^{(p)} = v^m a_{\overline{n|}}^{(p)} $$

$$ {}_{m|}\ddot{a}_{\overline{n|}}^{(p)} = v^m \ddot{a}_{\overline{n|}}^{(p)} $$

【例7-2】当实际利率为6%时，比较${}_{6|}a_{\overline{12|}}^{(2)}$与${}_{7|}\ddot{a}_{\overline{12|}}^{(2)}$的大小。

解：${}_{6|}a_{\overline{12|}}^{(2)}$和${}_{7|}\ddot{a}_{\overline{12|}}^{(2)}$都是每次支付0.5单位金额的24次支付在0时刻的现值，${}_{6|}a_{\overline{12|}}^{(2)}$的首次支付发生在6.5时刻，${}_{7|}\ddot{a}_{\overline{12|}}^{(2)}$的首次支付发生在7时刻，所以${}_{6|}a_{\overline{12|}}^{(2)} > {}_{7|}\ddot{a}_{\overline{12|}}^{(2)}$。

7.2 递增年金

7.2.1 期末付等差递增年金

当一项年金各期支付金额不相等时，其现值（或积累值）可以通过分别将每次支付贴现（积累）再求和的方式得到。因此，一项期末付年金的现值可以表示为：

$$ \sum_{i=1}^{n} X_i v^{t_i} $$

其中，X_i为t_i时刻发生的第i次支付。如果年金中同时存在连续支付，则其现值可表示为：

$$ \sum_{i=1}^{n} X_i v^{t_i} + \int_{-\infty}^{\infty} \rho(t) v^t dt $$

其中，$\rho(t)$为t时刻的支付率。

当上式满足$X_i=t_i=i$时，该年金被称为期末付标准等差递增年金，其现值用年金符号$(Ia)_{\overline{n}|}$表示。$(Ia)_{\overline{n}|}$代表这样一种年金的现值：第一期期末支付1，第二期期末支付2……第n期期末支付n。因此，可得：

$$(Ia)_{\overline{n}|} = v + 2v^2 + 3v^3 + \cdots + nv^n \tag{7-3}$$

式（7-3）左右两边分别乘以（1+i）得到：

$$(1+i)(Ia)_{\overline{n}|} = 1 + 2v + 3v^2 + \cdots + nv^{n-1} \tag{7-4}$$

式（7-3）与式（7-4）的左右两边分别相减得到：

$$i(Ia)_{\overline{n}|} = 1 + v + v^2 + \cdots + v^{n-1} - nv^n = \ddot{a}_{\overline{n}|} - nv^n \Rightarrow (Ia)_{\overline{n}|} = \frac{\ddot{a}_{\overline{n}|} - nv^n}{i}$$

图7-2给出了期末付标准等差递增年金的支付模式。

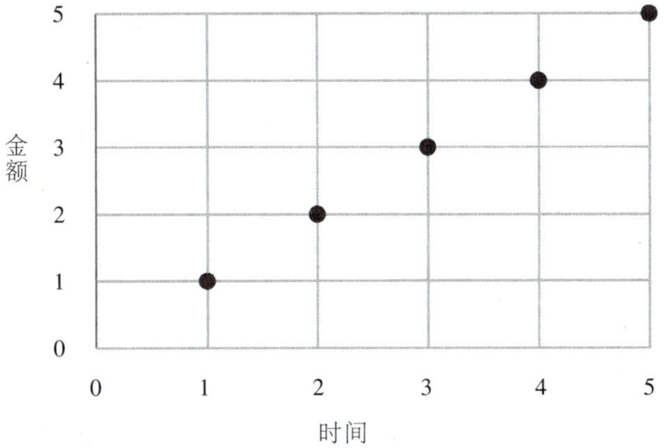

图7-2　期末付标准等差递增年金的支付模式

实际上，任何n年期期末付年金，当其各次支付金额能够构成等差数列时，其现值都可以由年金符号$a_{\overline{n}|}$和$(Ia)_{\overline{n}|}$的多项式表示。假设此类年金首次支付金额为P，第2次支付金额为$(P+Q)$……第t次支付金额为$P+(t-1)Q$，第n次支付金额为$P+(n-1)Q$。其支付模型如图7-3所示。

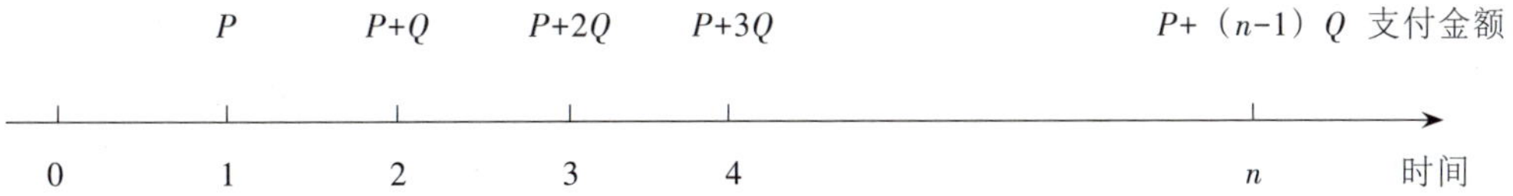

图7-3　一般期末付等差递增年金的支付模型

上述年金可以被看作是一项每期期末支付（$P-Q$）的n年期年金和一项每期期末支付金额分别为Q，$2Q$，…，nQ的n年期年金之和，如图7-4所示。

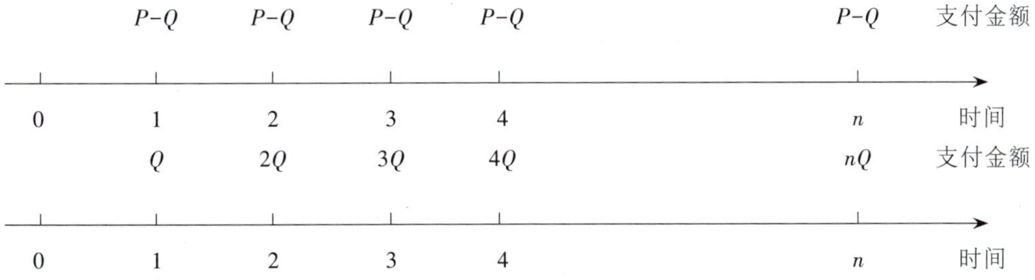

图7-4　一般期末付等差递增年金的拆分示意图

因此，上述年金的现值为：

$$(P-Q)a_{\overline{n|}}+Q(Ia)_{\overline{n|}} \tag{7-5}$$

【例 7-3】已知一项10年期年金，第1次支付发生在2023年1月1日，金额为500元，此后每次支付均比前一次多100元。假设年实际利率为8%，请计算年金在2022年1月1日的现值。

解：我们可以把上述年金看作是一项每年支付400元的年金和一项每年按100元增加的递增年金之和。因此，年金在2022年1月1日的现值为：

$$\begin{aligned}400a_{\overline{10|}}+100(Ia)_{\overline{10|}}&=400a_{\overline{10|}}+100\times\left(\frac{\ddot{a}_{\overline{10|}}-10v^{10}}{i}\right)\\&=400\times6.7101+100\times\left(\frac{7.2469-10\times0.46319}{0.08}\right)\\&=5\,952.79(\text{元})\end{aligned}$$

【例 7-4】一种每年年初支付1次的20年期年金，首次支付发生在2019年1月1日，首次支付金额为3 500元，之后每次支付金额依次递增500元。（1）假设年实际利率为6%，请计算年金在2018年1月1日的现值；（2）假设年金只递增10年，之后保持金额不变，请计算年金在2018年1月1日的现值。

解：（1）年金的现值为：

$$\begin{aligned}PV&=3\,000a_{\overline{20|}}+500(Ia)_{\overline{20|}}\\&=3\,000\times\frac{1-v^{20}}{i}+500\times\frac{\ddot{a}_{\overline{20|}}-20v^{20}}{i}\\&=34\,409.7637+49\,350.1829\\&=83\,759.95(\text{元})\end{aligned}$$

（2）年金的现值为：

$$\begin{aligned}PV&=3\,000a_{\overline{20|}}+500(Ia)_{\overline{11|}}+5\,500v^{11}a_{\overline{9|}}\\&=3\,000\times\frac{1-v^{20}}{i}+500\times\frac{\ddot{a}_{\overline{11|}}-11v^{11}}{i}+5\,500\times v^{11}\times\frac{1-v^{9}}{i}\\&=34\,409.7637+21\,378.5356+19\,706.7565\\&=75\,495.06(\text{元})\end{aligned}$$

7.2.2 期初付等差递增年金

n年期期初付标准等差递增年金（即第t次支付发生在$t-1$时刻）的现值用符号$(I\ddot{a})_{\overline{n|}}$表示，可得：

$$(I\ddot{a})_{\overline{n|}}=1+2v+3v^2+\cdots+nv^{n-1}=(1+i)(Ia)_{\overline{n|}}=\frac{\ddot{a}_{\overline{n|}}-nv^n}{d} \tag{7-6}$$

利用上述转化的方法，可得：

$$(I\ddot{a})_{\overline{n|}}=1+a_{\overline{n-1|}}+(Ia)_{\overline{n-1|}}$$

图7-5给出了期初付标准等差递增年金的支付模式。

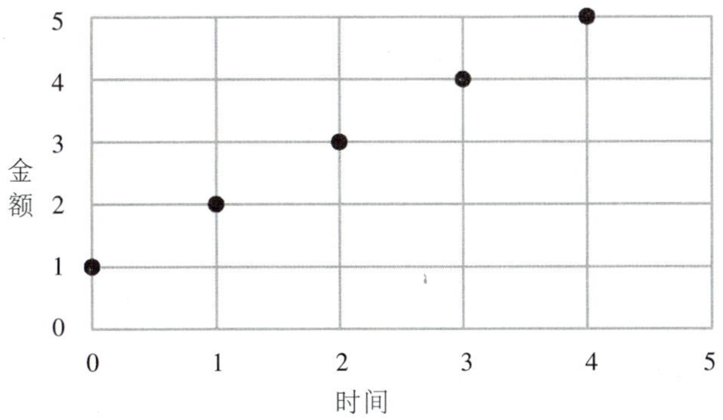

图7-5　期初付标准等差递增年金的支付模式

【例7-5】已知一种年金0时刻支付30元，1时刻支付40元，2时刻支付50元，以此类推，最后一次支付发生在10时刻。假设每期实际利率为5%，请计算年金在0时刻的现值。

解：年金在0时刻的现值为：

$$
\begin{aligned}
20\ddot{a}_{\overline{11}|} + 10(I\ddot{a})_{\overline{11}|} &= 20 \times \frac{1-v^{11}}{d} + 10 \times \frac{\dfrac{1-v^{11}}{d} - 11v^{11}}{d} \\
&= 20 \times \frac{1-(1+5\%)^{-11}}{5\% \div (1+5\%)} + 10 \times \frac{\dfrac{1-(1+5\%)^{-11}}{5\% \div (1+5\%)} - 11 \times (1+5\%)^{-11}}{5\% \div (1+5\%)} \\
&= 174.4347 + 480.9552 \\
&= 655.39(\text{元})
\end{aligned}
$$

7.2.3　连续支付递增年金

对于标准的连续支付递增年金需要区分两种不同模式：(1) 支付率逐期等差递增型连续年金，每期内支付率为常数，各期支付率逐期递增，即第r期的支付率为r（$r=1, 2, \cdots, n$）；(2) 支付率连续递增型连续年金，在整个支付期内支付率为连续递增的函数，即t时刻的支付率为t（$0 \leqslant t \leqslant n$）。上述两种年金现值符号分别为$(I\bar{a})_{\overline{n}|}$和$(\overline{I}\bar{a})_{\overline{n}|}$，其支付模式如图7-6所示。

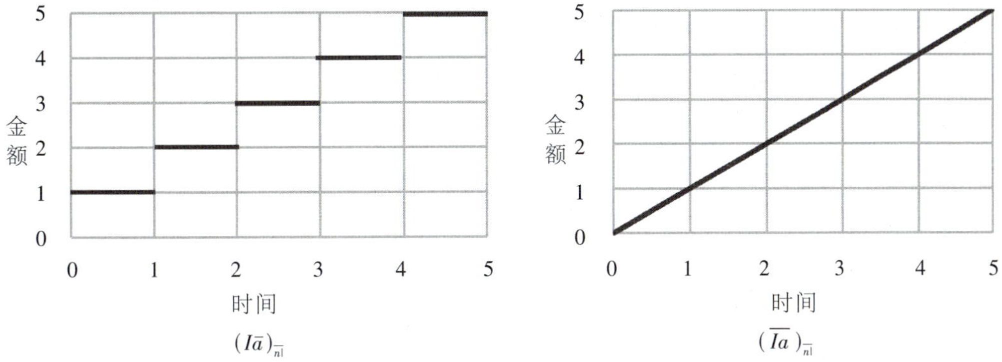

图7-6　连续支付递增年金的两种支付模式

进一步可得：

$$
\begin{aligned}
(I\bar{a})_{\overline{n}|} &= \sum_{r=1}^{n}\int_{r-1}^{r} r\nu^t dt \\
&= \bar{a}_{\overline{1}|} + 2\nu\bar{a}_{\overline{1}|} + \cdots + n\nu^{n-1}\bar{a}_{\overline{1}|} \\
&= \bar{a}_{\overline{1}|}(1 + 2\nu + \cdots + n\nu^{n-1}) \\
&= \bar{a}_{\overline{1}|} \times (I\ddot{a})_{\overline{n}|} \\
&= \frac{1-\nu}{\delta} \times \frac{\ddot{a}_{\overline{n}|} - n\nu^n}{d} \\
&= \frac{\ddot{a}_{\overline{n}|} - n\nu^n}{\delta}
\end{aligned} \tag{7-7}
$$

$$
\begin{aligned}
(\overline{Ia})_{\overline{n}|} &= \int_0^n t\nu^t dt = \frac{1}{\ln\nu}\int_0^n t d\nu^t \\
&= -\frac{1}{\delta}\left(t\nu^t\Big|_0^n - \int_0^n \nu^t dt\right) \\
&= -\frac{1}{\delta}\left(n\nu^n - \frac{1}{\ln\nu}\nu^t\Big|_0^n\right) \\
&= -\frac{1}{\delta}\left[n\nu^n - \frac{1}{\delta}(1-\nu^n)\right] \\
&= \frac{\bar{a}_{\overline{n}|} - n\nu^n}{\delta}
\end{aligned} \tag{7-8}
$$

【例 7-6】已知某不动产的租金收入构成一种5年期的连续支付年金，第1年支付率为30 000元/年，此后每年支付率上涨5 000元/年。当年实际利率为6%时，请计算年金的现值。

解：可以把上述年金分解成一种每年支付25 000元的连续支付年金和一种支付率每年递增5 000元/年的连续支付递增年金之和，因此年金的现值为：

$$
\begin{aligned}
&25\,000\bar{a}_{\overline{5}|} + 5\,000(I\bar{a})_{\overline{5}|} \\
&= 25\,000 \times \frac{1-(1+6\%)^{-5}}{\ln(1+6\%)} + 5\,000 \times \frac{\dfrac{1-(1+6\%)^{-5}}{6\% \div (1+6\%)} - 5 \times (1+6\%)^{-5}}{\ln(1+6\%)} \\
&= 25\,000 \times 4.3375 + 5\,000 \times 12.5078 \\
&= 170\,976.50(\text{元})
\end{aligned}
$$

【例 7-7】某人将在接下来的12年内以连续支付的形式投资，他在 t（$0 \leqslant t \leqslant 10$）时刻的瞬时支付率为 $30t$。已知12年间的实际利率为4%。请计算：（1）这项投资在0时刻的现值；（2）这项投资在12时刻的积累值。

解：（1）这项投资在0时刻的现值为：

$$
\begin{aligned}
30(\overline{Ia})_{\overline{12}|} &= 30 \times \frac{\bar{a}_{\overline{12}|} - 12\nu^{12}}{\delta} \\
&= 30 \times \frac{\dfrac{1-\nu^{12}}{\delta} - 12\nu^{12}}{\delta} \\
&= 30 \times \frac{\dfrac{1-(1+4\%)^{-12}}{\ln(1+4\%)} - 12 \times (1+4\%)^{-12}}{\ln(1+4\%)} \\
&= 1\,588.23(\text{元})
\end{aligned}
$$

（2）这项投资在12时刻的积累值为：

$$
1\,588.23 \times (1+4\%)^{12} = 2\,542.81(\text{元})
$$

7.2.4 等差递增年金的变形——等差递减年金

我们可以利用标准等差递增年金的公式计算等差递减年金的现值。

【例7-8】一项年金满足下列支付模式：1时刻支付50元，2时刻支付45元，3时刻支付40元，以此类推，最后一次支付发生在6时刻，请用标准年金符号表示该年金的现值。

解：上述年金每次支付金额构成了一个递减的等差数列，可以把年金看作是一项每次支付55元的6期年金，减去一项首次支付5元并按每期5元递增的6期年金。因此，年金的现值可表示为：

$$55a_{\overline{6}|} - 5(Ia)_{\overline{6}|}$$

【例7-9】某人定期往一个投资账户中存款，6时刻存入240元，7时刻存入230元，8时刻存入220元，直到16时刻存入140元。假设每期的实际利率为4%，请计算：（1）上述所有存款在5时刻的现值；（2）上述所有存款在0时刻的现值；（3）上述所有存款在16时刻的积累值。

解：（1）上述所有存款在5时刻的现值为：

$$250a_{\overline{11}|} - 10(Ia)_{\overline{11}|}$$

$$= 250 \times \frac{1 - v^{11}}{i} - 10 \times \frac{\ddot{a}_{\overline{11}|} - 11v^{11}}{i}$$

$$= 250 \times \frac{1 - (1 + 4\%)^{-11}}{4\%} - 10 \times \frac{\dfrac{1 - (1 + 4\%)^{-11}}{4\% \div (1 + 4\%)} - 11 \times (1 + 4\%)^{-11}}{4\%}$$

$$= 2\,190.1192 - 491.3764$$

$$= 1\,698.7428(\text{元})$$

（2）上述所有存款在0时刻的现值为：

$$1\,698.7428 \times (1 + 4\%)^{-5} = 1\,396.24(\text{元})$$

（3）上述所有存款在16时刻的积累值为：

$$1\,698.7428 \times (1 + 4\%)^{11} = 2\,615.14(\text{元})$$

注：各种一般年金积累值符号（$(Is)_{\overline{n}|}$、$(I\ddot{s})_{\overline{n}|}$、$(I\bar{s})_{\overline{n}|}$、$(\overline{I}\bar{s})_{\overline{n}|}$）的表达式可根据对应的现值符号表达式以及现值与终值的关系推导，这里不再赘述。

7.3 特殊年金的计算技巧

7.3.1 特殊支付模式的转化

通过转化技术，我们可以用标准年金符号表示并计算某些特殊年金的价值。

【例7-10】已知一种年金的支付模式如下：

2014年，于1月1日、4月1日、7月1日和10月1日分别支付100元；

2015年，于1月1日、4月1日、7月1日和10月1日分别支付200元；

2016年，于1月1日、4月1日、7月1日和10月1日分别支付300元；

2017年，于1月1日、4月1日、7月1日和10月1日分别支付400元；

2018年，于1月1日、4月1日、7月1日和10月1日分别支付500元。

假设年实际利率为常数，试用年金符号表示上述年金在2014年1月1日的现值。

解：首先，将每年的四笔支付贴现到每年的1月1日，得到：

2014年的四笔支付在2014年1月1日的价值为$1\times 400\ddot{a}_{\overline{1}|}^{(4)}$；

2015年的四笔支付在2015年1月1日的价值为$2\times 400\ddot{a}_{\overline{1}|}^{(4)}$；

2016年的四笔支付在2016年1月1日的价值为$3\times 400\ddot{a}_{\overline{1}|}^{(4)}$；

2017年的四笔支付在2017年1月1日的价值为$4\times 400\ddot{a}_{\overline{1}|}^{(4)}$；

2018年的四笔支付在2018年1月1日的价值为$5\times 400\ddot{a}_{\overline{1}|}^{(4)}$。

其次，将上述五笔年初价值进一步贴现到2014年1月1日，得到年金在2014年1月1日的现值为：

$$\begin{aligned}&1\times 400\ddot{a}_{\overline{1}|}^{(4)}+2\times 400\ddot{a}_{\overline{1}|}^{(4)}v+3\times 400\ddot{a}_{\overline{1}|}^{(4)}v^2+4\times 400\ddot{a}_{\overline{1}|}^{(4)}v^3+5\times 400\ddot{a}_{\overline{1}|}^{(4)}v^4\\&=(1+2v+3v^2+4v^3+5v^4)\times 400\ddot{a}_{\overline{1}|}^{(4)}\\&=(I\ddot{a})_{\overline{5}|}\times 400\ddot{a}_{\overline{1}|}^{(4)}\end{aligned}$$

7.3.2 利率突然变动情况的处理

在利率突然变动的情况下，现金流的积累和贴现问题我们已经在第5章介绍了，这里是类似的方法。

【例7-11】一种年金在2006年至2015年（包括2015年）间，每个季度的第一天都支付100元。假设2010年12月31日之前年实际利率为8%，此后年实际利率降到6%，请计算此年金在2004年1月1日的现值。

解：从2006年至2015年（包括2015年）共计10年，而利率在2010年12月31日前后发生了一次突然变动，因此我们需要把10年的年金分成两个5年的年金，上述年金在2004年1月1日的现值为：

$$\begin{aligned}&400\times(1+8\%)^{-2}\times[\ddot{a}_{\overline{5}|@8\%}^{(4)}+(1+8\%)^{-5}\ddot{a}_{\overline{5}|@6\%}^{(4)}]\\&=400\times 0.85734\times\left[\frac{1-0.68058}{0.076225}+0.68058\times\frac{1-0.74726}{0.057847}\right]\\&=2\,456.80(\text{元})\end{aligned}$$

【例7-12】一种年金从2015年1月1日至2020年12月31日每个季度末都支付375元。假设2015年至2018年之间年实际利率为4%，2018年之后年实际利率上涨到5%，请计算：（1）年金在2015年1月1日的现值；（2）年金在2022年1月1日的积累值。

解：（1）年金在2015年1月1日的现值为：

$$\begin{aligned}&375\times 4a_{\overline{4}|@4\%}^{(4)}+375\times 4a_{\overline{2}|@5\%}^{(4)}\times(1+4\%)^{-4}\\&=1\,500\times\frac{1-(1+4\%)^{-4}}{4\times[(1+4\%)^{1/4}-1]}+1\,500\times\frac{1-(1+5\%)^{-2}}{4\times[(1+5\%)^{1/4}-1]}\times(1+4\%)^{-4}\\&=5\,525.8482+2\,428.3961\\&=7\,954.2443(\text{元})\end{aligned}$$

（2）年金在2022年1月1日的积累值为：

$$7\,954.2443\times(1+4\%)^4\times(1+5\%)^3=10\,772.0951(\text{元})$$

7.3.3 等比递增年金

我们已经学习了等差递增年金的价值问题，接下来我们将要学习等比递增年金（即年金的每次支付金额均为前次支付金额的固定比例的年金）的价值问题。

【例7-13】一种每年年末支付1次的15年期的年金，首次支付金额为500元，其后每年的支付金额均按3%的比例增长。假设年实际利率为10%，请计算年金的现值。

解一：上述年金首年支付金额为500元，第2年支付金额为$500\times(1+3\%)$，第3年支付金额为$500\times(1+3\%)^2$，以此类推，最后一年（第15次）支付金额为$500\times(1+3\%)^{14}$。因此，年金的现值为：

$$500\nu+500\times(1+3\%)\nu^2+500\times(1+3\%)^2\nu^3+\cdots+500\times(1+3\%)^{14}\nu^{15}$$
$$=500\nu\times[1+(1+3\%)\nu+(1+3\%)^2\nu^2+\cdots+(1+3\%)^{14}\nu^{14}]$$
$$=500\nu\times[\frac{1-(1+3\%)^{15}\nu^{15}}{1-(1+3\%)\nu}]$$
$$=4\,479(\text{元})$$

进一步，我们可以给出期末付等比递增年金的现值求解办法。假设年金各次支付增长比例为e，即如果首次支付金额为C，第2次支付金额为$C(1+e)$，第3次支付金额为$C(1+e)^2$，以此类推，第n次的支付金额为$C(1+e)^{n-1}$。因此，年金的现值可以表示为：

$$C\nu+C(1+e)\nu^2+C(1+e)^2\nu^3+\cdots+C(1+e)^{n-1}\nu^n$$
$$=\frac{C}{1+e}\times[(1+e)\nu+(1+e)^2\nu^2+(1+e)^3\nu^3+\cdots+(1+e)^n\nu^n]$$
$$=\frac{C}{1+e}\times[\nu'+\nu'^2+\nu'^3+\cdots+\nu'^n]$$
$$=\frac{C}{1+e}a_{\overline{n|}}'{}_{@i'}$$

其中，$\nu'=(1+e)\nu$，进而有：

$$\frac{1}{1+i'}=\frac{1+e}{1+i}\Rightarrow i'=\frac{i-e}{1+e}$$

因此，上述年金可以看作是每次支付金额为$\dfrac{C}{1+e}$，且实际利率$i'=\dfrac{i-e}{1+e}$的n期年金。可以利用该方法解例7-7。

解二：由题意可知e=3%，可得：

$$i'=\frac{i-e}{1+e}=\frac{10\%-3\%}{1+3\%}=0.06796$$

因此，年金的现值为：

$$\frac{500}{1+3\%}\times a_{\overline{15|}}'{}_{@i'}=\frac{500}{1+3\%}\times\frac{1-(1+0.06796)^{-15}}{0.06796}=4\,479(\text{元})$$

【例7-14】已知在t时刻的支付金额为$25\,000\times1.0456^{t-1}$，$t=1$，2，3，…，8。假设每期实际利率为6%，请计算上述支付在0时刻的现值。

解：上述支付在0时刻的现值为：

$$25\,000\times(1.0456^{1-1}\nu+1.0456^{2-1}\nu^2+\cdots+1.0456^{8-1}\nu^8)$$
$$=25\,000\times(\nu+1.0456\nu^2+\cdots+1.0456^7\nu^8)$$
$$=\frac{25\,000}{1.0456}\times(1.0456\nu+1.0456^2\nu^2+\cdots+1.0456^8\nu^8)$$
$$=\frac{25\,000}{1.0456}\times\frac{1.0456\nu\times(1-1.0456^8\nu^8)}{1-1.0456\nu}$$
$$=\frac{25\,000}{1.0456}\times\frac{1.0456\times(1+6\%)^{-1}\times[1-1.0456^8\times(1+6\%)^{-8}]}{1-1.0456\times(1+6\%)^{-1}}$$
$$=179\,947.73(\text{元})$$

【例7-15】一个投资者购买了一种每年支付1次的10年期年金产品。年金的首次支付发生在2019年11月1日，首次支付的金额为2 500元，其后每年的支付金额均按3%的比例增长。假设每半年的实际利率为4%，计算年金在2035年10月31日的积累值。

解：年金的积累值为：

$$AV = 2\,500 \times (1+4\%)^{16\times 2} + 2\,500 \times (1+3\%) \times (1+4\%)^{15\times 2} + \cdots + 2\,500 \times (1+3\%)^{9} \times (1+4\%)^{7\times 2}$$
$$= 2\,500 \times (1+4\%)^{16\times 2} \times \left[1 + \frac{1+3\%}{(1+4\%)^{2}} + \cdots + \frac{(1+3\%)^{9}}{(1+4\%)^{18}}\right]$$
$$= 2\,500 \times (1+4\%)^{16\times 2} \times \frac{1 - \dfrac{(1+3\%)^{10}}{(1+4\%)^{20}}}{1 - \dfrac{1+3\%}{(1+4\%)^{2}}}$$
$$= 71\,079.84(\text{元})$$

【例7-16】10次支付分别发生在5，6，7，…，14时刻，第1次支付的金额为500元，接下来的5次支付按3.14%的比例依次上涨，余下支付按6.25%的比例依次上涨。假设每期实际利率为8%，请计算这10次支付在0时刻的现值。

解：10次支付在0时刻的现值为：

$$500v^{5} + 500 \times (1+3.14\%)v^{6} + 500 \times (1+3.14\%)^{2}v^{7} + \cdots + 500 \times (1+3.14\%)^{5}v^{10} + 500 \times (1+3.14\%)^{5} \times (1+6.25\%)v^{11} + 500 \times (1+3.14\%)^{5} \times (1+6.25\%)^{2}v^{12} + \cdots + 500 \times (1+3.14\%)^{5} \times (1+6.25\%)^{4}v^{14}$$
$$= 500v^{5} \times [1 + (1+3.14\%)v + (1+3.14\%)^{2}v^{2} + \cdots + (1+3.14\%)^{5}v^{5}] + 500 \times (1+3.14\%)^{5}v^{10} \times [(1+6.25\%)v + (1+6.25\%)^{2}v^{2} + \cdots + (1+6.25\%)^{4}v^{4}]$$
$$= 500v^{5} \times \frac{1-(1+3.14\%)^{6}v^{6}}{1-(1+3.14\%)v} + 500 \times (1+3.14\%)^{5}v^{10} \times \frac{(1+6.25\%)v \times [1-(1+6.25\%)^{4}v^{4}]}{1-(1+6.25\%)v}$$
$$= 1\,825.3777 + 1\,038.1580$$
$$= 2\,863.54(\text{元})$$

7.4 年金问题的综合应用

【例7-17】一个投资者想用200 000元购买一种10年期的年金产品。有以下两种支付模式的年金产品可供选择：（1）立即开始的期末付年金，每月月末支付1次，每次支付金额相同；（2）3年后开始的期初付年金，每半年支付1次，每次支付金额相同。假设年实际利率为6%，请分别计算上述两种年金每次的支付金额。

解：（1）设第一种年金每次的支付金额为X，可得：

$$12Xa_{\overline{10}|}^{(12)} = 200\,000 \Rightarrow X = \frac{200\,000}{12a_{\overline{10}|}^{(12)}} = \frac{200\,000i^{(12)}}{12 \times (1-v^{10})} = \frac{200\,000 \times 12 \times [(1+i)^{1/12}-1]}{12 \times (1-v^{10})} = 2\,204.48(\text{元})$$

（2）设第二种年金每次的支付金额为Y，可得：

$$2Y\ddot{a}_{\overline{10}|}^{(2)}v^{2} = 200\,000 \Rightarrow Y = \frac{200\,000}{2\ddot{a}_{\overline{10}|}^{(2)}v^{2}} = \frac{200\,000d^{(2)}}{2v^{2}(1-v^{10})} = \frac{200\,000 \times 2 \times [1-(1+i)^{-1/2}]}{2v^{2}(1-v^{10})} = 14\,611.79(\text{元})$$

【例7-18】一种每年年末支付1次的n年期年金，第t年年末的支付金额为t^{2}。请推导年金的现值表达式（用$a_{\overline{n}|}$和i表示）。

解：设年金的现值为X，可得：

$$X = v + 4v^{2} + 9v^{3} + \cdots + n^{2}v^{n} \qquad (1)$$

式（1）左右两边同乘以v，可得：

$$\nu X = \nu^2 + 4\nu^3 + 9\nu^4 + \cdots + n^2\nu^{n+1} \quad (2)$$

式（1）减式（2），可得：

$$(1-\nu)X = \nu + 3\nu^2 + 5\nu^3 + \cdots + (2n-1)\nu^n - n^2\nu^{n+1}$$

$$\Rightarrow \frac{i}{1+i}X = 2(Ia)_{\overline{n}|} - a_{\overline{n}|} - n^2\nu^{n+1} = 2\times\frac{(1+i)a_{\overline{n}|} - n\nu^n}{i} - a_{\overline{n}|} - n^2\nu^{n+1}$$

$$\Rightarrow X = \frac{1+i}{i}\left[\frac{2(1+i)a_{\overline{n}|} - 2n(1+i)^{-n}}{i} - a_{\overline{n}|} - n^2(1+i)^{-n-1}\right]$$

【例7-19】一种20年期的年金，每年年末支付1次，第1年的支付金额为500元，第2年的支付金额为600元，第3年的支付金额为700元，以此类推，直至支付金额达到1 500元，此后支付金额按每年50元递减，直至年金到期。假设年实际利率为7.5%，请计算年金的现值。

解：年金的现值为：

$$\begin{aligned}PV &= 500\nu + 600\nu^2 + 700\nu^3 + \cdots + 1\,500\nu^{11} + 1\,450\nu^{12} + \cdots + 1\,050\nu^{20}\\ &= 400a_{\overline{11}|} + 100(Ia)_{\overline{11}|} + \nu^{11}\times[1\,500a_{\overline{9}|} - 50(Ia)_{\overline{9}|}]\\ &= 400\times\frac{1-\nu^{11}}{i} + 100\times\frac{\ddot{a}_{\overline{11}|} - 11\nu^{11}}{i} + \nu^{11}\times(1\,500\times\frac{1-\nu^9}{i} - 50\times\frac{\ddot{a}_{\overline{9}|} - 9\nu^9}{i})\\ &= 2\,926.1697 + 3\,865.7412 + 4\,318.6008 - 650.8526\\ &= 10\,459.66(\text{元})\end{aligned}$$

【例7-20】一种连续支付的10年期年金，前4个月的支付率为1元/年，接下来4个月的支付率为2元/年，再接下来4个月的支付率为3元/年，以此类推，直至年金期满。假设每半年计息1次的年名义利率为8%，请计算年金在10年后的积累值。

解：设每4个月的实际利率为i，可得：

$$(1+i)^3 = (1+\frac{8\%}{2})^2 \Rightarrow i = 2.6492\%$$

令$\nu = \dfrac{1}{1+i} = 0.9742$，可得年金的积累值为：

$$\frac{1}{3}\times(I\bar{a})_{\overline{30}|}\times(1+i)^{30} = \frac{1}{3}\times\frac{\ddot{a}_{\overline{30}|} - 30\nu^{30}}{\delta}\times(1+i)^{30} = 205.92(\text{元})$$

【例7-21】一种每年年初支付1次的20年期年金，第1年的支付金额为700元，第2年的支付金额为750元，第3年的支付金额为800元，以此类推。假设前8年的年实际利率为6%，之后年实际利率变为8%，请计算年金的现值。

解：年金的现值为：

$$650\ddot{a}_{\overline{8}|@6\%} + 50(I\ddot{a})_{\overline{8}|@6\%} + [1\,050\ddot{a}_{\overline{12}|@8\%} + 50(I\ddot{a})_{\overline{12}|@8\%}]\times(1+6\%)^{-8}$$

$$= 650\times\frac{1-(1+6\%)^{-8}}{6\%\div(1+6\%)} + 50\times\frac{\dfrac{1-(1+6\%)^{-8}}{6\%\div(1+6\%)} - 8\times(1+6\%)^{-8}}{6\%\div(1+6\%)} +$$

$$[1\,050\times\frac{1-(1+8\%)^{-12}}{8\%\div(1+8\%)} + 50\times\frac{\dfrac{1-(1+8\%)^{-12}}{8\%\div(1+8\%)} - 12\times(1+8\%)^{-12}}{8\%\div(1+8\%)}]\times(1+6\%)^{-8}$$

$$= 4\,278.5479 + 1\,380.7228 + (8\,545.9125 + 2\,277.1794)\times(1+6\%)^{-8}$$

$$= 12\,449.81(\text{元})$$

【例7-22】一个投资者预计在接下来的50年内获得某不动产产生的收入流。收入流的支付模式如下：（1）目前的支付金额为每年20 000元，分4次在每季度初支付；（2）目前的支付金额将持续5年，之后每5年，年支付金额均以一定比例上调，该比例为之前5年间的通货膨胀率。已知年通货膨胀率为常数3%，且年实际利率为12%，请计算收入流的现值。

解：第1个5年的收入现值为：

$$20\,000\ddot{a}_{\overline{5|}}^{(4)}$$

第2个5年的收入现值为：

$$20\,000 \times (1+3\%)^5\ddot{a}_{\overline{5|}}^{(4)} \times \nu^5$$

第3个5年的收入现值为：

$$20\,000 \times (1+3\%)^{10}\ddot{a}_{\overline{5|}}^{(4)} \times \nu^{10}$$

以此类推，收入总现值为：

$$20\,000\ddot{a}_{\overline{5|}}^{(4)} \times [1+(1+3\%)^5\nu^5+(1+3\%)^{10}\nu^{10}+\cdots+(1+3\%)^{45}\nu^{45}] = 20\,000\ddot{a}_{\overline{5|}}^{(4)}\ddot{a}_{\overline{10|}@i'}$$

其中，$\dfrac{1}{1+i'} = (1+3\%)^5\nu^5 \Rightarrow i' = 52.02\%$。所以，收入流的现值为：

$$20\,000\ddot{a}_{\overline{5|}}^{(4)}\ddot{a}_{\overline{10|}@i'} = 20\,000 \times \frac{1-\nu^5}{d^{(4)}} \times \frac{1-(1+i')^{-10}}{i' \div (1+i')} = 20\,000 \times 3.87131 \times 2.87797 = 222\,830.28(\text{元})$$

【例7-23】某人从现在开始每半年需要进行一笔支付，持续20年。第一笔支付金额为450元，之后每次支付均比前一次多3%，持续9.5年，之后的10年，每次支付均比前一次多2%。假设前12年每季度计息1次的年名义利率为6.5%，后8年的实际利率为6%，请计算所有支付的现值。

解：设前12年每半年的实际利率为i_1，后8年每半年的实际利率为i_2，可得：

$$(1+i_1)^2 = (1+\frac{6.5\%}{4})^4 \Rightarrow i_1 = 3.28\%$$

$$(1+i_2)^2 = 1+6\% \Rightarrow i_2 = 2.96\%$$

令$\nu_1 = \dfrac{1}{1+i_1}$，$\nu_2 = \dfrac{1}{1+i_2}$，所有支付的现值为：

$$\begin{aligned}
&450\nu_1 + 450 \times (1+3\%)\nu_1^2 + 450 \times (1+3\%)^2\nu_1^3 + \cdots + 450 \times (1+3\%)^{19}\nu_1^{20} + \\
&450 \times (1+3\%)^{19} \times (1+2\%)\nu_1^{21} + 450 \times (1+3\%)^{19} \times (1+2\%)^2\nu_1^{22} + \\
&450 \times (1+3\%)^{19} \times (1+2\%)^3\nu_1^{23} + 450 \times (1+3\%)^{19} \times (1+2\%)^4\nu_1^{24} + \\
&450 \times (1+3\%)^{19} \times (1+2\%)^5\nu_1^{24}\nu_2 + 450 \times (1+3\%)^{19} \times (1+2\%)^6\nu_1^{24}\nu_2^2 + \cdots + \\
&450 \times (1+3\%)^{19} \times (1+2\%)^{20}\nu_1^{24}\nu_2^{16} \\
=\ &450\nu_1 \times [1+(1+3\%)\nu_1+(1+3\%)^2\nu_1^2+\cdots+(1+3\%)^{19}\nu_1^{19}] + \\
&450 \times (1+3\%)^{19} \times (1+2\%)\nu_1^{21} \times [1+(1+2\%)\nu_1+(1+2\%)^2\nu_1^2+(1+2\%)^3\nu_1^3] + \\
&450 \times (1+3\%)^{19} \times (1+2\%)^5\nu_1^{24}\nu_2 \times [1+(1+2\%)\nu_2+\cdots+(1+2\%)^5\nu_2^{15}] \\
=\ &450\nu_1 \times \frac{1-(1+3\%)^{20}\nu_1^{20}}{1-(1+3\%)\nu_1} + 450 \times (1+3\%)^{19} \times (1+2\%)\nu_1^{21} \times \frac{1-(1+2\%)^4\nu_1^4}{1-(1+2\%)\nu_1} + 450 \times (1+3\%)^{19} \times \\
&(1+2\%)^5\nu_1^{24}\nu_2 \times \frac{1-(1+2\%)^{16}\nu_2^{16}}{1-(1+2\%)\nu_2} \\
=\ &8\,496.4311 + 1\,605.8229 + 5\,828.6451 \\
=\ &15\,930.90(\text{元})
\end{aligned}$$

本章小结

延期年金就是首次支付不发生在第一个度量期内，即首次支付推迟若干期之后发生的年金。期初付年金、期末付年金、每年支付p次的年金和连续支付年金都可以延期年金的形式出现。

支付金额逐期递增，且构成等差数列的年金是等差递增年金。当满足第i期的支付金额为i时，该年金被称为标准等差递增年金。期末付/期初付标准等差递增年金的现值用年金符号$(Ia)_{\overline{n}|}/(I\ddot{a})_{\overline{n}|}$表示，积累值用年金符号$(Is)_{\overline{n}|}/(I\ddot{s})_{\overline{n}|}$表示。等差递减年金可以看作是等差递增年金的变形。

对于连续支付递增年金，需要区分支付率逐期递增连续年金和支付率连续递增连续年金，这两种标准年金现值符号分别为$(I\bar{a})_{\overline{n}|}$和$(\overline{Ia})_{\overline{n}|}$，积累值符号分别为$(I\bar{s})_{\overline{n}|}$和$(\overline{Is})_{\overline{n}|}$。

在关注利率变化的情况下，通过转化技术，我们可以用标准年金符号表示并计算包括等比递增年金在内的某些特殊年金的价值。

关键概念

期末付延期年金　期初付延期年金　一年支付多次的延期年金　连续支付延期年金　期末付等差递增年金　期初付等差递增年金　连续支付逐期递增年金　连续支付连续递增年金　递减年金　等比递增年金

综合训练

1. 请判断下列等式是否成立：（1）$d^{(p)} = p[1-(1-d)^{1/p}]$；（2）$i^{(p)} = \frac{1}{p}[(1+i)^p - 1]$；（3）$v = (1-\frac{d^{(p)}}{p})^p$；（4）$(Ia)_{\overline{n}|} = \frac{a_{\overline{n}|} - nv^n}{i}$；（5）$\ddot{s}_{\overline{n+1}|} = 1 + s_{\overline{n}|}$；（6）$(I\ddot{a})_{\overline{n}|} = \ddot{a}_{\overline{n}|} + v(Ia)_{\overline{n-1}|}$；（7）$\ddot{a}_{\overline{n}|} = 1 + a_{\overline{n}|}$。

2. 一种30年期的确定年金，每月月初支付1次。年金前15年每年支付金额为400元，接下来的5年每年支付450元，最后10年每年支付500元。以下表达式（以年实际利率计算）能表示年金现值的是（　　）。

A.$(400a_{\overline{15}|} + 450v^{15}a_{\overline{5}|} + 500v^{20}a_{\overline{10}|})\frac{i}{i^{(12)}}$

B.$500\ddot{a}^{(12)}_{\overline{30}|} - 50\ddot{a}^{(12)}_{\overline{20}|} - 50\ddot{a}^{(12)}_{\overline{15}|}$

C.$400\times(1+a^{(12)}_{\overline{29}|}) + 50v^{15}\times(1+a^{(12)}_{\overline{14}|}) + 50v^{20}\times(1+a^{(12)}_{\overline{9}|})$

3. 每年年初支付1次的现金流，第1次支付的金额为200元，此后每次支付均比前一次增加40元，最后一次支付发生在第10年年初。以下表达式不能表示上述现金流现值的是（　　）。

A. $\sum_{t=0}^{9}160v^t + 40\sum_{t=0}^{n}tv^t$

B. $200\ddot{a}_{\overline{10}|} + 40(Ia)_{\overline{9}|}$

C.$160\ddot{a}_{\overline{10}|} + 40(I\ddot{a})_{\overline{10}|}$

4. 当i=8%时，请计算下列年金符号的价值：（1）$(Ia)_{\overline{45}|}$；（2）$(I\ddot{a})_{\overline{45}|}$；（3）$(I\bar{a})_{\overline{70}|}$；

(4) $(\overline{Ia})_{\overline{70}|}$；(5) $(Is)_{\overline{5}|}$；(6) $(I\ddot{s})_{\overline{15}|}$。

5. 已知 $0 < t < 15$，且 $\delta = 0.01t$，请计算 $(\overline{Ia})_{\overline{15}|}$。

6. (1) 一种每年年末支付1次的年金，首次支付的金额为450元，之后每次支付均比前一次减少20元，直至最后一次支付金额降为150元。假设年实际利率为5%，请计算年金的现值；(2) 一种15年期的期初付年金，第1年支付金额为150元，第2年支付金额为180元，第3年支付金额为210元，以此类推，直至支付金额增长到330元。此后年金支付金额维持在330元直至年金期满。假设年实际利率为6%，请计算年金的现值；(3) 一种每年年末支付1次的8年期年金，第1年支付金额为600元，此后每年支付金额均按5%的比例逐年增长。假设年实际利率为7%，请计算年金的现值。

第7章综合训练答案

第8章

价值等式

目标引领

价值塑造

价值等式在保险精算工作中有着广泛的应用，因此本章在学习价值等式之前，引领学生了解保险精算工作的主要内容以及中国保险精算的发展简史，通过回顾中国保险精算发展史，加深学生对保险精算行业的了解，增强民族自信，激发学生成为精算师的热情。

知识传授

通过对本章的学习来理解价值等式的基本原理，能够根据不同业务的特点、现金流收支模式等列出价值等式；学会在已知两类变量的情况下，求解价值等式中的未知量。

思维导图

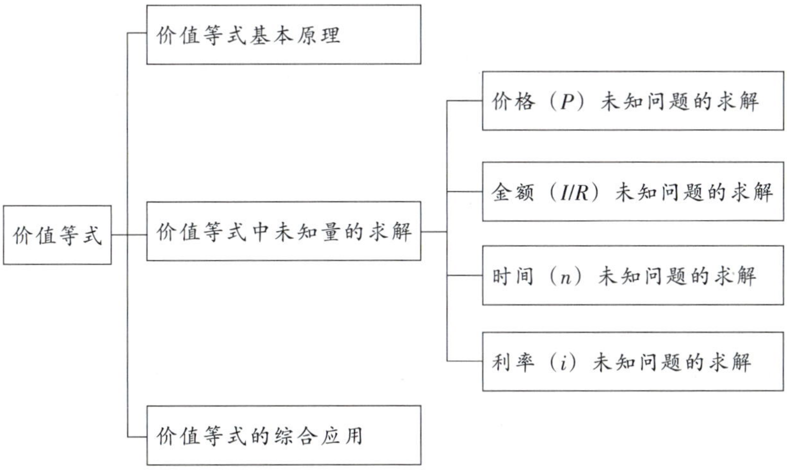

开篇导读

通过前面章节的学习，我们已经了解了现金流在不同时点价值的确定方法。值得注意的是，实务中绝大多数业务所涉及的现金流是同时包括现金流入和现金流出的。例如，债券持有者能定期获得债券的票息收入，并在债券到期日取得赎回值，这些都是现金流入，但其需要在债券购买日支付与债券价格相等的金额，这是现金流出。因此，我们需要构建现金流入与现金流出之间的价值等式。价值等式就是使收入现值与支出现值相等的等式，即收入的现值=支出的现值，或者收入的现值-支出的现值=0。

启智增慧 8-1 中国保险精算简史①

在精算工作中，价值等式有着广泛的应用。例如，固定利息债券的公平价格（支出的现值）等于投资此项产品在未来可能产生的收入现金流，按投资者能够接受的利率贴现后的现值。对保险公司来说，确定保险产品保费的依据是预期未来各期保费收入的现值等于预期未来各种赔款及其他费用支出的现值。

本章内容是后续章节的方法论，在运用利息理论解决实务问题时，价值等式将贯穿始终。

8.1 价值等式基本原理

考虑一项业务，在时刻t_1，t_2，…，t_n，投资者需分别支付a_{t_1}，a_{t_2}，…，a_{t_n}，从而分别获得收入b_{t_1}，b_{t_2}，…，b_{t_n}（上述a_{t_r}和b_{t_r}中均至少有一项不为0）。假设存在某一特定利息力δ使得收入现金流的现值与支出现金流的现值相等，即：

$$\sum_{r=1}^{n} a_{t_r} e^{-\delta t_r} = \sum_{r=1}^{n} b_{t_r} e^{-\delta t_r}$$

上式可改写为：

$$\sum_{r=1}^{n} c_{t_r} e^{-\delta t_r} = 0 \tag{8-1}$$

其中，$c_{t_r} = b_{t_r} - a_{t_r}$，表示$t_r$时刻的净现金流入（净现金流入可正可负）。式（8-1）表明当利息力为δ时，该业务的净现金流现值为0，这就是基于该业务内含利息力下的价值等式。采用与利息力δ等价的利率i表示，即：

$$\sum_{r=1}^{n} c_{t_r} (1+i)^{-t_r} = 0$$

或：

$$\sum_{r=1}^{n} c_{t_r} v^{t_r} = 0 \tag{8-2}$$

其中，$i = e^{\delta} - 1$，$v = e^{-\delta}$。式（8-2）被称为基于收益率的价值等式，或收益率方程。

当考虑连续支付的情况时，令$\rho_1(t)$和$\rho_2(t)$分别表示t时刻的支出支付率和收入支付率，$\rho(t) = \rho_2(t) - \rho_1(t)$，即$t$时刻的净现金流支付率。基于利息力的价值等式可以表示为：

$$\int_0^{\infty} \rho(t) e^{-\delta t} dt = 0$$

同时，当考虑离散支付和连续支付的情况时，基于利息力的价值等式可以表示为：

$$\sum_{r=1}^{n} c_{t_r} e^{-\delta t_r} + \int_0^{\infty} \rho(t) e^{-\delta t} dt = 0 \tag{8-3}$$

基于收益率的价值等式可以表示为：

$$\sum_{r=1}^{n} c_{t_r} (1+i)^{-t_r} + \int_0^{\infty} \rho(t) (1+i)^{-t} dt = 0 \tag{8-4}$$

对于给定的业务或产品，式（8-3）成立的利息力可能无解，或存在唯一解，或存在

① 牛群. 精算学发展浅史［J］. 理财，2014（6）：49-52.

多个解。当利息力存在唯一解δ^*时，δ^*被称为该业务或产品的内含利息力，而与其等价的利率$i^* = e^{\delta^*} - 1$被称为该业务或产品的内含收益率（Yield）或内含报酬率（Internal Rate of Return）。令式（8-4）左边为一个关于利率i的函数$f(i)$，当不同业务或产品的$f(i)$函数图表现为不同形状时，其价值等式的解释有时会很复杂。但当$f(i)$为一个单调函数，且存在i_1和i_2，使得$f(i_1)$与$f(i_2)$的正负号相反时，$f(i) = 0$存在唯一解，且该唯一解处于i_1和i_2之间。我们运用"线性插值法"可近似求得满足价值等式的解，该方法将在本章后续内容中进一步介绍。

由$e^{\delta^*} > 0$可知$i^* = e^{\delta^*} - 1 > -1$。因此，对某项业务或产品来说，当式（8-4）存在大于-1的唯一解时，该解被称为该业务或产品的内含收益率。

【例8-1】一个投资者现在投资100元以得到5年后的60元和10年后的60元，请计算投资者在此次投资中获得的年收益率。

解：投资的价值等式为：

$$100 = 60v^5 + 60v^{10}$$

因此，得到：

$$v^5 = \frac{-60 \pm \sqrt{60^2 + 4 \times 60 \times 100}}{2 \times 60} = 0.8844\ （或-1.884）$$

对应的利率分别为2.49%或者-188%，由于利率需要大于-1，我们舍掉不合理的解，得到投资者获得的年实际利率为2.49%。

值得注意的是，我们在式（8-2）的左右两边分别乘以$(1+i)^{t^*}$，得到：

$$\sum_{r=1}^{n} c_{t_r}(1+i)^{t^* - t_r} = 0$$

这种形式被称为t^*时刻的价值等式。在某些情况下，选择合适时点t^*建立价值等式，将有助于解决实际问题。

8.2 价值等式中未知量的求解

很多精算问题归根到底都可以简化成价值等式的未知量求解问题。假设存在一种金融债券，满足以下条件：

投资者支付价格P购买债券S，在接下来的n年内，每年年末支付票息I，第n年年末以赎回值R赎回。

该项投资的价值等式为：

$$P = Ia_{\overline{n|}} + Rv^n$$

接下来，我们考虑当价值等式中的某一变量（如P、I、R、n和i）未知时，如何求解的问题。

8.2.1 价格（P）未知问题的求解

【例8-2】当I=5，R=125，i=10%，n=10时，求解P。

解：通过价值等式可以直接求解P。

$$P = 5a_{\overline{10|}} + 125v^{10} = 5 \times 6.1446 + 125 \times 0.38554 = 78.92$$

由上例可知，当I=5，R=125，i=10%，n=10时，P=78.92可以使得价值等式成立。我们将上述数值作为后续计算的参考值。

接下来，我们推导一种特殊情况。当$I=iR$时，价格P为：

$$P = iRa_{\overline{n}|} + Rv^n = iR\frac{1 - v^n}{i} + Rv^n = R(1 - v^n) + Rv^n = R$$

对上式可进行如下解释：如果一个投资者在一个年利率为i的账户中存入本金R，期限为n年，且每年年末都将当期利息取出，那么投资者每年年末会得到利息iR，n年年末得到返还的本金R；而当债券S每年支付票息为$I=iR$，n年年末返还本金R时，债券给投资者提供的现金流与上述存款账户相同，因此当年利率为i时，债券S的价格也应与上述账户中期初存入的本金相同，即$P=R$。

8.2.2　金额（I/R）未知问题的求解

【例8-3】当P=78.92，I=5，i=10%，n=10时，求解R。

解：价值等式可列示为：

$$78.92 = 5a_{\overline{10}|} + Rv^{10} \Rightarrow 78.92 = 5 \times 6.1446 + 0.38554R$$

进而可得：

$$R = \frac{78.92 - 5 \times 6.1446}{0.38554} = 125.01$$

【例8-4】当P=78.92，R=125，i=10%，n=10时，求解I。

解：价值等式可列示为：

$$78.92 = Ia_{\overline{10}|} + 125v^{10} \Rightarrow 78.92=6.1446I+48.1929$$

进而可得：

$$I = \frac{78.92 - 48.1929}{6.1446} = 5.00$$

8.2.3　时间（n）未知问题的求解

【例8-5】当P=78.92，I=5，R=125，i=10%时，求解n。

解：价值等式可列示为：

$$78.92 = 5a_{\overline{n}|} + 125v^n$$

将年金符号展开整理，可得：

$$78.92 = 5 \times \frac{1 - v^n}{10\%} + 125v^n \Rightarrow 78.92 = 50 \times (1 - v^n) + 125v^n = 50 + 75v^n$$

进而可得：

$$v^n = \frac{78.92 - 50}{75} = 0.38560 \Rightarrow -n\ln(1 + 10\%) = \ln 0.38560 \Rightarrow n = -\frac{\ln 0.38560}{\ln 1.1} = 10.00$$

8.2.4　利率（i）未知问题的求解

利率未知问题的求解是未知量求解问题中最困难的部分，并不是在所有情况下都有有效解。

【例8-6】当P=78.92，I=5，R=125，n=10时，求解i。

解：价值等式可列示为：

$$78.92 = 5a_{\overline{10}|} + 125v^{10}$$

展开整理，可得：

$$78.92 = 5 \times \frac{1-(1+i)^{-10}}{i} + 125 \times (1+i)^{-10} \tag{8-5}$$

通过式（8-5）计算业务的内含报酬率，有多种估计方法，我们首先来介绍等时间法。等时间法的思路是把整个业务的现金流看作是一次性支付的一笔金额，而该金额发生的时间被假设为整个现金流的加权平均时间，其权重为各笔现金流的支付金额。用该方法求解例8-6如下：

把债券S的所有现金流入看作是一次性支付的一笔金额，该金额为：

$$5 \times 10 + 125 = 175$$

所有现金流入的加权平均时间为：

$$\frac{5 \times 1 + 5 \times 2 + \cdots + 5 \times 10 + 125 \times 10}{5 + 5 + \cdots + 5 + 125} = 8.7143$$

在等时间法的假设下重新构造价值等式为：

$$78.92 \approx 175 \times (1+i)^{-8.7143}$$

解得利率为：

$$i \approx [(\frac{78.92}{175})^{-\frac{1}{8.7143}} - 1] \times 100\% = 9.57\%$$

通过之前的例题我们知道例8-6的准确解为i=10%，可见用等时间法粗略估计的利率水平已经非常接近真实值。如果我们需要更精确的估计结果，则可以将上述估计结果作为初始估计值，采用线性插值法（试错法）进一步估计。

令式（8-5）的右边为一个关于利率i的函数，即：

$$f(i) = 5 \times \frac{1-(1+i)^{-10}}{i} + 125 \times (1+i)^{-10}$$

选取两个试错利率i_1和i_2，令：

$$P_1 = f(i_1) = 5 \times \frac{1-(1+i_1)^{-10}}{i_1} + 125 \times (1+i_1)^{-10}$$

$$P_2 = f(i_2) = 5 \times \frac{1-(1+i_2)^{-10}}{i_2} + 125 \times (1+i_2)^{-10}$$

线性插值法的思路是假设现金流现值为利率的线性函数，因此利率变化的比例与对应现值变化的比例相等。假设能使式（8-5）成立的真实利率为i，则：

$$\frac{i - i_1}{i_2 - i_1} = \frac{P - P_1}{P_2 - P_1}$$

整理得到：

$$i \approx i_1 + \frac{P - P_1}{P_2 - P_1} \times (i_2 - i_1)$$

以之前等时间法下的粗略估计结果作为依据，选择$i_1 = 9.5\%$，$i_2 = 10.5\%$作为试错利率，进而得到：

$$P_1 = f(9.5\%) = 81.8333$$

$$P_2 = f(10.5\%) = 76.1300$$

进一步代入估计，得到：

$$i \approx 9.5\% + \frac{78.92 - 81.8333}{76.1300 - 81.8333} \times (10.5\% - 9.5\%) = 10.01\%$$

显然，线性插值法下的估计结果更加接近真实值10%。

需要注意的是，即使我们选择的两个试错利率距真实利率相差较远，或真实利率并没有落在两个试错利率之间，线性插值法的公式也能给出计算结果。但是，为了估计的准确性，我们推荐选择的试错利率要尽量使真实利率落于其间，且两个试错利率之间的差距最好在1%以内（0.5%效果更好）。

8.3 价值等式的综合应用

为了理解价值等式如何解决实务中的问题，我们将简要地展示两种价值等式的应用实例。

【例8-7】一个投资者购买了一种年金产品，年金预期在接下来的10年内每年年末给投资者提供收入。第1年年末的收入为D，之后每年年末收入均为前一年的（$1+j$）倍。假设投资者的收益率为i，请推导年金的价格表达式。

解：根据价值等式，年金价格应等于其未来能为投资者带来的收入现值，即：

$$P = D\nu + D(1+j)\nu^2 + D(1+j)^2\nu^3 + \cdots + D(1+j)^9\nu^{10} = \frac{D[1-(1+j)^{10}\nu^{10}]}{(1+i)-(1+j)} = \frac{D[1-(1+j)^{10}\nu^{10}]}{i-j}$$

【例8-8】一个公司花费50 000 000元买入一栋办公大楼用于商业出租。第1年的总租金收入为1 000 000元，接下来每年的租金收入均比上一年多4%。该办公大楼将在20年后以75 000 000元售出。假设该公司每年的租金收入均在年中一次性收取，请计算该公司此项投资的内含收益率。

解：业务的价值等式为（以万元为单位）：

$$5\,000 = 100 \times (\nu^{0.5} + 1.04\nu^{1.5} + 1.04^2\nu^{2.5} + \cdots + 1.04^{19}\nu^{19.5}) + 7\,500\nu^{20}$$

我们用线性插值法估计收益率。当$i = 4\%$时，价值等式的右边为：

$$\begin{aligned} & 100 \times (1.04^{-0.5} + 1.04^{-0.5} + \cdots + 1.04^{-0.5}) + 7\,500 \times 1.04^{-20} \\ = & 2\,000 \times 1.04^{-0.5} + 7\,500 \times 1.04^{-20} \\ = & 5\,384.06(\text{万元}) \end{aligned}$$

当$i \neq 4\%$时，价值等式的右边为：

$$\frac{100\nu^{0.5} \times [1-(1.04\nu)^{20}]}{1-1.04\nu} + 7\,500\nu^{20}$$

代入$i = 5\%$，得到：

$$\frac{100 \times 1.05^{-0.5} \times [1-(\frac{1.04}{1.05})^{20}]}{1-\frac{1.04}{1.05}} + 7\,500 \times 1.05^{-20} = 4\,611.57\text{（万元）}$$

运用线性插值法得到：

$$\frac{i-4\%}{5\%-4\%} = \frac{5\,000-5\,384.06}{4\,611.57-5\,384.06} \Rightarrow i \approx 4.5\%$$

本章小结

价值等式就是使收入现值与支出现值相等的等式，即“收入的现值=支出的现值”或者“收入的现值-支出的现值=0”。

很多精算问题归根到底都可以简化成价值等式的未知量求解问题，包括价格未知问题、金额未知问题、时间未知问题和利率未知问题。

利率未知问题的求解是未知量求解问题中最困难的部分，并不是在所有情况下都有有效解。线性插值法是求解利率未知问题的一种有效方法，其基本思路是假设现金流现值为利率的线性函数，因此利率变化的比例与对应现值变化的比例相等。

关键概念

收入现值　支出现值　价值等式　线性插值法

综合训练

1. 一个投资者投资25 000元购入一项不动产，该不动产在接下来的75年内每年年末将给投资者提供租金收入，前25年每年的租金收入维持在一个常数额度，接下来的25年每年的租金收入为前25年每年租金额度的2倍，最后25年每年的租金收入为前25年每年租金额度的3倍。该项不动产预计在75年后的价值为1 500 000元。如果此项投资的预期回报率为6%，请计算该不动产首年提供的租金收入。

第8章综合训练答案

第9章

债务偿还

目标引领

价值塑造

通过本章的学习，引导学生了解国务院推进普惠金融高质量发展中关于普惠贷款的若干要求，体会普惠贷款在推进普惠金融高质量发展中的重要作用。在此基础上，引导学生理解贷款在助力实体经济发展中的意义。

知识传授

通过本章学习理解债务偿还过程及常见的债务偿还方式；在每个计息期偿还1次/多次贷款情况下，学会在贷款偿还期内的特定时点计算未偿贷款余额，学会计算每次偿还金额中或特定期间内的偿还金额中的本金成分和利息成分；学会区分平滑利率（Flat Rate）和APR。

思维导图

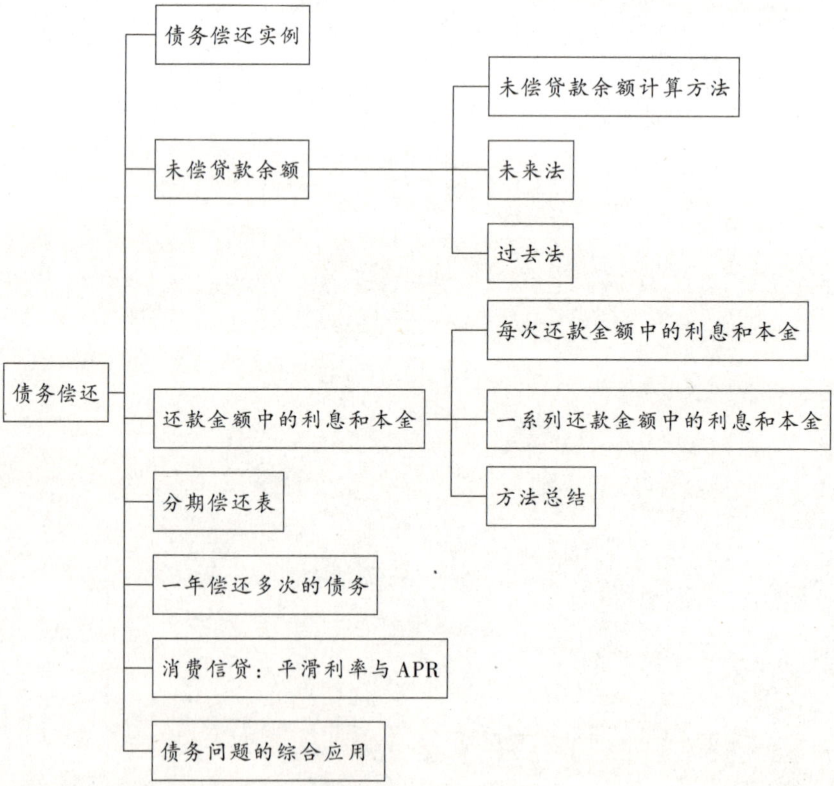

开篇导读

债务偿还问题是利息理论最基本的问题之一，一个公司或个人在需要资金购入设备或修建厂房时，都有可能需要贷款，进而产生债务偿还问题。

最常见的债务偿还方式是分期偿还法，即整个贷款的本金和利息在偿还期内分期进行偿还，每次的还款金额首先用于偿还利息，剩余部分用于偿还本金。有些债务会采用分期偿息一次还本法进行偿还，即借款人在整个贷款期内，每期仅偿还贷款利息，到期时一次性偿还贷款本金。

启智增慧9-1《国务院关于推进普惠金融高质量发展的实施意见》中关于普惠贷款的若干要求

本章主要介绍分期偿还法下的债务偿还问题，包括债务偿还过程中各期的还款金额、各期偿还的本金金额、各期支付的利息金额、各期的债务余额以及它们与贷款利率之间的关系。

9.1　债务偿还实例

首先，我们通过一个实例，了解债务偿还的基本过程。假设银行向某资金需求者提供1 000元贷款，期限为3年，贷款年实际利率为7%。为偿还贷款该借款人需要在贷款期限内每年年末向银行偿还X元，分3次还清。该项贷款的价值等式为：

$$1\,000 = Xa_{\overline{3}|@7\%} \Rightarrow X = 381.05(\text{元})$$

因此，借款人在期初0时刻借入1 000元，就需要在1、2、3时刻分别偿还381.05元。这三次支付中既有贷款的利息，又有贷款的本金，我们有必要更详细地分析这一还款过程。

债务偿还的基本原则是：每次还款金额首先用来支付自上次还款以来所产生的利息，剩余金额再用来偿还贷款本金。每次还款后贷款仍未还清的本金额度被称为未偿贷款余额。

在1时刻：贷款所产生的利息为70元（1 000×7%），本次还款金额的381.05元中首先支付当期利息70元，剩余的311.05元（381.05−70）用来偿还本金，因此首次还款后的未偿贷款余额为688.95元（1 000−311.05）。

在2时刻：由于首次还款已偿还了部分本金，因此本期无须以贷款初始金额计息，只需以上期期末未偿贷款余额为依据计算贷款利息，即48.23元（688.95×7%），本次还款金额的381.05元中首先支付当期利息48.23元，剩余的332.82元（381.05−48.23）用来偿还本金，因此第2次还款后的未偿贷款余额为356.13元（688.95−332.82）。

在3时刻：同样本期贷款利息以上期期末未偿贷款余额为计算依据，即24.93元（356.13×7%），本次还款金额的381.05元中首先支付当期利息24.93元，剩余的356.12元（381.05−24.93）用来偿还本金，而此时贷款的未偿贷款余额仅剩356.12元，此次还款后，贷款本金正好还清。

我们发现上述3次还款金额中，利息支付金额分别为70元、48.23元和24.93元，而本金偿还金额分别为311.05元、332.82元和356.12元。可见，在分期偿还模式下各次还款金额相同时，每次偿还金额中利息支付金额逐期下降，而本金偿还金额逐期上升。

9.2 未偿贷款余额

9.2.1 未偿贷款余额计算方法

在上一节的债务偿还实例中，我们通过逐期推算的方式求出了每次还款后的未偿贷款余额。当债务期限比较短时，这种方法是可行的。但是，当债务期限比较长（如20年）时，用逐期推算的方式计算未偿贷款余额就变得费时费力了。计算某次还款时点债务的未偿贷款余额有两种更加简便快捷的方式：

（1）债务初始本金在该时点的积累值减去此前所有已还款金额在该时点的积累值（过去法）；（2）该时点之后未来所有将要发生的还款支付金额在该时点的现值（未来法）。

用上述两种方法计算第一节实例中债务在第1次还款后的未偿贷款余额，分别为：

（1）$1\,000 \times (1 + 7\%) - 381.05 = 688.95$（元）

（2）$381.05a_{\overline{2}|@7\%} = 381.05 \times 1.80802 = 688.95$（元）

这与第一节的计算结果相同。

上述两种计算方法在每次还款金额不完全相等的情形下同样适用，我们将在下一节详细介绍。

9.2.2 未来法

令L_t表示一项贷款在t时刻（t=0，1，…，n）还款后的未偿贷款余额。假设贷款在t时刻（t=1，2，…，n）的还款金额为R_t，且贷款的实际利率为i。令C_t表示t时刻还款金额中的本金偿还部分，I_t表示利息支付部分，则有$R_t=C_t+I_t$。

贷款在0时刻的价值等式为：

$$L_0 = R_1 v + R_2 v^2 + \cdots + R_n v^n \tag{9-1}$$

当每次还款金额相同时，即$R_t = R$时，上式可化简为：

$$L_0 = Ra_{\overline{n}|}$$

接下来，我们推导未来法下的未偿贷款余额的计算公式，我们需要从未来的n时刻往回看：

当t=n时，在贷款期末支付了最后一次还款金额后贷款便全部偿还完毕，因此最后一次还款金额中偿还本金的金额应与n−1时刻的未偿贷款余额相等，即$C_n = L_{n-1}$，而利息偿还部分的金额应为n−1时刻未偿贷款余额与贷款利率的乘积，即$I_n = iL_{n-1}$。因此，n时刻的还款金额满足：

$$R_n = C_n + I_n = L_{n-1} + iL_{n-1} = (1+i)L_{n-1}$$

进而得到：

$$L_{n-1} = R_n v$$

因此，n−1时刻的未偿贷款余额L_{n-1}等于未来n时刻的还款金额R_n在n−1时刻的现值。

更一般的情况下，在贷款期间的某个t+1时刻（$t \leqslant n-2$）支付了还款金额后，未偿贷款余额便由上一期的L_t下降为本期的L_{t+1}，因此在t+1时刻的还款金额中，偿还本金的金额为$C_{t+1}=L_t-L_{t+1}$，而利息偿还部分的金额应为t时刻未偿贷款余额与贷款利率的乘积，即$I_{t+1}=iL_t$。因此，t+1时刻的还款金额满足：

$$R_{t+1}=C_{t+1}+I_{t+1}=L_t-L_{t+1}+iL_t=(1+i)L_t-L_{t+1}$$

进而得到：

$$L_t=(R_{t+1}+L_{t+1})\nu \tag{9-2}$$

类似地，可以得到：

$$L_{t+1}=(R_{t+2}+L_{t+2})\nu$$

$$L_{t+2}=(R_{t+3}+L_{t+3})\nu$$

…

$$L_{n-1}=(R_n+L_n)\nu=R_n\nu$$

将上述各式代入式（9-2），得到t时刻的未偿贷款余额满足：

$$\begin{aligned}L_t&=(R_{t+1}+L_{t+1})\nu\\&=[R_{t+1}+(R_{t+2}+L_{t+2})\nu]\nu\\&=R_{t+1}\nu+R_{t+2}\nu^2+L_{t+2}\nu^2\\&=R_{t+1}\nu+R_{t+2}\nu^2+R_{t+3}\nu^3+L_{t+3}\nu^3\\&=\cdots\\&=R_{t+1}\nu+R_{t+2}\nu^2+R_{t+3}\nu^3+\cdots+R_{n-1}\nu^{n-t-1}+L_{n-1}\nu^{n-t-1}\\&=R_{t+1}\nu+R_{t+2}\nu^2+R_{t+3}\nu^3+\cdots+R_{n-1}\nu^{n-t-1}+R_n\nu^{n-t}\end{aligned}$$

此时，我们得到用未来法求未偿贷款余额的方法：某次还款时点债务的未偿贷款余额等于该时点之后未来所有将要发生的还款支付金额在该时点的现值。

当每次还款金额相同，即$R_t=R$时，上式可化简为：

$$L_t=Ra_{\overline{n-t|}}$$

【例9-1】一笔贷款价值100 000元，要求借款人在未来的6年内每年年末偿还1次，贷款年利率为5%。已知借款人前3次还款金额相同，后3次还款金额相同，且前3次每次的还款金额为后3次每次还款金额的2倍，请计算贷款还清前一年的未偿贷款余额。

解：设借款人后3次每次的还款金额为x，则前3次每次的还款金额为$2x$。价值等式可写为：

$$100\ 000=2xa_{\overline{3|}}+x\nu^3a_{\overline{3|}}$$

或：

$$100\ 000=xa_{\overline{3|}}+xa_{\overline{6|}}$$

$$\Rightarrow x=\frac{100\ 000}{a_{\overline{3|}}+a_{\overline{6|}}}=12\ 822.2552\text{（元）}$$

贷款还清前一年的未偿贷款余额为：

$$12\ 822.2552\times(1+5\%)^{-1}=12\ 211.67\text{（元）}$$

9.2.3　过去法

利用过去法计算贷款在某时点的未偿贷款余额，需要关注该时点之前现金流的积累值，包括贷款本金的积累值和已还款金额的积累值。

当t=1时，第1次还款中的利息为贷款的初始本金与贷款利率的乘积，即$I_1=iL_0$，因此其中偿还本金的部分为$C_1=R_1-I_1=R_1-iL_0$，进而第1次还款后的未偿贷款余额为$L_1=L_0-C_1=L_0-R_1+iL_0=L_0(1+i)-R_1$。

更一般的情况下，在贷款期间的某个t时刻（$t \geq 1$），第t次还款中的利息为$I_t = iL_{t-1}$，因此其中偿还本金的部分为$C_t = R_t - I_t = R_t - iL_{t-1}$，进而第$t$次还款后的未偿贷款余额为：

$$L_t = L_{t-1} - C_t = L_{t-1} - R_t + iL_{t-1} = L_{t-1}(1+i) - R_t \tag{9-3}$$

类似地，可以得到：

$$L_{t-1} = L_{t-2}(1+i) - R_{t-1}$$
$$L_{t-2} = L_{t-3}(1+i) - R_{t-2}$$
$$\cdots$$
$$L_2 = L_1(1+i) - R_2$$
$$L_1 = L_0(1+i) - R_1$$

将上述各式代入式（9-3），得到t时刻的未偿贷款余额满足：

$$\begin{aligned} L_t &= L_{t-1}(1+i) - R_t \\ &= [L_{t-2}(1+i) - R_{t-1}] \times (1+i) - R_t \\ &= L_{t-2}(1+i)^2 - R_{t-1}(1+i) - R_t \\ &= L_{t-3}(1+i)^3 - R_{t-2}(1+i)^2 - R_{t-1}(1+i) - R_t \\ &= \cdots \\ &= L_0(1+i)^t - [R_1(1+i)^{t-1} + R_2(1+i)^{t-2} + \cdots + R_{t-1}(1+i) + R_t] \end{aligned}$$

此时，我们得到用过去法求未偿贷款余额的方法：某次还款时点债务的未偿贷款余额等于债务初始本金在该时点的积累值减去此前所有已还款金额在该时点的积累值。

由于未来法和过去法都是计算贷款在某t时刻未偿贷款余额的有效方法，因此这两种方法的结果应该一致。我们很容易证明这一结论。在式（9-1）两边分别乘以$(1+i)^t$，得到：

$$L_0(1+i)^t = R_1(1+i)^{t-1} + R_2(1+i)^{t-2} + \cdots + R_{t-1}(1+i) + R_t + R_{t+1}v + \cdots + R_n v^{n-t}$$

整理上式得到：

$$L_0(1+i)^t - [R_1(1+i)^{t-1} + R_2(1+i)^{t-2} + \cdots + R_{t-1}(1+i) + R_t] = R_{t+1}v + \cdots + R_n v^{n-t}$$

该式左、右两边分别为过去法和未来法下t时刻未偿贷款余额的计算结果，可知两种方法的计算结果是一致的。

当每次还款金额相同，即$R_t = R$时，过去法下未偿贷款余额的计算公式可化简为：

$$L_0(1+i)^t - Rs_{\overline{t|}}$$

【例 9-2】 一笔贷款价值50 000元，要求借款人在未来的5年内每年年末偿还一个相同的金额，前3年的贷款年利率为8%，后2年的贷款年利率为12%，请计算第2次还款后的未偿贷款余额。

解：设每次的还款金额为R，贷款的价值等式为：

$$50\,000 = R[a_{\overline{3|}@8\%} + a_{\overline{2|}@12\%} \times (1+8\%)^{-3}] \Rightarrow R = \frac{50\,000}{2.5771 + 1.6901 \times 0.79383} = 12\,759.1639(\text{元})$$

在未来法下，第2次还款后的未偿贷款余额为：

$$\begin{aligned} & R \times (1+8\%)^{-1} + Ra_{\overline{2|}@12\%} \times (1+8\%)^{-1} \\ &= 12\,759.1639 \times (1+8\%)^{-1} \times (1 + a_{\overline{2|}@12\%}) \\ &= 12\,759.1639 \times 0.92593 \times 2.6901 \\ &= 31\,781.09(\text{元}) \end{aligned}$$

在过去法下，第2次还款后的未偿贷款余额为：

$$\begin{aligned} & 50\,000 \times (1+8\%)^2 - Rs_{\overline{2|}@8\%} \\ &= 50\,000 \times (1+8\%)^2 - 12\,759.1639 \times 2.08 \\ &= 31\,780.94(\text{元}) \end{aligned}$$

9.3 还款金额中的利息和本金

9.3.1 每次还款金额中的利息和本金

在给定（或可求得）任意还款时刻的未偿贷款余额的基础上，我们可以计算每次还款金额中的利息和本金。

已知t时刻的还款金额为R_t，想要求出其中的利息，我们可以先求出$t-1$时刻还款后的未偿贷款余额L_{t-1}，再根据每期的实际贷款利率i求得t时刻还款中的利息iL_{t-1}，进而可得出其中的本金$R_t - iL_{t-1}$。或者我们可以先分别求出$t-1$时刻和t时刻还款后的未偿贷款余额L_{t-1}和L_t，再根据未偿贷款余额的定义可知，t时刻还款金额R_t中偿还本金的部分，就是还款前后两期未偿贷款余额之差，即$L_{t-1} - L_t$，进而可求出其中的利息，$R_t - (L_{t-1} - L_t)$。

9.3.2 一系列还款金额中的利息和本金

我们可以用类似的方法求得一系列还款金额中的利息和本金，即通过先求单次还款中的利息和本金，然后以加总的方式求得一系列支付中的利息和本金。但是这种方法相对复杂。考虑从$t+1$时刻到$t+5$时刻的5次还款，想要求出其中的本金，我们可以先求出这5次还款发生之前的未偿贷款余额，即t时刻的未偿贷款余额L_t，再求出这5次还款发生之后的未偿贷款余额，即$t+5$时刻的未偿贷款余额L_{t+5}，进而$L_t - L_{t+5}$就是这5次还款中还掉的本金。而这5次还款中的利息可以通过用总还款金额减去本金得到，即：

$$\sum_{k=t+1}^{t+5} I_k = (R_{t+1} + R_{t+2} + \cdots + R_{t+5}) - (L_t - L_{t+5})$$

9.3.3 方法总结

从计算的简便性来看，求单次还款中的本金和利息与求一系列还款中的本金和利息的较优方法略有区别。

单次还款情况下较优的方法是：

（1）求出该次还款发生之前的未偿贷款余额；

（2）用每期的实际利率乘以前项求出的未偿贷款余额，求得该次还款中的利息；

（3）用该次还款总金额减去前项求出的利息，求得该次还款中的本金。

一系列还款情况下较优的方法是：

（1）求出这一系列还款发生之前和之后的未偿贷款余额；

（2）用这一系列还款发生之前的未偿贷款余额减去这一系列还款发生之后的未偿贷款余额，求得这一系列还款中的本金；

（3）用这一系列还款的总支付金额减去前项求出的本金，求得这一系列还款中的利息。

【例9-3】 一笔贷款价值50 000元，要求借款人在未来的5年内每年年末偿还一个相同的金额，前3年的贷款年利率为8%，后2年的贷款年利率为12%，请计算最后3次还款中的总利息支付金额。

解：由上例可知，每次还款金额为12 759.16元，因此后3次还款的总支付金额为：

$3\times 12\,759.16=38\,277.48$（元）

后3次还款发生之前的未偿贷款余额，即第2次还款发生之后的未偿贷款余额，由上例可知为31 780.95元，而后3次还款发生之后贷款还清，即后3次还款发生之后的未偿贷款余额为0，后3次还款中的本金就是31 780.95元。因此，后3次还款中的总利息支付金额为：

$38\,277.48-31\,780.95=6\,496.53$（元）

【例9-4】一项价值25 000元的贷款，在未来12年内每年年末偿还1次，贷款年实际利率为6%，请计算：（1）第3次偿还金额中的利息；（2）第8次偿还金额中的本金；（3）最后4年中偿还的贷款本金；（4）该项贷款支付的总利息金额。

解：设每年的偿还金额为x，价值等式可写为：

$$25\,000=xa_{\overline{12|}}\Rightarrow x=\frac{25\,000}{a_{\overline{12|}}}=2\,981.93\text{（元）}$$

（1）第2次还款后的未偿贷款余额为：

$2\,981.93a_{\overline{10|}}=21\,947.23$（元）

第3次偿还金额中的利息为：

$21\,947.23\times 6\%=1\,316.83$（元）

（2）第7次还款后的未偿贷款余额为：

$2\,981.93a_{\overline{5|}}=12\,560.96$（元）

第8次偿还金额中的利息为：

$12\,560.96\times 6\%=753.66$（元）

第8次偿还金额中的本金为：

$12\,560.96-753.66=11\,807.30$（元）

（3）最后4年中偿还的贷款本金就是第8年还款后的未偿贷款余额，即：

$2\,981.93a_{\overline{4|}}=10\,332.69$（元）

（4）该项贷款支付的总利息金额为：

$12\times 2\,981.93-25\,000=10\,783.16$（元）

【例9-5】一笔价值800 000元的贷款，要求20年还清，每年年末偿还一个相同的金额，贷款的年实际利率为12%，请计算：（1）每年偿还的金额；（2）第几次还款中本金首次超过利息。

解：（1）设每年的偿还金额为R，可得：

$$800\,000=Ra_{\overline{20|}@12\%}\Rightarrow R=\frac{800\,000}{a_{\overline{20|}@12\%}}=\frac{800\,000\times 12\%}{1-v^{20}}=107\,103.02\text{(元)}$$

（2）设第k次偿还本金首次超过利息，第k次偿还中利息为：

$Ra_{\overline{20-(k-1)|}@12\%}\times 12\%$

因此，在第k次偿还中本金为：

$R-Ra_{\overline{20-(k-1)|}@12\%}\times 12\%$

进一步可得：

$R - Ra_{\overline{20-(k-1)}|@12\%} \times 12\% > Ra_{\overline{20-(k-1)}|@12\%} \times 12\%$

$\Rightarrow 1 > 2a_{\overline{20-(k-1)}|@12\%} \times 12\%$

$\Rightarrow a_{\overline{20-(k-1)}|@12\%} < \dfrac{1}{0.24}$

$\Rightarrow \dfrac{1-\nu^{21-k}}{0.12} < \dfrac{1}{0.24}$

$\Rightarrow \nu^{21-k} > 0.5$

$\Rightarrow (21-k)\ln\nu > \ln 0.5$

$\Rightarrow k > 21 - \dfrac{\ln 0.5}{\ln \nu}$

$\Rightarrow k > 14.88$

因此，第15次偿还本金首次超过利息。

9.4 分期偿还表

将贷款的每次偿还金额、每次偿还的利息和本金以及每次偿还前后的未偿贷款余额放在同一张表中，就是分期偿还表（见表9-1）。

表9-1 分期偿还表

时间 $r \to r+1$	r时刻未偿贷款余额	r+1时刻还款金额	r+1时刻支付的利息	r+1时刻偿还的本金	r+1时刻未偿贷款余额
$0 \to 1$	L_0	R_1	iL_0	$R_1 - iL_0$	$L_1 = L_0 - (R_1 - iL_0)$
⋮	⋮	⋮	⋮	⋮	⋮
$t \to t+1$	L_t	R_{t+1}	iL_t	$R_{t+1} - iL_t$	$L_{t+1} = L_t - (R_{t+1} - iL_t)$
⋮	⋮	⋮	⋮	⋮	⋮
$n-1 \to n$	L_{n-1}	R_n	iL_{n-1}	$R_n - iL_{n-1}$	0

利用表格制作软件，我们很容易列出任意债务的整个偿还表。

【例9-6】银行向某公司提供80 000元贷款，期限为6年，贷款年实际利率为7%。该公司需要在贷款期限内每年年末向银行偿还某一固定金额，共支付6次，请计算每次还款中的利息和本金。

解：设每次还款金额为x，价值等式可写为：

$xa_{\overline{6}|} = 80\,000 \Rightarrow x = \dfrac{80\,000}{a_{\overline{6}|}} = 16\,783.66$（元）

表9-2展示了每次还款中的利息和本金。

表9-2 某公司贷款分期偿还表 单位：元

时间（年）	年初未偿贷款余额（L）	每期偿还金额（R）	利息（I=7%L）	本金（C=R-I）	年末未偿贷款余额（L-C）
1	80 000	16 783.6640	5 600	11 183.6640	68 816.3360
2	68 816.3360	16 783.6640	4 817.1435	11 966.5205	56 849.8155
3	56 849.8155	16 783.6640	3 979.4871	12 804.1769	44 045.6386
4	44 045.6386	16 783.6640	3 083.1947	13 700.4693	30 345.1693
5	30 345.1693	16 783.6640	2 124.1619	14 659.5021	15 685.6672
6	15 685.6672	16 783.6640	1 097.9967	15 685.6673	-0.0001*

注：*此处不为0是由于小数近似保留产生的误差。

9.5 一年偿还多次的债务

实务中，多数债务的偿还方式并非每年偿还1次，而是每季度、每月甚至每周偿还1次。在债务按年计息但需要一年偿还多次的情况下，会出现债务的计息频率与偿还频率不一致的情况。我们可以先调整债务的计息频率，计算与偿还频率相同的等价的计息利率，再按照前几节介绍的方法计算相应金额即可。

在不调整计息频率的情况下，即当债务每年支付p次，而给定的贷款利率为年实际利率时，假设在$t = 1/p$，$2/p$，$3/p$，…，n时的偿还金额为R_t，可写出价值等式为：

$$L_0 = R_{1/p}v^{1/p} + R_{2/p}v^{2/p} + R_{3/p}v^{3/p} + \cdots + R_n v^n$$

当每次还款金额相同，即$R_t = R$时，上式可化简为：

$$L_0 = pRa_{\overline{n}|}^{(p)}$$

【例9-7】一笔贷款价值9 000元，要求借款人在未来的3年内每月月末偿还一个相同的金额，贷款年实际利率为18.5%，请计算借款人每月的还款金额。

解：设借款人每月的还款金额为R，可得：

$$9\,000 = 12Ra_{\overline{3}|}^{(12)} = 12R \times \frac{1 - v^3}{i^{(12)}} \Rightarrow R = \frac{9\,000i^{(12)}}{12 \times (1 - v^3)} = \frac{9\,000 \times 12 \times (1.185^{1/12} - 1)}{12 \times (1 - 1.185^{-3})} = 321.30(\text{元})$$

在债务需要一年偿还多次的情况下，某次偿还后未偿贷款余额的计算方法仍然可以遵循未来法和过去法。

在未来法下，某次偿还后的未偿贷款余额为该时点之后未来所有将要发生的还款支付金额在该时点的现值，即：

$$L_t = R_{t+1/p}v^{1/p} + R_{t+2/p}v^{2/p} + \cdots + R_n v^{n-t}$$

当每次还款金额相同，即$R_t = R$时，上式可化简为：

$$L_t = pRa_{\overline{n-t}|}^{(p)}$$

在过去法下，某次偿还后的未偿贷款余额为债务初始本金在该时点的积累值减去此前所有已还款金额在该时点的积累值，即：

$$L_t = L_0(1+i)^t - [R_{1/p}(1+i)^{t-1/p} + R_{2/p}(1+i)^{t-2/p} + \cdots + R_{t-1/p}(1+i)^{1/p} + R_t]$$

当每次还款金额相同，即$R_t = R$时，上式可化简为：

$$L_t = L_0(1+i)^t - pRs_{\overline{t}|}^{(p)}$$

给定贷款的年实际利率为i，可求得每$1/p$年的实际利率为$(1+i)^{1/p} - 1 = i^{(p)}/p$。因此，当$t$时刻的未偿贷款余额为$L_t$时，$t+1/p$时刻应支付的利息金额为$I_{t+1/p} = i^{(p)}/p \times L_t$，本金偿还金额为$C_{t+1/p} = R_{t+1/p} - \frac{i^{(p)}}{p} \times L_t$，或者$C_{t+1/p} = L_t - L_{t+1/p}$。

【例9-8】请计算例9-7中的贷款在第13次偿还金额中的利息支付部分和本金偿还部分。

解：第12次还款后的未偿贷款余额为：

$$12 \times 321.30a_{\overline{2}|}^{(12)} = 3\,855.60 \times \frac{1-v^2}{i^{(12)}} = 3\,855.60 \times 1.6839 = 6\,492.44\text{（元）}$$

因此，第13次偿还金额中的利息支付部分为：

$$6\,492.44 \times \frac{i^{(12)}}{12} = 92.49\text{（元）}$$

第13次偿还金额中的本金偿还部分为：

$$321.30 - 92.49 = 228.81\text{（元）}$$

【例9-9】一笔贷款价值150 000元，要求借款人在未来的20年内每季度末偿还一个相同的金额，贷款年实际利率为7%，请计算首次还款中的利息支付金额。

解：首次还款中的利息支付金额为：

$$150\,000 \times [(1+7\%)^{1/4} - 1] = 2\,558.78\text{（元）}$$

【例9-10】一笔价值为6 000元的贷款要求在未来的8年内每月月末偿还一个相同的金额，贷款年实际利率为6%，请计算第5年的总还款金额中利息支付部分和本金偿还部分。

解：设每月的还款金额为x，价值等式可写为：

$$6\,000 = 12xa_{\overline{8}|}^{(12)} \Rightarrow x = \frac{6\,000}{12 \times a_{\overline{8}|}^{(12)}} = 78.39\text{（元）}$$

第4年年末的未偿贷款余额为：

$$12 \times 78.39a_{\overline{4}|}^{(12)} = 3\,348.04\text{（元）}$$

第5年年末的未偿贷款余额为：

$$12 \times 78.39a_{\overline{3}|}^{(12)} = 2\,582.71\text{（元）}$$

第5年的总还款金额中本金偿还部分为：

$$3\,348.04 - 2\,582.71 = 765.33\text{（元）}$$

第5年的总还款金额中利息支付部分为：

$$12 \times 78.39 - 765.33 = 175.35\text{（元）}$$

9.6　消费信贷：平滑利率与APR

当消费者向银行或其他金融机构申请贷款时，常常被告知一种“平滑利率”以衡量贷款利息的高低。平滑利率被定义为每年每单位本金分担的贷款总利息。例如，一项贷款L_0

需要在2年内还清，且每月月末偿还一个相同的金额R。该项贷款2年间的总还款金额为$24R$，其中本金就是初始贷款L_0，2年间的总利息支付金额为$24R - L_0$，因此平滑利率计算公式如下：

$$F = \frac{24R - L_0}{2L_0}$$

平滑利率就是把贷款的总利息平均分配到每一年、每一单位贷款本金中。在分期支付的债务偿还方式下，借款人每次还款金额中超过当期利息的部分均用于偿还贷款本金，因此在贷款期内债务本金是逐渐下降而非维持在初始本金水平。平滑利率的计算方式忽略了本金下降的因素，将全部利息平均分配到了每一单位初始本金之中，因此算出的利率水平低于贷款的实际利率。

【例9-11】一笔贷款价值48 000元，要求在未来25年内每月月末偿还278元，请计算该笔贷款的平滑利率。

解：偿还贷款的总支付金额为：

$$12 \times 278 \times 25 = 83\,400\text{（元）}$$

总利息支付金额为：

$$83\,400 - 48\,000 = 35\,400\text{（元）}$$

因此，平滑利率为：

$$F = \frac{35\,400}{48\,000 \times 25} \times 100\% = 2.95\%$$

由于平滑利率低估了贷款的实际利率，容易给消费者带来误导，很多国家和地区要求发放消费信贷的机构向消费者披露真实的贷款利率。在英国，通常是以APR（Annual Percentage Rate）的形式给出。APR是能够使贷款现值与偿还金额（包括其他费用）现值相等的利率，即使贷款价值等式成立的利率。因此APR的定义符合贷款的实际利率。

假设贷款在整个偿还期内均匀偿还，那么每期的未偿贷款余额也近似均匀下降，即借款人在整个贷款期内的债务本金由初始本金的额度逐渐下降为0。近似来看，借款人平均债务本金额度为初始本金的一半，因此平滑利率的计算结果也近似等于实际利率（APR）的一半。

【例9-12】一个消费者贷款50 000元购买了一辆摩托车，贷款的平滑利率为10%，贷款要求1年还清，且每月月末偿还一个相同的金额，请计算该项贷款的APR。

解：该项贷款总利息支付金额为：

$$10\% \times 1 \times 50\,000 = 5\,000\text{（元）}$$

偿还该项贷款的总支付金额为：

$$50\,000 + 5\,000 = 55\,000\text{（元）}$$

每月月末支付的金额为：

$$55\,000 \div 12 = 4\,583.33\text{（元）}$$

该项贷款的价值等式为：

$$12 \times 4\,583.33 a_{\overline{1}|}^{(12)} = 50\,000$$

由此可知$a_{\overline{1}|}^{(12)} = 0.90910$。由于我们知道平滑利率近似等于实际利率的一半，因此可以选择初始试错利率20%。

当利率为20%时，$a_{\overline{1}|@20\%}^{(12)} = 0.90721$；当利率为19.5%时，$a_{\overline{1}|@19.5\%}^{(12)} = 0.90921$；当利率为

19.6%时，$a_{\overline{1}|@19.6\%}^{(12)}=0.90881$。选择更接近0.90910的结果，APR近似等于19.5%。

【例9-13】一位男士贷款42 000元，需要在3年内每月月末偿还1 400元，请计算该贷款的APR。

解：由贷款金额和还款金额可得：

$$42\,000=12\times1\,400\times a_{\overline{3}|}^{(12)}\Rightarrow a_{\overline{3}|}^{(12)}=2.5$$

贷款的平滑利率为：

$$F=\frac{3\times12\times1\,400-42\,000}{3\times42\,000}\times100\%=6.67\%$$

由于APR近似于平滑利率的2倍，试错法下首先尝试13%。

当APR=13%时，$a_{\overline{3}|@13\%}^{(12)}=2.4987$；当APR=12.5%时，$a_{\overline{3}|\%12.5\%}^{(12)}=2.5149$。

由试错法可算得：

$$\text{APR}\approx12.5\%+\frac{2.5-2.5149}{2.4987-2.5149}\times(13\%-12.5\%)=12.96\%$$

【例9-14】一个消费者申请消费信贷50 000元，被要求每月月末偿还一个相同的金额，5年还清，贷款的APR为14.5%，请计算贷款的年平滑利率。

解：设每月的偿还金额为R，可得：

$$50\,000=12Ra_{\overline{5}|@14.5\%}^{(12)}\Rightarrow R=\frac{50\,000}{12\times a_{\overline{5}|@14.5\%}^{(12)}}=\frac{50\,000\times i^{(12)}}{12\times[1-(1+14.5\%)^{-5}]}=1\,153.51(\text{元})$$

平滑利率为：

$$F=\frac{12\times1\,153.51\times5-50\,000}{50\,000\times5}\times100\%=7.68\%$$

【例9-15】一笔价值为5 000元的贷款要求在未来48个月内每月月末偿还一个相同的金额，贷款的年平滑利率为6%，请计算：（1）每月的偿还金额；（2）贷款的APR。

解：（1）每月的偿还金额为：

$$\frac{5\,000+48\div12\times6\%\times5\,000}{48}=129.1667\ (\text{元})$$

（2）设贷款的APR为i，价值等式可写为：

$$12\times129.1667a_{\overline{4}|}^{(12)}=5\,000\Rightarrow a_{\overline{4}|}^{(12)}=\frac{5\,000}{12\times129.1667}=3.2258$$

当 i=11% 时，$a_{\overline{4}|@11\%}^{(12)}=3.2559$；当 i=11.5% 时，$a_{\overline{4}|@11.5\%}^{(12)}=3.2282$；当 i=11.6% 时，$a_{\overline{4}|@11.6\%}^{(12)}=3.2227$。当$i$=11.5%时，$a_{\overline{4}|}^{(12)}$更接近3.2258，因此贷款的APR为11.5%。

【例9-16】一位女士向银行贷款105 000元，每月月末偿还1次，24个月还清，贷款的年平滑利率为8%，请计算：（1）每月的偿还金额；（2）贷款的APR。

解：（1）每月的偿还金额为：

$$\frac{2\times105\,000\times8\%+105\,000}{24}=5\,075\ (\text{元})$$

（2）价值等式可写为：

$$12\times5\,075a_{\overline{2}|}^{(12)}=105\,000\Rightarrow a_{\overline{2}|}^{(12)}=1.7241$$

由于APR接近于平滑利率的2倍，因此求APR时首先尝试利率16%。

当APR=16%时，$a_{\overline{2}|@16\%}^{(12)}=1.7198$；当APR=15.5%时，$a_{\overline{2}|@15.5\%}^{(12)}=1.7272$。

由试错法可算得：

$$\text{APR} \approx 15.5\% + \frac{1.7241 - 1.7272}{1.7198 - 1.7272} \times (16\% - 15.5\%) = 15.71\%$$

9.7 债务问题的综合应用

【例 9-17】一笔价值为120 000元的12年期贷款，按月等额分期偿还，贷款年利率为8%，请计算第8年偿还的本金金额。

解：由年利率为8%可得：

$$(1 + \frac{i^{(12)}}{12})^{12} = 1 + 8\% \Rightarrow i^{(12)} = 12 \times [(1 + 8\%)^{1/12} - 1] = 7.7208\%$$

设每年还款总金额为R，可得：

$$120\,000 = Ra_{\overline{12|}}^{(12)} \Rightarrow R = \frac{120\,000}{a_{\overline{12|}}^{(12)}} = \frac{120\,000i^{(12)}}{1 - \nu^{12}} = 15\,367.6753\text{（元）}$$

第8年偿还的本金金额为：

$$Ra_{\overline{5|}}^{(12)} - Ra_{\overline{4|}}^{(12)} = R \times (\frac{1 - \nu^5}{i^{(12)}} - \frac{1 - \nu^4}{i^{(12)}}) = R \times \frac{\nu^4 - \nu^5}{i^{(12)}} = 10\,837.20(\text{元})$$

或：

$$Ra_{\overline{5|}}^{(12)} - Ra_{\overline{4|}}^{(12)} = R \times \frac{\nu^4 - \nu^5}{i^{(12)}} = \frac{120\,000i^{(12)}}{1 - \nu^{12}} \times \frac{\nu^4 - \nu^5}{i^{(12)}} = 120\,000 \times \frac{\nu^4 - \nu^5}{1 - \nu^{12}} = 10\,837.20(\text{元})$$

【例 9-18】某人向某投资机构贷款500 000元，期限为10年，贷款年实际利率为7%。贷款计划每年年末偿还一个相同的金额，在到期日正好偿还本金的一半，另一半本金在到期时一次性偿还，请计算每年的偿还金额。

解：设每年的偿还金额为R，可得：

$$Ra_{\overline{10|}} + 250\,000\nu^{10} = 500\,000$$

$$\Rightarrow R = \frac{500\,000 - 250\,000\nu^{10}}{a_{\overline{10|}}} = \frac{(500\,000 - 250\,000\nu^{10}) \times 7\%}{1 - \nu^{10}} = 53\,094.38(\text{元})$$

【例 9-19】某人在2018年1月1日向银行申请了一笔贷款，计划6个月还清，每过一个月偿还1次，且偿还金额相等，首次还款在2018年7月31日。已知该贷款的年平滑利率为8.5%，请计算贷款的APR。

解：每1元贷款本金对应的每月还款金额为：

$$\frac{1 \times 8.5\% + 1}{6} = \frac{1.085}{6}\text{（元）}$$

价值等式可写为：

$$1 = 12 \times \frac{1.085}{6} \times \nu^{0.5} a_{\overline{0.5|}}^{(12)} \Rightarrow \nu^{0.5} a_{\overline{0.5|}}^{(12)} = \frac{\nu^{0.5} - \nu}{i^{(12)}} = 0.4608$$

当APR=11%时，$\nu^{0.5} a_{\overline{0.5|}@11\%}^{(12)} = 0.4604$；当APR=10.5%时，$\nu^{0.5} a_{\overline{0.5|}@10.5\%}^{(12)} = 0.4620$。

由试错法可算得：

$$\text{APR} \approx 10.5\% + \frac{0.4608 - 0.4620}{0.4604 - 0.4620} \times (11\% - 10.5\%) = 10.88\%$$

【例 9-20】一笔价值600 000元的贷款要求每月月末偿还一个相同的金额，10年还清，贷款的年实际利率为7%，请计算：（1）每月的偿还金额；（2）第1年偿还的利息；（3）在还款6年后，借款人停止还款3个月，借款人需要此后每月多偿还多少金额，才能在10年后还清贷款。

解：（1）设每月的偿还金额为R，可得：

$$60\,000 = 12Ra_{\overline{10|}@7\%}^{(12)} \Rightarrow R = \frac{60\,000}{12 \times a_{\overline{10|}@7\%}^{(12)}} = \frac{60\,000 \times i^{(12)}}{12 \times [1-(1+7\%)^{-10}]} = 690.0198(\text{元})$$

（2）还款1年后的未偿贷款余额为：

$$12Ra_{\overline{9|}@7\%}^{(12)} = 12 \times 690.0198 \times \frac{1-(1+7\%)^{-9}}{i^{(12)}} = 55\,657.3498(\text{元})$$

第1年偿还的利息为：

$$12 \times 690.0198 - (60\,000 - 55\,657.3498) = 3\,937.59\ (\text{元})$$

（3）借款人重新开始还款时的未偿贷款余额为：

$$12Ra_{\overline{4|}@7\%}^{(12)} \times (1+7\%)^{3/12} = 29\,429.3622(\text{元})$$

设新还款计划下每月的偿还金额为Q，可得：

$$29\,429.3622 = 12Qa_{\overline{4-3/12|}@7\%}^{(12)} \Rightarrow Q = \frac{29\,429.3622}{12 \times a_{\overline{3.75|}@7\%}^{(12)}} = \frac{29\,429.3622 \times i^{(12)}}{12 \times [1-(1+7\%)^{-3.75}]} = 742.5463(\text{元})$$

每月需多偿还的金额为：

$$742.5463 - 690.0198 = 52.53\ (\text{元})$$

【例9-21】一位女士为装修房屋向银行申请贷款110 000元，期限为5年。该贷款要求每月月末偿还1次，每次偿还金额相同，贷款年利率为6%，请计算：（1）每月的偿还金额；（2）第3年还款中利息的金额；（3）第20次还款中本金的金额；（4）在第4年年末该女士想进一步修缮房屋，因此又向银行申请贷款40 000元，她计划在未来3年内将所有债务还清，且每月月末偿还一个相同的金额，在贷款利率不变的情况下，每月的还款金额是多少？

解：（1）设每月的还款金额为R，价值等式可写为：

$$12Ra_{\overline{5|}}^{(12)} = 110\,000$$

当年实际利率为6%时，可得：

$$a_{\overline{5|}}^{(12)} = \frac{1-v^5}{i^{(12)}} = \frac{1-(1+6\%)^{-5}}{12 \times [(1+6\%)^{1/12}-1]} = 4.3270$$

因此，可求得：

$$R = \frac{110\,000}{12 \times 4.3270} = 2\,118.48(\text{元})$$

（2）第3年总还款金额为：

$$12R = 12 \times 2\,118.48 = 25\,421.76\ (\text{元})$$

第3年还款之前的未偿贷款余额为：

$$12Ra_{\overline{3|}}^{(12)} = 12 \times 2\,118.48 \times \frac{1-(1+6\%)^{-3}}{12 \times [(1+6\%)^{1/12}-1]} = 69\,801.71(\text{元})$$

第3年还款之后的未偿贷款余额为：

$$12Ra_{\overline{2|}}^{(12)} = 12 \times 2\,118.48 \times \frac{1-(1+6\%)^{-2}}{12 \times [(1+6\%)^{1/12}-1]} = 47\,876.31(\text{元})$$

第3年还款中本金部分为：

$$69\,801.71 - 47\,876.31 = 21\,925.40\ (\text{元})$$

第3年还款中利息部分为：

25 421.76 − 21 925.40 = 3 496.36（元）

（3）第19次偿还后的未偿贷款余额为：

$$12Ra^{(12)}_{\overline{(60-19)/12}|} = 12 \times 2\,118.48 \times \frac{1-(1+6\%)^{-41/12}}{12 \times [(1+6\%)^{1/12}-1]} = 78\,566.88(\text{元})$$

第20次支付中的利息为：

$$78\,566.88 \times \frac{i^{(12)}}{12} = 78\,566.88 \times [(1+6\%)^{1/12}-1] = 382.43(\text{元})$$

第20次支付中的本金为：

2 118.48 − 382.43 = 1 736.05（元）

（4）第4年年末原贷款的未偿贷款余额为：

$$12Ra^{(12)}_{\overline{1}|} = 12 \times 2\,118.48 \times \frac{1-(1+6\%)^{-1}}{12 \times [(1+6\%)^{1/12}-1]} = 24\,635.38(\text{元})$$

申请新贷款后需偿还的总金额为：

24 635.38 + 40 000 = 64 635.38（元）

设新还款计划下每月偿还R'，价值等式可写为：

$$12R'a^{(12)}_{\overline{3}|} = 64\,635.38$$

可得：

$$R' = \frac{64\,635.38}{12a^{(12)}_{\overline{3}|}} = \frac{64\,635.38 \times 12 \times [(1+6\%)^{1/12}-1]}{12 \times [1-(1+6\%)^{-3}]} = 1\,961.68(\text{元})$$

【例9-22】某贷款恰好可用一种年金的每期支付金额偿还。年金期限为20年，每年年末支付1次，第1年年末支付金额为15 000元，之后每年均比上一年增加1 000元，贷款的年实际利率为7%，请计算：（1）贷款金额；（2）给出第8次和第9次还款的分期偿还表；（3）最后一次还款中的利息和本金。

解：（1）贷款金额为：

$$\begin{aligned}&14\,000a_{\overline{20}|} + 1\,000(Ia)_{\overline{20}|}\\&= 14\,000 \times \frac{1-v^{20}}{i} + 1\,000 \times \frac{\ddot{a}_{\overline{20}|} - 20v^{20}}{i}\\&= 148\,316.1994 + 88\,103.0741\\&= 236\,419.27(\text{元})\end{aligned}$$

（2）第7次还款后的未偿贷款余额为：

$$\begin{aligned}&21\,000a_{\overline{13}|} + 1\,000(Ia)_{\overline{13}|}\\&= 21\,000 \times \frac{1-v^{13}}{i} + 1\,000 \times \frac{\ddot{a}_{\overline{13}|} - 13v^{13}}{i}\\&= 175\,510.6656 + 50\,687.8353\\&= 226\,198.50(\text{元})\end{aligned}$$

第8次和第9次的分期偿还表，见表9-3。

表9-3 第8次和第9次的分期偿还表 单位：元

次数	偿还金额	利息	本金	未偿贷款余额
7				226 198.50
8	22 000	15 833.89	6 166.11	220 032.39
9	23 000	15 402.27	7 597.73	212 434.66

（3）最后一次还款中的本金为：

$34\,000v = 31\,775.70$(元)

最后一次还款中的利息为：

$34\,000 - 31\,775.70 = 2\,224.30$（元）

【例9-23】某人办理了一笔25年期的贷款，每月月末偿还1次，首次偿还金额为450元，之后每次的偿还金额均比上一次增加50元，直至偿还金额达到7 200元，之后每次偿还金额维持在7 200元，贷款的年实际利率为8%，请计算：（1）总贷款金额；（2）7年后的未偿贷款余额；（3）第7年偿还中的本金；（4）第85次偿还的利息；（5）在第7年年末偿还后，借款人决定重新安排债务偿还计划，他计划剩下的债务在10年内还清，每月月末偿还一个相同的金额，经协商，在新的还款计划下，贷款利率可下调0.1%，新还款计划可使借款人节省多少资金？

解：（1）设月实际利率为i，可得：

$i = [(1 + 8\%)^{1/12} - 1] \times 100\% = 0.6434\%$

以下计算基于月实际利率。设第t次支付达到7 200元，可得：

$450 + 50 \times (t - 1) = 7\,200 \Rightarrow t = 136$

贷款的总金额为：

$$400a_{\overline{136|}} + 50(Ia)_{\overline{136|}} + 7\,200v^{136}a_{\overline{164|}}$$

$$= 400 \times \frac{1 - v^{136}}{i} + 50 \times \frac{\ddot{a}_{\overline{136|}} - 136v^{136}}{i} + 7\,200v^{136} \times \frac{1 - v^{164}}{i}$$

$$= 36\,181.4073 + 265\,655.0787 + 304\,386.1527$$

$$= 606\,222.64(\text{元})$$

（2）在7年年末，总还款次数为84次（7×12），第85次还款金额为：

$450 + 50 \times 84 = 4\,650$（元）

第7年还款后的未偿贷款余额为：

$$4\,600a_{\overline{52|}} + 50(Ia)_{\overline{52|}} + 7\,200v^{52}a_{\overline{164|}}$$

$$= 4\,600 \times \frac{1 - v^{52}}{i} + 50 \times \frac{\ddot{a}_{\overline{52|}} - 52v^{52}}{i} + 7\,200v^{52} \times \frac{1 - v^{164}}{i}$$

$$= 202\,749.9281 + 55\,223.0323 + 521\,663.0646$$

$$= 779\,636.03(\text{元})$$

（3）在6年年末，总还款次数为72次（6×12），第73次还款金额为：

$450 + 50 \times 72 = 4\,050$（元）

第6年还款后的未偿贷款余额为：

$$4\,000a_{\overline{64|}} + 50(Ia)_{\overline{64|}} + 7\,200v^{64}a_{\overline{164|}}$$

$$= 4\,000 \times \frac{1 - v^{64}}{i} + 50 \times \frac{\ddot{a}_{\overline{64|}} - 64v^{64}}{i} + 7\,200v^{64} \times \frac{1 - v^{164}}{i}$$

$$= 209\,296.2075 + 79\,316.8604 + 483\,021.5296$$

$$= 771\,634.60(\text{元})$$

第7年偿还中的本金为：

$771\,634.60 - 779\,636.03 = -8\,011.43$（元）

（4）第85次偿还的利息为：

$779\,636.03 \times 0.6434\% = 5\,016.18$（元）

但第85次还款总金额为4 650元，不足以支付利息，所以本次偿还中无法偿还的利息并入本金，此时债务的未偿贷款余额将逐期上升。

（5）设调整后月实际利率为j，可得：

$$j = [(1 + 7.9\%)^{1/12} - 1] \times 100\% = 0.6356\%$$

设新还款计划下每月的偿还金额为R，可得：

$$779\,636.03 = Ra_{\overline{120|}@j} \Rightarrow R = \frac{779\,636.03}{a_{\overline{120|}@j}} = 9\,306.42(\text{元})$$

借款人节省的资金为：

$$\begin{aligned}&4\,600 \times 52 + 50 \times (1 + 2 + \cdots + 52) + 7\,200 \times 164 - 10 \times 12 \times 9\,306.42\\&= 239\,200 + 50 \times 1\,378 + 1\,180\,800 - 1\,116\,770.40\\&= 372\,129.60(\text{元})\end{aligned}$$

【例 9-24】 某人办理了25年期、金额为500 000元的按揭贷款，该贷款要求每月月末偿还一个相同的金额，贷款的年实际利率为7%，请计算：（1）每月的偿还金额；（2）第5年还款中的本金；（3）第61次偿还的利息；（4）在还款6年后，借款人发现自己每月的偿还金额为（1）项中计算金额的2倍，如果每月按照这一金额偿还，那么贷款可以提前几年还清；（5）如果按照（4）项中的新还款计划，那么借款人在最后一次还款中可以节省的利息是多少？

解：（1）设每月的偿还金额为R，可得：

$$500\,000 = 12Ra_{\overline{25|}}^{(12)} \Rightarrow R = \frac{500\,000}{12 \times a_{\overline{25|}}^{(12)}} = \frac{500\,000 \times i^{(12)}}{12 \times (1 - v^{25})} = 3\,465.6081(\text{元})$$

（2）第5年还款后的未偿贷款余额为：

$$12Ra_{\overline{20|}}^{(12)} = 12 \times 3\,465.6081 \times \frac{1 - v^{20}}{i^{(12)}} = 454\,538.9152(\text{元})$$

第5年还款前的未偿贷款余额为：

$$12Ra_{\overline{21|}}^{(12)} = 12 \times 3\,465.6081 \times \frac{1 - v^{21}}{i^{(12)}} = 464\,901.0965(\text{元})$$

第5年偿还的本金为：

$$464\,901.0965 - 454\,538.9152 = 10\,362.18\ (\text{元})$$

（3）第61次偿还的利息为：

$$454\,538.9152 \times \frac{i^{(12)}}{12} = 2\,570.0291(\text{元})$$

（4）还款6年后的未偿贷款余额为：

$$12Ra_{\overline{19|}}^{(12)} = 12 \times 3\,465.6081 \times \frac{1 - v^{19}}{i^{(12)}} = 443\,451.3812(\text{元})$$

设新还款计划下近似还需要n年还清债务，可得：

$$\begin{aligned}&443\,451.3812 = 12 \times 2Ra_{\overline{n|}}^{(12)}\\&\Rightarrow a_{\overline{n|}}^{(12)} = \frac{443\,451.3812}{12 \times 2 \times 3\,465.6081} = 5.3316\\&\Rightarrow v^n = 1 - 5.3316 \times i^{(12)}\\&\Rightarrow n\ln v = \ln(1 - 5.3316 i^{(12)})\\&\Rightarrow n = 6.6365(\text{年})\end{aligned}$$

可算得$6\frac{7}{12} = 6.5833$、$6\frac{8}{12} = 6.6667$，由于债务是每月偿还1次，可知债务实际还清的时间为新还款计划实施后的6年零8个月。债务提前还清的年数为：

$25-(6+6\frac{8}{12})=12\frac{1}{3}$（年）

即12年零4个月。

（5）设最后一次的偿还金额为X，可得：

$$443\,451.3812=12\times 2Ra_{\overline{6\frac{7}{12}}|}^{(12)}+Xv^{6\frac{8}{12}}\Rightarrow X=\frac{443\,451.3812-12\times 2\times 3\,465.6081a_{\overline{6\frac{7}{12}}|}^{(12)}}{v^{6\frac{8}{12}}}=4\,429.1756(\text{元})$$

因此，节省的利息为：

$$12\times R\times 19-(12\times 2R\times 6\frac{7}{12}+X)$$

$$=12\times 3\,465.6081\times 19-(12\times 2\times 3\,465.6081\times\frac{79}{12}+4\,429.1756)$$

$$=238\,163.39(\text{元})$$

【例 9-25】某人计划办理金额为25 000元的5年期贷款，贷款前3年的年实际利率为7%，之后的年实际利率为8%，贷款每年年末偿还一个相同的金额，请：（1）计算每年的偿还金额；（2）列出贷款的分期偿还表；（3）计算到第3年年末为止贷款偿还的比例；（4）如果前3年的年实际利率为8%，而之后的年实际利率为7%，那么解释（3）项中计算出的比例将变大还是变小（无须计算）。

解：（1）设每年的还款金额为R，可得：

$$25\,000=R[a_{\overline{3}|@7\%}+(1+7\%)^{-3}a_{\overline{2}|@8\%}]\Rightarrow R=\frac{25\,000}{a_{\overline{3}|@7\%}+(1+7\%)^{-3}a_{\overline{2}|@8\%}}=6\,127.46(\text{元})$$

（2）5年期贷款分期偿还表见表9-4：

表9-4　**5年期贷款分期偿还表**　单位：元

时间（年）	年初未偿贷款余额	每年偿还金额	利息	本金	年末未偿贷款余额
1	25 000	6 127.46	1 750	4 377.46	20 622.54
2	20 622.54	6 127.46	1 443.58	4 683.88	15 938.66
3	15 938.66	6 127.46	1 115.71	5 011.75	10 926.91
4	10 926.91	6 127.46	874.15	5 253.31	5 673.60
5	5 673.60	6 127.46	453.89	5 673.57	0.03

注：由于小数保留原因，第5年年末的未偿贷款余额略大于0。

（3）到第3年年末为止还款比例为：

$$\frac{25\,000-10\,926.91}{25\,000}\times 100\%=56.29\%$$

（4）利率变化之后，前期需要偿还的利息增加，能够偿还的本金减少，因此第3年年末还款比例将会下降。

本章小结

最常见的债务偿还方式是分期偿还法，即整个贷款的本金和利息在偿还期内分期进行偿还，每次的还款金额首先用于偿还利息，剩余部分用于偿还本金。

每次还款后贷款仍未还清的本金额度被称为未偿贷款余额。某时点未偿贷款余额的计算方法包括两种：过去法下，用债务初始本金在该时点的积累值减去此前所有已还款金额在该时点的积累值；未来法下，用该时点之后未来所有将要发生的还款支付金额在该时点的现值求和。

计算单次还款的利息和本金可分为三步：（1）求出该次还款发生之前的未偿贷款余额；（2）用每期的实际利率乘以前项求出的未偿贷款余额，求得该次还款中的利息；（3）用该次还款总金额减去前项求出的利息，求得该次还款中的本金。

计算一系列还款的利息和本金也可分为三步：（1）求出这一系列还款发生之前和之后的未偿贷款余额；（2）用这一系列还款发生之前的未偿贷款余额减去这一系列还款发生之后的未偿贷款余额，求得这一系列还款中的本金；（3）用这一系列还款的总支付金额减去前项求出的本金，求得这一系列还款中的利息。

将贷款的每次偿还金额、每次偿还的利息和本金以及每次偿还前后的未偿贷款余额放到同一张表中，就是分期偿还表。

平滑利率是每年每单位本金分担的贷款总利息。APR是能够使贷款现值与偿还金额（包括其他费用）现值相等的利率，即使贷款价值等式成立的利率。

关键概念

未偿贷款余额　未来法　过去法　每次还款金额中的本金/利息　一系列还款金额中的本金/利息　分期偿还表　平滑利率　APR

综合训练

1. 一笔价值25 000元的5年期贷款，要求每月月末偿还600元，请计算：（1）贷款的年平滑利率；（2）贷款的APR。

2. 一笔价值15 000元的贷款，APR为12%。贷款要求6个月还清，每月月末偿还一个相同的金额，请计算贷款的年平滑利率。

3. 某贷款年实际利率为6%，可用一种每年年末支付一次的14年期的年金来偿还。年金前2年每年年末支付金额为5 000元，接下来的2年每年年末支付金额为6 000元，再接下来的2年每年年末支付金额为7 000元，以此类推，直到最后2年每年年末支付金额达到11 000元，请计算贷款金额。

4. 一笔价值60 000元的贷款，要求5年还清，每季度末偿还一个相同的金额，贷款的年实际利率为6%，请计算：（1）每季度的偿还金额；（2）第7次还款的本金部分；（3）第3年还款的利息部分；（4）何时未偿贷款余额开始小于20 000元。

5. 某人向银行借款40 000元，每月月末偿还855.80元，5年还清贷款，请计算：（1）贷款的APR；（2）在还款1年后，银行重新调整了债务偿还安排，允许借款人每月月末仅偿还548.98元，假设贷款的APR不变，求新计划下债务的偿还期限；（3）借款人多偿还的利息金额。

第9章综合训练答案

第10章

项目评估

目标引领

价值塑造

本章主要介绍项目评估的具体相关技巧和方法，但评价项目优劣的指标是多维的，其中最重要的一个维度是项目能否助力社会协调发展。本章通过介绍泰康保险投资养老社区的情况，引导学生了解保险公司如何助力养老、医疗产业协调发展。

知识传授

本章引领学生从不同维度对投资项目进行评估，学会在给定利率的情况下，计算项目的积累利润和净现值；学会在给定项目收入和支出的情况下，计算项目的内含收益率；学会计算项目的折现偿还期，理解折现偿还期在项目评估中的作用。

思维导图

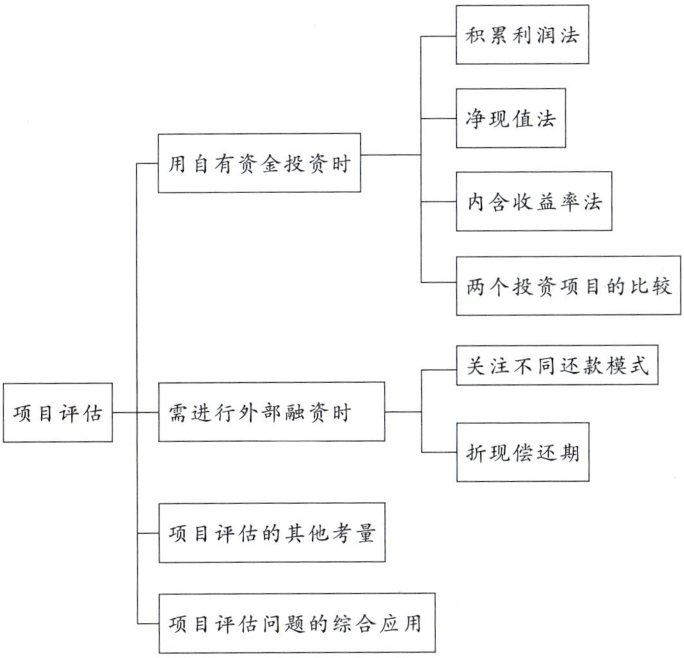

开篇导读

一个企业或个人在考虑如何利用有限资本进行投资时，需要评估几个备选投资项目的优劣。本章将介绍几种常用的项目评估方法：(1) 积累利润法；(2) 净现值法；(3) 内含收益率法；(4) 折现偿还期法。

进行项目评估的第一步是要在审慎的态度下，确认备选投资项目在各时点发生的净现金流。令t时刻的净现金流C_t满足：

$$C_t = t\text{时刻的现金流入} - t\text{时刻的现金流出}$$

启智增慧10-1 泰康人寿投资养老社区 助力养老产业发展

如果考虑连续支付现金流，那么令t时刻每期净支付率$\rho(t)$满足：

$$\rho(t) = \rho_1(t) - \rho_2(t)$$

其中，$\rho_1(t)$为t时刻现金流入的支付率，而$\rho_2(t)$为t时刻现金流出的支付率。

在确认了投资项目的净现金流之后，接下来投资者希望了解各备选投资项目的盈利能力，以判断用自有闲置资金投资，或者为这些项目贷款融资（需要支付贷款利息）是否明智。

10.1 用自有资金投资时

当投资者用自有闲置资金投资时，不需要支付借入资金产生的利息，但必须将该笔资金用作其他用途而产生的机会成本考虑进来。这就相当于投资者向自己借款，支付的借款利息就是将该笔资金投资于其他项目而可能获得的收益。将投资者投资其他项目的收益率定义为“再投资收益率”，在考虑机会成本的情况下，项目投资支出的资金需要按再投资收益率进行积累，而项目取得的收入可进行再投资，因此也按照再投资收益率进行积累。此时投资者可以用同一个固定利率去计算项目净现金流的积累值。

确定投资者的“再投资收益率”有时是困难的，因此在进行项目评估时，常常将市场上认可的“实际利率”作为度量投资者再投资收益率的指标。此时，投资者可以用同一个实际利率去计算项目净现金流的积累值。

10.1.1 积累利润法

项目评估的一种标准方法是在项目结束后计算项目的积累利润。当投资者用自有资金投资时，假设再投资收益率（有时直接表述为实际利率）为i，项目在结束日T时刻的积累利润可表示为：

$$A(T) = \sum C_t (1+i)^{T-t} + \int_0^T \rho(t)(1+i)^{T-t} dt \tag{10-1}$$

一个项目积累利润的高低是判断项目可行性的最直观的指标，因为它代表了项目最终留存下来的金额。

【例10-1】一个项目在0时刻投资20 000元，在5时刻至15时刻（包括15时刻）分别得到收入5 000元。假设实际利率为3%，请计算项目在20时刻的积累利润。

解：项目在20时刻的积累利润为：

$$-20\,000 \times (1+3\%)^{20} + 5\,000 s_{\overline{11}|} \times (1+3\%)^5 = -36\,122 + 74\,239 = 38\,117(\text{元})$$

但是，积累利润法也存在缺陷，它只适用于项目投资期限能够被清晰、准确界定的情况。当投资期限为无限期（如股票）或投资期的结束时间存在不确定性（如生存年金）时，该方法并不适用。积累利润法存在的另一个问题是，当两个投资项目的结束时间不同时，计算得到的两个积累利润并不基于同一时刻，因此不能直接比较。净现值法可以避免以上这些问题。

10.1.2 净现值法

基于利率i计算一个项目净现金流的现值，即项目基于利率i的净现值，通常用$NPV(i)$表示。其计算公式为：

$$NPV(i)=\sum C_t(1+i)^{-t}+\int_0^T\rho(t)(1+i)^{-t}dt \tag{10-2}$$

净现值法与积累利润法本质上是等价的，区别仅在于净现值法关注净现金流在项目开始时刻（清晰准确的日期）的价值而不是项目结束时刻的价值。当项目结束时刻不能被清晰准确界定时，其积累利润无法求得，但其净现值在某些情况下是可以求得的。

【例10-2】一家小型软件公司计划为其主要客户提供新的计算机系统，该公司面临在项目R和项目S之间进行选择，具体内容如下：

项目R会将所有的开发工作进行外包，其现金流为：

第1年年初按照外包合同的规定，支付150 000元；

第2年年初按照外包合同的规定，支付250 000元；

第3年年初按照外包合同的规定，支付250 000元；

第3年年末将新计算机系统卖出获得收入1 000 000元。

项目S会购入新机器设备，依靠公司内部员工完成开发工作，其现金流为：

第1年年初购入新机器设备，支付325 000元；

第1年间连续支出员工及材料费用，支付率为75 000元/年；

第2年间连续支出员工及材料费用，支付率为90 000元/年；

第3年间连续支出员工及材料费用，支付率为120 000元/年；

第3年年末将新计算机系统卖出获得收入1 000 000元。

假设年实际利率为20%，请计算项目R和项目S的净现值，并以净现值为评价标准，判断哪个项目更值得投资？

解：项目R的净现值为：

$$NPV_R(20\%)=-150\,000-250\,000v-250\,000v^2+1\,000\,000v^3=46\,759.26(\text{元})$$

项目S的净现值为：

$$\begin{aligned}NPV_S(20\%)&=-325\,000-75\,000\bar{a}_{\overline{1}|}-90\,000v\bar{a}_{\overline{1}|}-120\,000v^2\bar{a}_{\overline{1}|}+1\,000\,000v^3\\&=-325\,000-(75\,000+90\,000v+120\,000v^2)\times\frac{1-v}{\delta}+1\,000\,000v^3\\&=40\,405.34(\text{元})\end{aligned}$$

项目R的净现值为46 759.26元，而项目S的净现值为40 405.34元，因此以年实际利率20%计算的净现值来看，项目R更值得投资。

值得注意的是，项目的净现值与选择的贴现利率密切相关。图10-1是项目R和项目S的净现值随利率变化的情况。从图10-1中可知，两个项目的净现值曲线在利率约为16.8%时发生了交叉。当选择的贴现利率大于16.8%时，项目R的净现值大于项目S的净现值；当选择的贴现利率小于16.8%时，项目R的净现值小于项目S的净现值。

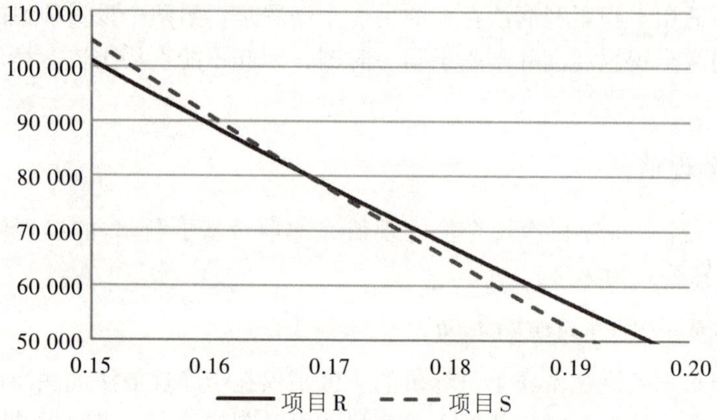

图10-1　项目R和项目S的净现值随利率变化的情况

图10-1中两个项目的净现值均随利率的上升而下降（现实中，多数项目的净现值符合这样的变化趋势），这是因为项目R和项目S的收入均晚于支出。这意味着在计算净现值时，收入需要折现的期数多于支出，因此收入现值受利率的影响大于支出现值。也就是说，当利率增加时，收入现值的下降程度超过支出现值的下降程度，因此项目的净现值随利率的增加而下降。

【例10-3】两个风险投资项目在t时刻（以年为单位）的现金流（以万元为单位）如下：

风险项目1：$C_0=-1\,200$，$C_1=-450$，$C_2=600$，$C_3=1\,500$；

风险项目2：$C_1=-650$，$C_3=350$，$C_4=350$，$C_5=350$。

当年实际利率为12%时，请计算两个项目在5时刻的积累利润及在0时刻的净现值。

解：风险项目1在5时刻的积累值为：

$$AV_1=-1\,200\times(1+12\%)^5-450\times(1+12\%)^4+600\times(1+12\%)^3+1\,500\times(1+12\%)^2=-98.34\text{（万元）}$$

风险项目2在5时刻的积累值为：

$$AV_2=-650\times(1+12\%)^4+350\times(1+12\%)^2+350\times(1+12\%)+350=158.25\text{(万元)}$$

风险项目1在0时刻的净现值为：

$$NPV_1=-1\,200-450\times(1+12\%)^{-1}+600\times(1+12\%)^{-2}+1\,500\times(1+12\%)^{-3}=-55.80\text{(万元)}$$

风险项目2在0时刻的净现值为：

$$NPV_2=-650\times(1+12\%)^{-1}+350\times(1+12\%)^{-3}+350\times(1+12\%)^{-4}+350\times(1+12\%)^{-5}=89.80\text{（万元）}$$

【例10-4】某项目需要初始投资500 000元，项目开始8个月后需要追加投资300 000元。预期项目运营2年后开始有连续的现金收入，前4年收入的支付率为40 000元/年，接下来4年收入的支付率上涨至80 000元/年，再接下来4年收入的支付率上涨至120 000元/年，以此类推（每4年支付率上涨40 000元/年），直至收入现金流持续20年结束（距项目开始后22年）。当收入现金流结束时，项目可以按600 000元卖出。假设年实际利率为8%，请计算项目的净现值。

解：项目的净现值为：

$$\begin{aligned}NPV&=-500\,000-300\,000\nu^{8/12}+40\,000\nu^2\bar{a}_{\overline{4}|}+80\,000\nu^6\bar{a}_{\overline{4}|}+120\,000\nu^{10}\bar{a}_{\overline{4}|}+\cdots+200\,000\nu^{18}\bar{a}_{\overline{4}|}+600\,000\nu^{22}\\&=-500\,000-300\,000\nu^{8/12}+40\,000\bar{a}_{\overline{4}|}(\nu^2+2\nu^6+3\nu^{10}+\cdots+5\nu^{18})+600\,000\nu^{22}\end{aligned}$$

其中，令：

$$X=\nu^2+2\nu^6+3\nu^{10}+\cdots+5\nu^{18} \tag{1}$$

式（1）两边同乘以ν^4得到：

$$\nu^4X=\nu^6+2\nu^{10}+3\nu^{14}+\cdots+5\nu^{22} \tag{2}$$

式（1）减式（2）得到：

$$X-\nu^4X=\nu^2+\nu^6+\nu^{10}+\cdots+\nu^{18}-5\nu^{22}\Rightarrow(1-\nu^4)X=\frac{\nu^2(1-\nu^{20})}{1-\nu^4}-5\nu^{22}\Rightarrow X=\frac{\frac{\nu^2(1-\nu^{20})}{1-\nu^4}-5\nu^{22}}{1-\nu^4}$$

代入净现值计算可得：

$$\begin{aligned}NPV&=-500\,000-300\,000\nu^{8/12}+40\,000\times\frac{1-\nu^4}{\delta}X+600\,000\nu^{22}\\&=-500\,000-300\,000\nu^{8/12}+40\,000\times\frac{1}{\ln(1+i)}\times[\frac{\nu^2(1-\nu^{20})}{1-\nu^4}-5\nu^{22}]+600\,000\nu^{22}\\&=-500\,000-284\,995.9911+842\,872.9376+110\,364.3042\\&=168\,241.25(\text{元})\end{aligned}$$

10.1.3 内含收益率法

使项目价值等式成立的收益率（Yield）通常被称为内含收益率或内含报酬率（Internal Rate of Return，IRR）。一个项目的内含收益率可使项目的收入现值等于项目的支出现值，即项目的净现值为0。项目内含收益率使其净现值为0的结果，并不是说项目没有盈利，而是意味着当项目的收入和支出都按内含收益率贴现时，净现值为0。因此，当某项目的内含收益率大于其再投资收益率（或实际利率）时，项目是值得投资的，且内含收益率越高，项目的盈利性就越好。

正如上一章节所讨论的，多数项目的净现值变化情况符合图10-1的趋势，即项目净现值会随利率的增加而下降。净现值符合这种变化趋势的项目，多数可求得唯一的内含收益率。某些情况下，项目的价值等式可能存在多个解或无解，或求解结果不满足利率大于-1的要求。此时，内含收益率法不再适用。

通常，求解项目的价值等式是非困难的，需要使用之前学习过的试错法或线性插值法。

【例10-5】请计算例10-2中项目R的内含收益率。

解：项目R的价值等式为：

$$-150\,000-250\,000\nu-250\,000\nu^2+1\,000\,000\nu^3=0$$

我们已经知道，当利率为20%时，项目R的净现值为：

$$-150\,000-250\,000\nu-250\,000\nu^2+1\,000\,000\nu^3=46\,759.26\text{（元）}$$

因此，试错值需要大于20%，当利率为25%时，项目R的净现值为：

$$-150\,000-250\,000\nu-250\,000\nu^2+1\,000\,000\nu^3=2\,000\text{（元）}$$

当利率为26%时，项目R的净现值为：

$$-150\,000-250\,000\nu-250\,000\nu^2+1\,000\,000\nu^3=-5\,977.08\text{（元）}$$

根据线性插值法，项目R的内含收益率为：

$$i\approx25\%+\frac{0-2\,000}{-5\,977.08-2\,000}\times(26\%-25\%)=25.25\%$$

通常在评价一个项目是否值得投资时，内含收益率法与净现值法的结论是一致的。假设一个投资者的再投资收益率为i，且项目的净现值（NPV）符合随利率增加而递减的特征，且项目存在唯一的内含收益率（IRR）。由净现值法可知，当$NPV(i) > 0$时，项目是值得投资的。同时，由于内含收益率是使项目净现值等于0的利率，因此$NPV(IRR) = 0$。在项目净现值随利率增加而递减的假设下可知$IRR > i$，即项目的内含收益率大于投资者的再投资收益率，因此在内含收益率法下，项目同样是值得投资的。

【例10-6】某公司计划购入某种机器设备，购买价格为200 000元。设备投入使用后可以为公司带来连续的现金流收入，第1年收入的支付率为80 000元/年，第2年收入的支付率为100 000元/年，第3年收入的支付率为120 000元/年。3年后公司出售设备可获得65 000元的残值收入，请计算该公司购入设备可获得的内含报酬率。

解：价值等式可写为：

$$-200\,000 + 80\,000\bar{a}_{\overline{1}|} + 100\,000v\bar{a}_{\overline{1}|} + 120\,000v^2\bar{a}_{\overline{1}|} + 65\,000v^3 = 0$$

$$\Rightarrow -200 + 60\bar{a}_{\overline{3}|} + 20(I\bar{a}_{\overline{3}|}) + 65v^3 = 0$$

$$\Rightarrow -200 + 60 \times \frac{1 - v^3}{\delta} + 20 \times \frac{\ddot{a}_{\overline{3}|} - 3v^3}{\delta} + 65v^3 = 0$$

当利率为41%时，上式左边为：

$$-200 + 112.3318 + 66.4755 + 23.1876 = 1.9949$$

当利率为42%时，上式左边为：

$$-200 + 111.3484 + 65.7288 + 22.7012 = -0.2216$$

用试错法可算得：

$$\text{APR} \approx 41\% + \frac{0 - 1.9949}{-0.2216 - 1.9949} \times (42\% - 41\%) = 41.90\%$$

10.1.4 两个投资项目的比较

假设投资者的资金能力无限（自有资金额度无限），且在A、B两个投资项目之间进行选择。假设投资者的再投资收益率为i，且A、B两个投资项目均存在唯一的内含收益率，令$NPV_A(i)$和$NPV_B(i)$分别代表利率为i时A、B两个项目的净现值，i_A和i_B分别代表A、B两个项目的内含收益率。在净现值法下，我们可以根据$NPV_A(i)$和$NPV_B(i)$的大小决定更值得投资的项目。例如，当$NPV_A(i) > NPV_B(i)$时，则认为项目A更值得投资。而在内含收益率法下，我们可以根据i_A和i_B的大小决定更值得投资的项目。例如，当$i_A>i_B$时，则认为项目A更值得投资。但在某些情况下，判断哪个投资项目更值得投资时，净现值法和内含收益率法的结论并不一致。

图10-2中项目A和项目B的净现值函数相交于利率i^*处，根据利率i所在的不同范围，可分为四种情况：

（1）当$i > i_A$时，两个项目的净现值$NPV_A(i)$和$NPV_B(i)$均小于0，且A、B两个项目的内含收益率i_A和i_B均小于利率i，因此无论在净现值法下还是在内含收益率法下，A、B两个项目都是不值得投资的项目。

（2）当$i_B < i < i_A$时，项目A的净现值$NPV_A(i) > 0$，且$i_A > i$，而项目B的净现值$NPV_B(i) < 0$，且$i_B < i$，因此无论在净现值法下还是在内含收益率法下，均可得出项目A值得投资，而项目B不值得投资的结论。

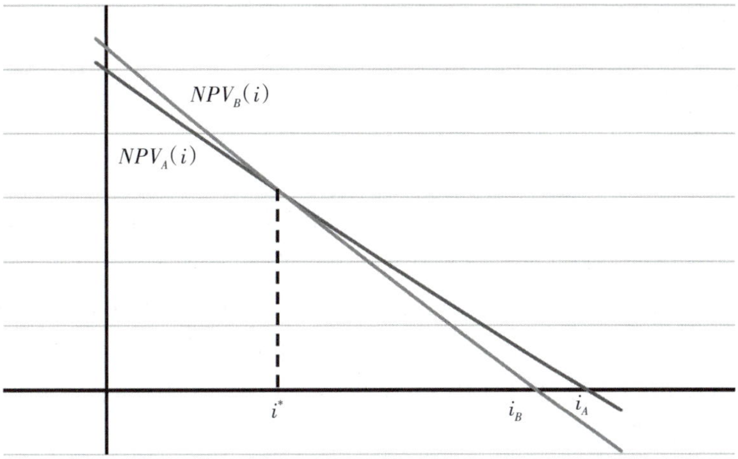

图10-2 A、B两个项目净现值与内含收益率的比较

（3）当 $i^* < i < i_B$ 时，A、B两个项目的净现值 $NPV_A(i)$ 和 $NPV_B(i)$ 均大于0，且 $NPV_A(i) > NPV_B(i)$，而A、B两个项目的内含收益率 i_A 和 i_B 也均大于利率 i，且 $i_A > i_B$，因此无论在净现值法下还是在内含收益率法下，A、B两个项目都是值得投资的项目，且项目A比项目B更值得投资。

（4）当 $i < i^*$ 时，A、B两个项目的净现值 $NPV_A(i)$ 和 $NPV_B(i)$ 均大于0，且 $NPV_A(i) < NPV_B(i)$，而A、B两个项目的内含收益率 i_A 和 i_B 均大于利率 i，且 $i_A > i_B$，因此无论在净现值法还是在内含收益率法下，A、B两个项目都是值得投资的项目。但在净现值法下项目B更值得投资，而在内含收益率法下项目A更值得投资。

通过上述四种情况，我们发现在判断某投资项目是否值得投资时，净现值法和内含收益率法的结论都是一致的。但在第（4）种情况下，判断哪个项目更值得投资时，净现值法与内含收益率法的结论出现了不一致的情况。

通过之前的分析可知，在求解项目的价值等式时，有时可能出现内含收益率无解或多个解的情况，此时内含收益率法将无法应用。而通过对图10-2的分析可知，即使项目求解出唯一的内含收益率，在比较不同项目哪个更值得投资时，净现值法与内含收益率法的结论也可能不一致。因此，实务中通常净现值法比内含收益率法更加实用可靠。净现值法本质上与积累利润法相一致，其判断项目是否可取及哪个项目更可取的依据是实实在在的积累利润，而内含收益率法所比较的依据是一种抽象的参数，有时这一参数会因为项目收入、支出现金流发生时点的不同而无法表征项目的真实获利能力。

【例10-7】一个投资者考虑在以下两个产品中选择投资：

产品X：投资价格为10 000元，投资者将在接下来的15年内，以每季度末得到一次支付的形式，每年获得1 000元；

产品Y：投资价格为11 000元，投资者将在接下来的18年内，每年年末获得605元，在第18年年末获得投资本金11 000元。

投资者的再投资收益率为4%，请：（1）判断这两种产品是否值得投资；（2）如果这两种产品均值得投资，那么哪种产品更值得投资？

解：产品X的净现值方程为：

$NPV_X(i) = -100\ 000 + 1\ 000a_{\overline{15}|}^{(4)}$

令 $NPV_X(i) = 0$，可得产品X的内含收益率 $i_X = 5.88\%$。

产品Y的净现值方程为：

$NPV_Y(i) = -11\ 000 + 605a_{\overline{18}|} + 11\ 000v^{18}$

令 $NPV_Y(i) = 0$，可得产品Y的内含收益率 $i_Y = 5.5\%$。

（1）由于投资者的再投资收益率为4%，可知 $i_X > 4\%$，$i_Y > 4\%$，即这两种产品的内含收益率均大于投资者的再投资收益率，因此在内含收益率法下，这两种产品均值得投资。同时，我们可以计算得到 $NPV_X(4\%) = 1\ 284 > 0$，$NPV_Y(4\%) = 2\ 089 > 0$，即这两种产品的净现值均大于0，因此在净现值法下，这两种产品也均值得投资。

（2）由计算可知 $i_X > i_Y$，$NPV_Y(4\%) > NPV_X(4\%)$，此时用净现值法和内含收益率法判断哪种产品更可值得投资，会出现结论不一致的情况。由于产品的获利能力是评价其是否更值得投资的最直接有效的指标，因此采用净现值法，判断产品Y更值得投资。

值得注意的是，再投资收益率的选择对项目评估的影响非常大。上例中，如果投资者的再投资收益率为5.75%，则产品Y将面临亏损，而产品X仍可获利。

10.2 需进行外部融资时

目前，我们一直假设投资者用自有资金进行投资，因此投资的支出和收入可按同一利率进行积累。但在实务中，项目投资有时需要进行外部融资，即项目投资的资金来源于外部的贷款。此时，需要考虑借入资金的利率与再投资收益率不一致的情况。当投资者需要融资时，往往需要面临借入资金利率大于再投资收益率（如银行贷款利率高于存款利率）的情况。当借入资金的利率与再投资收益率不一致时，前面介绍的净现值法和内含收益率法都可能出现无法计算的情况。最谨慎的做法是，根据不同时点及投资的实际盈亏情况，选择使用借入资金利率或再投资收益率计算项目的净现金流积累值。

10.2.1 关注不同还款模式

在某些情况下，我们还要考虑投资者借入资金时被要求的还款模式。如果贷款允许灵活偿还，即随时有钱随时还，那么项目在任何时候的任何现金收入都应首先用于偿还贷款本息，因此在贷款还清之前，项目的现金流应以借入资金利率进行积累。如果贷款不允许灵活偿还，即每期只允许偿还当期利息，而本金只能等到贷款到期日偿还，那么项目在任何时候的任何现金收入都只能偿还贷款利息，收入中多于利息的金额只能以借出资金的利息进行积累。

【例10-8】某人贷款50 000元投资一个项目，贷款期限为2年，贷款年实际利率为7%，且贷款为非灵活偿还模式，每月月末允许偿还贷款利息，到期才能偿还本金。投资项目每月月末能够给投资者提供2 400元的收入，且投资者可将项目收入再次投资，再投资的年实际利率为5.5%，请计算投资者在2年后的积累利润。

解：贷款每月需支付的利息金额为：

$50\ 000 \times \left[(1 + 7\%)^{1/12} - 1\right] = 282.7073$（元）

投资者在2年后的积累利润为：

$$
\begin{aligned}
AV &= 12\times(2\,400-282.7073)s_{\overline{2}|@5.5\%}^{(12)}-50\,000\\
&= 12\times 2\,117.2927\times\frac{(1+5.5\%)^2-1}{12\times[(1+5.5\%)^{1/12}-1]}-50\,000\\
&= 3\,515.90(元)
\end{aligned}
$$

【例10-9】一个5年期的项目C，其现金流如下：

第1年的初始投资为100 000元；

第5年年末获得投资回报140 000元。

一个3年期的项目E，其现金流如下：

第1年的初始投资为80 000元，第1年年末获得投资回报10 000元；

第2年年初追加投资20 000元，第2年末获得投资回报30 000元；

第3年年初追加投资5 000元；第3年年末获得投资回报87 000元。

一个公司需要在项目C和项目E之间进行选择，且该公司需要通过贷款的方式进行项目融资。已知项目贷款不允许灵活偿还，即每期只允许偿还当期贷款利息，而本金只能等到贷款到期日一次性偿还。该公司贷款年利率为6.25%，而收入资金进行再投资的年利率仅为4%，请计算这两个项目在第5年年末的积累利润。

解：项目C：贷款到期前没有任何现金流入，因此应使用贷款利率计算积累值。项目C第5年年末的积累利润为：

$$140\,000-100\,000\times(1+6.25\%)^5=4\,591.88\ (元)$$

项目E：第1年年末项目获得10 000元投资回报，扣除贷款利息5 000元（80 000 × 6.25%）后，还剩5 000元（10 000 − 5 000），而此时项目要求追加投资20 000元，因此需要追加贷款15 000元（20 000 − 5 000）；

第2年年末项目获得30 000元投资回报，扣除贷款利息5 937.50元（(80 000 + 15 000) × 6.25%）后，还剩24 062.50元（30 000 − 5 937.50），而此时项目要求追加投资5 000元，因此追加投资后还剩余19 062.50元（24 062.50 − 5 000）；

第3年年末项目获得87 000元投资回报，扣除贷款利息5 937.50元（(80 000 + 15 000) × 6.25%）后，还剩81 062.50元（87 000 − 5 937.50），第2年年末项目剩余回报金额按再投资收益率积累为19 825元（19 062.50 × (1 + 4%)），而此时项目结束需偿还贷款本金95 000元，因此项目的积累利润为5 887.50元（81 062.50 + 19 825 − 95 000）；

第3年之后贷款已经还清，项目利润应按再投资收益率积累，因此第5年年末项目的积累利润为6 367.92元（5 887.50 × $(1+4\%)^2$）。

10.2.2 折现偿还期

当项目的投资资金需要外部融资时，另一个值得计算的有用指标是项目的折现偿还期。简单来说，项目的折现偿还期就是项目还清债务的时点。实务中，当贷款为灵活还款模式时，很多项目都存在唯一一个积累利润由负转正的时点，在该时点之前，项目的现金收入需要全部用来偿还债务，因此积累利润始终为负，而在该时点之后，项目的债务已全部还清，现金收入可以用于再投资，因此积累利润开始为正。如果项目存在一个积累利润由负转正的时点，那么该时点也是项目净现值由负转正的时刻，因此该时点被称为项目的折现偿还期（Discounted Payback Period，DPP）。

假设某项目需要通过贷款的方式获得投资资金，且该贷款为灵活还款模式，贷款利率为i_1，项目收入进行再投资的收益率为i_2。项目存在唯一一个积累利润由负转正的时点t_1，该时点被定义为使$A(t)\geqslant 0$的最小t值，其中：

$$A(t)=\sum_{s\leqslant t}C_s(1+i_1)^{t-s}+\int_0^t\rho(s)(1+i_1)^{t-s}ds \tag{10-3}$$

值得注意的是，式（10-3）中只出现贷款利率i_1，并没有出现再投资收益率i_2，即t_1的计算只依赖于i_1不依赖于i_2。假设项目在T时刻结束，则从t_1时刻开始项目不再需要偿还债务，净现金流应按照再投资收益率i_2积累，因此T时刻项目的积累利润为：

$$P=A(t_1)(1+i_2)^{T-t_1}+\sum_{s>t_1}C_s(1+i_2)^{T-s}+\int_{t_1}^T\rho(s)(1+i_2)^{T-s}ds$$

在其他条件近似的情况下，拥有更短折现偿还期的项目优于拥有更长折现偿还期的项目，因为更短的折现偿还期意味着项目更早开始盈利。

【例 10-10】 一个投资者以年实际利率8%借入资金50 000元用于投资一个项目，项目预期在接下来的15年内，每年年末为投资者带来7 500元的收入，请计算项目的折现偿还期。

解：第t（t为整数）年年末的积累利润可表示为：

$$A(t)=-50\,000(1+i)^t+7\,500s_{\overline{t|}}$$

令$A(t)\geqslant 0$，得到：

$$-50\,000(1+i)^t+7\,500s_{\overline{t|}}\geqslant 0\Rightarrow 7\,500s_{\overline{t|}}\geqslant 50\,000(1+i)^t$$

不等式两边同时除以$(1+i)^t$，得到：

$$7\,500a_{\overline{t|}}\geqslant 50\,000\Rightarrow a_{\overline{t|}}\geqslant\frac{20}{3}$$

$$\Rightarrow\frac{1-(1+8\%)^{-t}}{8\%}\geqslant\frac{20}{3}$$

$$\Rightarrow(1.08)^t\geqslant\frac{15}{7}$$

$$\Rightarrow t\ln 1.08\geqslant\ln\left(\frac{15}{7}\right)$$

$$\Rightarrow t\geqslant 9.90(\text{年})$$

因此，项目的折现偿还期为10年。

【例 10-11】 一个投资者以9%的年实际贷款利率贷款投资了一个6年期的项目，项目现金流如下：0时刻初始投资500 000元；前5年有连续现金收入，支付率为200 000元/年；前5年有连续费用支出，支付率为40 000元/年；第6年年末处理项目有50 000元残值收入。假设贷款为灵活还款模式，请计算项目的折现偿还期。

解：设贷款的折现偿还期为t，可得：

$$-500\,000+(200\,000-40\,000)\bar{a}_{\overline{t|}}=0$$

$$\Rightarrow\bar{a}_{\overline{t|}}=\frac{500\,000}{160\,000}=3.125$$

$$\Rightarrow\frac{1-\nu^t}{\delta}=3.125$$

$$\Rightarrow\nu^t=1-3.125\delta$$

$$\Rightarrow t\ln\nu=\ln[1-3.125\ln(1+i)]$$

$$\Rightarrow t=3.64(\text{年})$$

【例 10-12】一个公司计划在接下来的5年内提供一项地方公共交通服务，项目的相关现金流见表10-1。

表10-1 项目的相关现金流情况

现金流业务	时间	金额/支付率
初始设立成本支出	0时刻	−2 500元
广告合同收入	1个月	+2 000元
购买机器设备支出	3个月	−20 000元
来自乘客的交通费收入*	从3个月开始往后	+10 000元/年
员工成本等其他成本支出*	从3个月开始往后	−4 000元/年
将整个项目卖出收入	5年	+5 000元

注：带*的业务现金流为连续支付现金流。

假设项目的融资贷款年利率为10%，且贷款为灵活还款模式，请计算项目的折现偿还期。

解：首先判断项目折现偿还期的区间范围。由于项目第1个月的广告合同收入为2 000元，小于初始设立成本2 500元，因此项目的积累利润不会因为第1个月的广告收入而由负转正。之后项目开始有现金流入的时间是在3个月后，因此项目的折现偿还期应该在3个月至5年之间。项目在t（$\frac{3}{12}<t<5$）时刻的积累利润为：

$$A(t)=-2\,500\times(1+10\%)^{t}+2\,000\times(1+10\%)^{t-\frac{1}{12}}-20\,000\times(1+10\%)^{t-\frac{3}{12}}+\int_{\frac{3}{12}}^{t}(10\,000-4\,000)\times(1+10\%)^{t-s}ds$$

$$=\left(-2\,500+\frac{2\,000}{1.1^{1/12}}-\frac{20\,000}{1.1^{1/4}}\right)\times1.1^{t}+6\,000\bar{s}_{\overline{t-1/4|}}$$

$$=6\,000\times\frac{1.1^{t-1/4}-1}{\ln1.1}-20\,044.9039\times1.1^{t}$$

$$=41\,425.1778\times1.1^{t}-62\,952.3521$$

令$A(t)\geqslant0$，可得：

$$41\,425.1778\times1.1^{t}-62\,952.3521\geqslant0$$
$$\Rightarrow 1.1^{t}\geqslant1.5197$$
$$\Rightarrow t\ln1.1\geqslant\ln1.5197$$
$$\Rightarrow t\geqslant4.39(\text{年})$$

因此，项目的折现偿还期为4.39年。

10.3 项目评估的其他考量

到目前为止，我们学习的项目评估方法可总结如下：（1）从最基本的方法来看，如果几个项目所需的投资金额和投资期限都比较接近，那么积累利润最高的项目就是最值得投资的项目；（2）如果项目不需要进行外部融资，那么净现值法与积累利润法等价且更有优势，而内含收益率法可作为辅助参考标准；（3）如果项目需要进行外部融资，那么要在考虑贷款偿还模式的基础上，根据项目现金流的实际情况选择合适利率计算项目积累值，此时折现偿还期法可作为辅助参考标准。

但是，项目评估所需要考量的因素绝不仅限于上述内容。在很多情况下，仅依靠上述方法去进行项目评估，是难以作出明确判断的，如项目的净现值非常接近或者不同方法之间出现冲突等。所以，我们还需要考量一些其他因素。

【例10-13】比较以下两个投资项目：（1）年初投资1元，年底获得报酬200元；（2）年初投资10 000元，年底获得报酬12 000元。

解：从报酬相对于投资额度的增长幅度来看，项目（1）的内含收益率显然远高于项目（2），但从利润额度来看，项目（2）的实际利润为2 000元，而项目（1）的实际利润只有199元，显然项目（2）的净现值会更高。由于两个项目的投资规模相差很大，不论用内含收益率法还是用净现值法去权衡两个项目的价值，都是失之偏颇的。如果投资资金不需要外部融资，那么项目（2）可能是一个不错的选择；但是，如果投资资金需要外部融资，那么项目的选择可能取决于项目（2）比项目（1）额外需要的9 999元投资资金是否能够借到，以及融资利率到底是多少。

这是一个极端的例子，在实务中，我们几乎不可能在这样两个差异如此之大的项目之间进行选择。但是，我们应该意识到虽然积累利润法、净现值法和内含收益率法是项目评估的常用方法，但实务中我们在权衡项目是否值得投资时，需要考量很多其他因素。

【例10-14】有两个投资项目如下：项目C在0时刻的初始投资为100 000元，5年后获得投资回报140 000元；项目D在0时刻的初始投资为100 000元，接下来3年内每年年末获得投资回报38 850元。

请：（1）计算上述两个项目的内含收益率；（2）在再投资收益率处于不同区间的情况下，根据内含收益率法判断哪个项目更值得投资；（3）假设再投资收益率为6.25%，计算两个项目在第5年年末的积累利润；（4）在判断哪个项目更值得投资时，需要考量的其他因素有哪些？

解：（1）设项目C的内含收益率为i_C，项目D的内含收益率为i_D。这两个项目的内含收益率分别为：

$$100\,000 \times (1 + i_C)^5 = 140\,000 \Rightarrow i_C = 6.96\%$$

$$38\,850 a_{\overline{3}|} = 100\,000 \Rightarrow a_{\overline{3}|} = 2.5740 \Rightarrow i_D = 8.06\%$$

（2）当再投资收益率小于6.96%时，这两个项目均值得投资；当再投资收益率为6.96%~8.06%时，项目D值得投资，而项目C不值得投资；当再投资收益率大于8.06%时，这两个项目均不值得投资。

（3）第5年年末这两个项目的积累利润分别为：

$$140\,000 - 100\,000 \times (1 + 6.25\%)^5 = 4\,591.88\text{（元）}$$

$$38\,850 \times (1 + 6.25\%)^2 s_{\overline{3}|} - 100\,000 \times (1 + 6.25\%)^5 = 4\,560.60\text{（元）}$$

（4）虽然$i_D > i_C$，但两个项目的内含收益率相对比较接近，用内含收益率法去判断哪个项目更值得投资不够清晰。内含收益率更高的项目D持续期限为3年，而内含收益率低一点的项目C可在持续5年内锁定收益率6.96%。所以，如果预期市场利率会在第4年和第5年下降，那么项目C是更值得投资的项目；但如果投资者在第4年和第5年有持有现金的需求，那么5年后才能获得回报的项目C不再是明智的选择。类似地，如果投资者需要通过贷款进行项目融资，而贷款要求分期偿还，那么5年后才有现金返还的项目C就可能使投资者产生还款压力，因此不是理想的选择。

10.4 项目评估问题的综合应用

【例10-15】一个投资者考虑在以下一个或两个项目上投资。两个项目的现金流如下（时间单位为年）：项目A在0时刻的初始投资为200万元，在2时刻的追加投资为400万元，在5时刻到25时刻之间获得支付率为90万元/年的连续收入；项目B在前10年每年年初投资为10万元，从第11年至第20年，每年年末分别获得回报值为X，$2X$，$3X$，…，$10X$，请：（1）当年实际利率为10%时，计算项目A的净现值；（2）证明项目A的内含收益率为9.38%；（3）如果项目B的内含收益率与项目A相同，计算X；（4）假设年实际利率为10%，当两个项目的净现值相等时，计算X；（5）假设投资者需要通过贷款进行项目融资，贷款为灵活还款模式，且贷款年利率为7%，而投资者的再投资年收益率为3%。当X=4.5万元时，计算这两个项目在第25年年末的积累利润。

解：（1）当年实际利率为10%时，项目A的净现值为：

$$NPV_A@10\% = -200 - 400\nu^2 + 90\nu^5\bar{a}_{\overline{20}|} = -31.41\text{（万元）}$$

（2）将利率9.38%代入项目A的净现值方程，得到：

$$NPV_A@9.38\% = -200 - 400\nu^2 + 90\nu^5\bar{a}_{\overline{20}|} \approx 0$$

因此，可证明项目A的内含收益率为9.38%。

（3）项目B的净现值方程为：

$$NPV_B = -10\ddot{a}_{\overline{10}|} + X\nu^{10}(\nu + 2\nu^2 + 3\nu^3 + \cdots + 10\nu^{10}) = -10\ddot{a}_{\overline{10}|} + X\nu^{10}(Ia)_{\overline{10}|}$$

当项目B的内含收益率为9.38%时，可得：

$$NPV_B@9.38\% = -10 \times 6.9037 + X \times 12.2828 = 0$$

可解得：

$$X = 5.62\text{（万元）}$$

（4）当年实际利率为10%时，这两个项目的净现值相等，因此：

$$NPV_A@10\% = NPV_B@10\%$$

$$\Rightarrow -10\ddot{a}_{\overline{10}|} + X\nu^{10}(Ia)_{\overline{10}|} = -31.41$$

$$\Rightarrow -10 \times 6.7590 + X \times 11.1946 = -31.41$$

$$\Rightarrow X = 3.23\text{(万元)}$$

（5）设项目A的折现偿还期为t_A，由于项目A的收入现金流连续，因此当利率为7%时，可得：

$$-200 - 400\nu^2 + 90\nu^5\bar{a}_{\overline{t_A-5}|} = 0$$

$$\Rightarrow \bar{a}_{\overline{t_A-5}|} = 8.5614172$$

$$\Rightarrow \nu^{t_A-5} = 0.420746$$

$$\Rightarrow (t_A - 5)\ln 1.07 = -\ln 0.420746$$

$$\Rightarrow t_A = 17.7955\text{(年)}$$

项目A从折现偿还期开始至到期日还有7.2045年（25 − 17.7955）。在再投资年收益率为3%的情况下，项目A在第25年年末的积累利润为：

$$90\bar{s}_{\overline{7.2045}|@3\%} = 722.62\text{（万元）}$$

设项目B的折现偿还期为t_B，在贷款年利率为7%情况下，可得：

$$-10\ddot{a}_{\overline{10|}}+4.5v^{10}(Ia)_{\overline{t_B-10|}}\geqslant 0\Rightarrow (Ia)_{\overline{t_B-10|}}\geqslant 32.8524$$

由此可知$(Ia)_{\overline{9|}}=29.6556$，$(Ia)_{\overline{10|}}=34.7391$，可得：

$$t_B-10=10\Rightarrow t_B=20\text{（年）}$$

项目B的积累利润在到期日才由负转正，因此项目B在第25年年末的积累利润为：

$$\left[-10\ddot{a}_{\overline{10|}@7\%}+4.5\times 1.07^{-10}(Ia)_{\overline{10|}@7\%}\right]\times 1.07^{20}\times 1.03^{5}=19.36\text{（万元）}$$

【例10-16】某投资者于2018年1月1日在A、B两个项目中进行选择。项目A需要初始投入250 000元，之后若干年的每年年末都可以获得一笔收入，第1年收入为12 000元，之后每年按6%的比例上涨，最后一次收入将发生在2025年12月31日。投资者在2025年12月31日获得最后一笔收入后可将项目A的经营权以价格320 550元出售。项目B同样需要初始投入250 000元，之后并不提供收入，但是投资者可以在2025年12月31日将项目B的经营权以价格496 230元出售。请：（1）计算两个项目在2018年1月1日的内含收益率。（2）假设投资者需要贷款以获得投资资金250 000元，贷款年实际利率为6%。该贷款不可以提前偿还本金（可随时支付利息），本金需要在2025年12月31日一次性偿还。如果在项目运营期限内需要追加投资，投资者可以继续贷款，且新贷款同样按照年实际利率6%计息，但追加新贷款的本金和利息均不可提前偿还，即新贷款的本息和需要在2025年12月31日一次性偿还。投资者获得的项目收入在支付了原贷款利息后的盈余部分可按照年实际利率4%进行再投资，计算两个项目在2025年12月31日的积累利润。

解：（1）项目A的价值等式可写为：

$$-250\,000+12\,000v+12\,000\times(1+6\%)v^2+\cdots+12\,000\times(1+6\%)^7v^8+320\,550v^8=0$$

$$\Rightarrow -250\,000+12\,000v\times(1+1.06v+\cdots+1.06^7v^7)+320\,550v^8=0$$

$$\Rightarrow -250\,000+12\,000v\times\frac{1-1.06^8v^8}{1-1.06v}+320\,550v^8=0$$

当利率为8%时，上式左边为6 519.2782；当利率为8.5%时，上式左边为-1 436.0470。

用试错法可算得：

$$IRR_A\approx 8\%+\frac{0-6\,519.2782}{-1\,436.0470-6\,519.2782}\times(8.5\%-8\%)=8.41\%$$

项目B的价值等式可写为：

$$-250\,000+496\,230v^8=0\Rightarrow IRR_B=8.95\%$$

（2）贷款每年年末需要支付的利息为：

$$250\,000\times 6\%=15\,000\text{（元）}$$

设项目A运营k年后收入足够支付当期贷款利息，可得：

$$12\,000\times(1+6\%)^{k-1}\geqslant 15\,000\Rightarrow k\geqslant 4.83\text{（年）}$$

即项目A运营前4年，每年年末收入不足以支付当期的原贷款利息，差额部分投资者需要追加贷款，而从运营第5年开始，每年年末收入足够支付原贷款利息，收入的盈余部分可以进行再投资，项目A的积累利润为：

$$\begin{aligned}&-(15\,000-12\,000)\times(1+6\%)^7-[15\,000-12\,000\times(1+6\%)]\times(1+6\%)^6-\\&[15\,000-12\,000\times(1+6\%)^2]\times(1+6\%)^5-[15\,000-12\,000\times(1+6\%)^3]\times(1+6\%)^4+\\&[12\,000\times(1+6\%)^4-15\,000]\times(1+4\%)^3+[12\,000\times(1+6\%)^5-15\,000]\times(1+4\%)^2+\\&[12\,000\times(1+6\%)^6-15\,000]\times(1+4\%)+[12\,000\times(1+6\%)^7-15\,000]+320\,550-250\,000\end{aligned}$$

$= -15\,000 \times (1+6\%)^4 s_{\overline{4}|@6\%} + 4 \times 12\,000 \times (1+6\%)^7 + 12\,000 \times$

$(1.06^4 \times 1.04^3 + 1.06^5 \times 1.04^2 + 1.06^6 \times 1.04 + 1.06^7) - 15\,000 s_{\overline{4}|@4\%} + 70\,550$

$= -82\,842.7786 + 72\,174.2524 + 70\,157.1576 - 63\,696.96 + 70\,550$

$= 66\,341.67$(元)

项目B的积累利润为：

$496\,230 - 250\,000 \times (1+6\%)^8 = 97\,767.98$（元）

【例10-17】某儿童教育机构想要把业务拓展到另一个城市，初始创立成本（项目开始时刻支付）预期为400 000元。项目前2年，场所租金和员工薪酬每年共支付960 000元，分别在每月月末支付。2年后，支付的场所租金和员工薪酬将逐月增加800元（每月月末支付）。

项目运营前3年的预计销售材料和课程的年总收入情况，见表10-2。

表10-2 预计销售材料和课程的年总收入情况

时间（年）	销售材料（元）	销售课程（元）
1	320 000	160 000
2	960 000	960 000
3	1 120 000	1 280 000

同一年度内，每月收入均相等且在每月月初获得，但第1年是从第8个月才开始获得销售收入。项目从运营第4年开始，每月月初获得的销售收入（材料+课程）预计按0.5%的比例逐月上涨。请计算：（1）假设该机构永续经营，当年实际利率为7%时，项目的净现值；（2）假设年实际利率为7%，项目在第5年年末的积累利润；（3）假设项目设立1年后该机构决定将项目卖出，可获得的实际年收益率为8%，项目的卖出价格。

解：（1）设月实际利率为j，可得：

$j = (1+7\%)^{1/12} - 1 = 0.5654\%$

以下计算基于月实际利率j。项目的净现值为：

$$-400\,000 - \frac{960\,000}{12} a_{\overline{\infty}|@j} - 800\nu^{24}(Ia)_{\overline{\infty}|@j} + \left(\frac{320\,000+160\,000}{5}\right) a_{\overline{5}|@j}\nu^6 + \left(\frac{960\,000+960\,000}{12}\right) a_{\overline{12}|@j}\nu^{11} +$$

$$\left(\frac{1\,120\,000+1\,280\,000}{12}\right) a_{\overline{12}|@j}\nu^{23} + \left(\frac{1\,120\,000+1\,280\,000}{12}\right) \times (1+0.5\%)\nu^{36} + \left(\frac{1\,120\,000+1\,280\,000}{12}\right) \times$$

$$(1+0.5\%)^2\nu^{37} + \left(\frac{1\,120\,000+1\,280\,000}{12}\right) \times (1+0.5\%)^3\nu^{38} + \cdots$$

$$= -400\,000 - 80\,000 \times \frac{1}{j} - 800\nu^{24} \times \lim_{n\to\infty}\frac{\ddot{a}_{\overline{n}|} - n\nu^n}{j} + 96\,000 \times \frac{1-\nu^5}{j}\nu^6 + 160\,000 \times \frac{1-\nu^{12}}{j}\nu^{11} +$$

$$200\,000 \times \frac{1-\nu^{12}}{j}\nu^{23} + 200\,000 \times (1+0.5\%)\nu^{36} \times [1 + (1+0.5\%)\nu + (1+0.5\%)^2\nu^2 + \cdots]$$

$$= -400\,000 - 14\,149\,274.8497 - 800\nu^{24} \times \frac{1}{j} \times \left[\frac{1}{d} - \lim_{n\to\infty}\frac{n}{(1+j)^n}\right] + 456\,276.7898 + 1\,739\,976.2136 +$$

$$2\,032\,682.4925 + 200\,000 \times (1+0.5\%)\nu^{36} \times \frac{1}{1-(1+0.5\%)\nu}$$

$$= -10\,320\,339.3538 - 800\nu^{24} \times \frac{1}{j} \times \left[\frac{1}{d} - \lim_{n\to\infty}\frac{1}{(1+j)^n\ln(1+j)}\right] + 252\,242\,980.3434$$

$= 241\,922\,640.9896 - 800v^{24} \times \dfrac{1}{j} \times \dfrac{1}{d}$

$= 241\,922\,640.9896 - 21\,981\,043.4189$

$= 219\,941\,597.57$(元)

（2）项目前5年的净现值为：

$$-400\,000 - \frac{960\,000}{12}a_{\overline{60}|@j} - 800v^{24}(Ia)_{\overline{36}|@j} + (\frac{320\,000+160\,000}{5})a_{\overline{5}|@j}v^{6} + (\frac{960\,000+960\,000}{12})a_{\overline{12}|@j}v^{11} + (\frac{1\,120\,000+1\,280\,000}{12})a_{\overline{12}|@j}v^{23} + (\frac{1\,120\,000+1\,280\,000}{12}) \times (1+0.5\%)v^{36} + (\frac{1\,120\,000+1\,280\,000}{12}) \times (1+0.5\%)^{2}v^{37} + \cdots + (\frac{1\,120\,000+1\,280\,000}{12}) \times (1+0.5\%)^{24}v^{59}$$

$$= -400\,000 - 4\,060\,933.0090 - 800v^{24} \times 581.3064 + 456\,276.7898 + 1\,739\,976.2136 + 2\,032\,682.4925 + 200\,000 \times (1+0.5\%)v^{36} \times \frac{1-(1+0.5\%)^{24}v^{24}}{1-(1+0.5\%)v}$$

$= -638\,185.9313 + 3\,908\,504.6047$

$= 3\,270\,318.6734$(元)

项目在第5年年末的积累利润为：

$3\,270\,318.6734 \times (1+j)^{60} = 4\,586\,791.12$（元）

（3）设出卖项目的实际月收益率为i，可得：

$i = (1+8\%)^{1/12} - 1 = 0.6434\%$

以下计算基于月实际利率i，设出卖价格为X，可得：

$$-400\,000 - \frac{960\,000}{12}a_{\overline{12}|@i} + (\frac{320\,000+160\,000}{5})a_{\overline{5}|@i}v^{6} + Xv^{12} = 0$$

$$\Rightarrow -400\,000 - 80\,000a_{\overline{12}|@i} + 96\,000a_{\overline{5}|@i}v^{6} + Xv^{12} = 0$$

$$\Rightarrow X = \frac{400\,000 + 80\,000a_{\overline{12}|@i} - 96\,000a_{\overline{5}|@i}v^{6}}{v^{12}}$$

$$= \frac{400\,000 + 921\,032.9384 - 453\,099.2219}{v^{12}}$$

$= 937\,368.41$(元)

【例10-18】已知项目A、B的现金流（见表10-3），请计算：（1）这两个项目的内含收益率；（2）假设实际年收益率为7%，这两个项目的净现值；（3）如果项目投资的资金需要贷款，贷款利率分别超过多少时，这两个项目的利润开始为负。

表10-3 **项目A、B的现金流**

项目	项目A	项目B
初始投资	350 000元	400 000元
其他费用	第1年年末支付40 000元	—
	第2年年末支付15 000元	—
收入	第1年年末收到40 000元	前6年每年年末收到28 000元
	第2年年末收到40 000元	
	第3年年末收到410 000元	第6年年末收到410 000元

解：（1）项目A的价值等式可写为：

$$-350\,000-40\,000v-15\,000v^2+40\,000v+40\,000v^2+410\,000v^3=0$$
$$\Rightarrow 25\,000v^2+410\,000v^3=350\,000$$

当利率为7%时，上式左边为356 518.0977；当利率为8%时，上式左边为346 904.6893。

用试错法可算得：

$$i_A \approx 7\%+\frac{350\,000-356\,518.0977}{346\,904.6893-356\,518.0977}\times(8\%-7\%)=7.68\%$$

项目B的价值等式可写为：

$$-400\,000+28\,000a_{\overline{6}|}+410\,000v^6=0 \Rightarrow 14a_{\overline{6}|}+205v^6=200$$

当利率为7%时，上式左边为203.3317；当利率为8%时，上式左边为193.9051。

用试错法可算得：

$$i_B \approx 7\%+\frac{200-203.3317}{193.9051-203.3317}\times(8\%-7\%)=7.35\%$$

（2）两个项目的净现值分别为：

$$NPV_A=-350\,000+25\,000v^2+410\,000v^3@7\%=6\,518.10(\text{元})$$
$$NPV_B=-400\,000+28\,000a_{\overline{6}|}+410\,000v^6@7\%=6\,663.42(\text{元})$$

（3）由（1）项的计算结果可知，当贷款利率超过7.35%时，项目B的利润开始为负；当贷款利率超过7.68%时，项目A的利润开始为负。

【例10-19】一个保险公司考虑在一个新的城市开设分公司。保险公司预期12年后取得新融资将变得困难，因此制定了两个预期目标：（1）项目的年实际内含报酬率要高于9%；（2）在年实际利率为7%的情况下，项目的折现偿还期要小于12年。开设分公司可能产生的现金流如下：

现金流出：从现在开始至第3年年末，即分公司开始运营的期间，保险公司需要每年支付1 200万元用于调研、开发和市场营销，这笔支出将形成一个连续支付现金流，支付率为常数。3年后分公司将面临每年240万元的场所租赁费，在每季度的季初支付，持续12年。分公司开始运营后，还将产生员工工资成本，预计第1年为800万元，从第2年开始以每年5%的比例上涨，持续支付12年（员工工资一共支付12年）。员工工资在每年年初支付。

现金流入：保险公司预计在分公司开始运营后的前3年内，销售保险产品可产生支付率为800万元/年的连续现金流收入，之后3年内，连续现金流收入的支付率将上涨至1 520万元/年，在之后的6年内，连续现金流收入的支付率将上涨至2 000万元/年。从现在算起15年后，保险公司可以将分公司转让，获得6 400万元的收入。

请判断保险公司是否能实现这两个目标。

解：当年内含报酬率为9%时，项目的净现值为：

$$\begin{aligned}NPV@9\% &= -1\,200\bar{a}_{\overline{3}|}-240\ddot{a}^{(4)}_{\overline{12}|}v^3-v^3\times[800+800\times(1+5\%)v+800\times(1+5\%)^2v^2+\cdots+\\&\quad 800\times(1+5\%)^{11}v^{11}]+800\bar{a}_{\overline{3}|}v^3+1\,520\bar{a}_{\overline{3}|}v^6+2\,000\bar{a}_{\overline{6}|}v^9+6\,400v^{15}\\&=-3\,172.2805-1\,400.8973-800v^3\times\frac{1-(1+5\%)^{12}v^{12}}{1-(1+5\%)v}+1\,633.0551+2\,395.9345+\\&\quad 4\,314.1032+1\,757.0435\\&=-558.57(\text{元})\end{aligned}$$

此时，项目的净现值为负，项目的实际年内含报酬率小于9%。

当年内含报酬率为7%时，截至第12年年末，项目的现金流在0时刻的现值为：

$$NPV_{t=12}@7\% = -1\,200\bar{a}_{\overline{3}|} - 240\ddot{a}_{\overline{9}|}^{(4)}v^3 - v^3 \times [800 + 800\times(1+5\%)v + 800\times(1+5\%)^2v^2 + \cdots + 800\times(1+5\%)^8v^8] + 800\bar{a}_{\overline{3}|}v^3 + 1\,520\bar{a}_{\overline{3}|}v^6 + 2\,000\bar{a}_{\overline{3}|}v^9$$

$$= -3\,258.1577 - 1\,331.7795 - 800v^3 \times \frac{1-(1+5\%)^9v^9}{1-(1+5\%)v} + 1\,773.0848 + 2\,749.9942 + 2\,953.7032$$

$$= -2\,569.71(\text{元})$$

截至第12年年末，项目现金流的净现值仍为负，因此项目的实际折现偿还期大于12年。

本章小结

当投资者考虑如何利用有限资本进行投资时，需要评估几个备选投资项目的优劣。常用的项目评估方法包括积累利润法、净现值法、内含收益率法和折现偿还期法。

从最基本的方法来看，如果几个项目所需的投资金额和投资期限都比较接近，那么积累利润最高的项目就是最值得投资的项目；如果项目不需要进行外部融资，那么可以用同一个利率对项目净现金流进行积累和贴现，此时净现值法与积累利润法等价且更有优势，而内含收益率法可作为辅助参考标准；如果项目需要进行外部融资，那么需要考虑借入资金的利率与再投资收益率不一致的情况，在考虑贷款不同偿还模式的基础上，根据项目现金流的实际情况选择合适利率计算项目积累值，此时折现偿还期法可作为辅助参考标准。

实务中，项目评估往往需要考量多方面的因素，投资者需要根据投资者的实际情况、市场趋势、投资项目的特点等其他因素作出综合评价。

关键概念

积累利润法　净现值法　内含收益率法　再投资收益率　外部融资　还款模式　灵活还款模式　借入资金利率　折现偿还期

综合训练

1. 一个投资者向银行贷款200 000元（采用灵活偿还模式），贷款的年实际利率为8%。投资者用这笔贷款购买了一项25年期的年金，年金每年的支付金额为24 000元，每半年支付一次。投资者首先将每次的年金收入用来偿还贷款，当贷款偿还完毕后，投资者可将年金收入用于再投资，再投资年收益率为5%，请计算：（1）这项年金的折现偿还期；（2）投资者在年金期满时的积累利润。

2. 某公司考虑进行一个项目投资，项目需要3次投入，每次520 000元，第1次投资在项目开始时，第2次投资在项目开始的6个月后，第3次投资在项目开始的1年后。项目开始15年后将需要一次基础设备的修整，预计花费400 000元。项目开始后预计第1年没有收入，从第2年开始将获得连续现金流收入，第2年收入的支付率为100 000元/年，第3年收入的支付率为115 000元/年，第4年收入的支付率为130 000元/年，第5年收入的支付率为145 000元/年。此后，每年收入的支付率按3%的比例逐年上涨。项目收入将在项目开始后第30年年末结束。假设年实际利率为8%，请计算：（1）项目的净现值；（2）项目的折现偿还期。

3. 某公司考虑投资一个资本项目。项目成本包括：第1年年初投入60万元；之后第k年年初投入$6 \times 1.03^{k-2}$（$k = 2, 3, \cdots, 10$）万元。项目回报包括：前5年每年年末收入25万元；第6年至第10年每年均比前一年增加3万元。假设该公司可接受的内含收益率为10%，请计算：（1）项目的净现值；（2）项目的折现偿还期。

4. 某公司计划开展一个项目，将旧机器设备修理翻新后重新出租。该公司在接下来的5年内将分别在每年年初花费500 000元购入一台旧机器设备（共5台）。每台设备在购入后的1年内需要进行修理翻新，成本为25 000元，且为连续支付。每台设备修理翻新完成后，都可以进行出租，每台设备每年可获得租金收入50 000元，租金每月月末支付。每台设备在修理翻新后的第10年均被卖出，单价为700 000元。该公司聘请了一个经理来运营这一项目，经理的工资为每年60 000元，每月月末支付。（1）假设年实际利率为4%，请计算项目的净现值；（2）当最后一台设备出售时，请计算项目的积累利润。

5. 某投资者以年实际利率10%贷款25 000元（采用灵活偿还模式）进行项目投资。项目的回报构成一个10年期连续支付现金流，支付率为7 500元/年，请计算项目的折现偿还期。

第10章综合训练答案

第11章

基本复利问题

目标引领

价值塑造

本章涉及的金融产品主要属于证券类产品，由中国证券监督管理委员会监管。通过向学生介绍中国证券监督管理委员会的发展历程，引导学生了解中国证券类产品的监管情况，理解证券监督管理对证券产品良性发展的重要意义。

知识传授

通过本章的知识，学会在不考虑税收的情况下，计算固定收益债券的价格、赎回收益率（Redemption Yield）和运行收益率（Running Yield）；学会在考虑所得税和资本增益税的情况下，计算固定收益债券的价格和收益率；学会计算投资者愿意为可赎回债券支付的最高价格和可能获得的最低收益率；学会在给定条件下计算股票和不动产价格、收益率；学会在通货膨胀的情况下，计算指数连结债券的价格和收益率。

思维导图

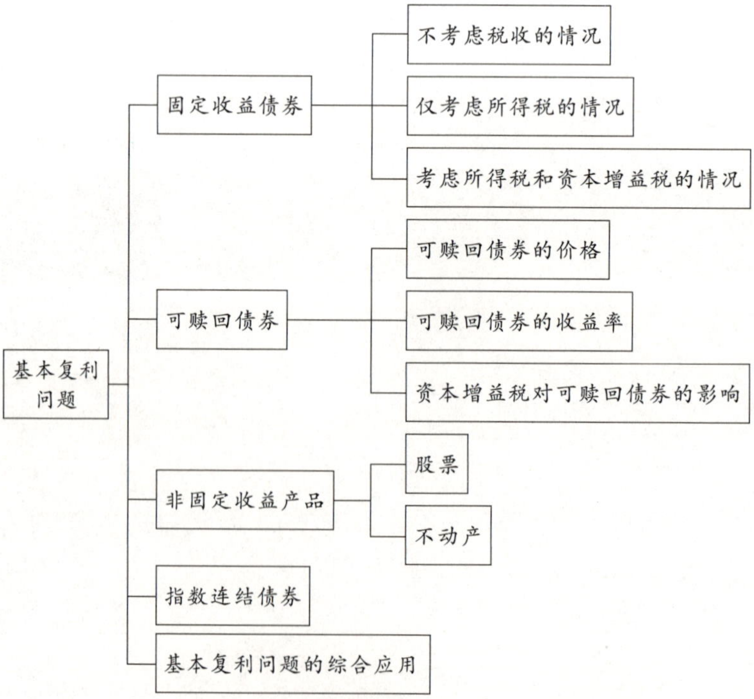

开篇导读

本章我们将运用利息理论解决常见金融产品的基本复利问题。

常见金融产品包括固定收益类证券、可赎回债券、股票、不动产、指数连结债券等。其中，大部分产品属于证券类产品，由中国证券监督管理委员会监管。

启智增慧11-1
中国证券监督管理委员会历史沿革

对于常见的金融产品，基本复利问题通常包括：（1）在给定收益率的情况下，计算某种产品的价格；（2）在给定某种产品价格的情况下，计算某种产品的收益率。实务中，我们要考虑的其他问题包括所得税、资本增益税的影响以及通货膨胀率的影响。

11.1 固定收益债券

11.1.1 不考虑税收的情况

假设一种n年期固定收益债券，每年分p次期末支付票息，每年总票息金额为D，赎回值为R。在不考虑税收的情况下，当每年实际利率为i时，债券的价值等式为：

$$P = Da_{\overline{n|}@i}^{(p)} + Rv^n \qquad (11\text{-}1)$$

更常见的是，当票息为每半年支付1次时，上式可具体地写为：

$$P = Da_{\overline{n|}@i}^{(2)} + Rv^n$$

我们也可以以半年为一个度量期，因此每半年的实际利率为i'，且$(1+i')^2 = 1+i$，债券的价值等式可表示为：

$$P = \frac{D}{2}a_{\overline{2n|}@i'} + Rv'^{2n}$$

【例11-1】 一个免税的投资者购买了一种新发行的5年期固定收益债券，面值为10 000元，到期按面值赎回，年票息率为8%，票息每半年支付1次，请计算债券价格为多少时，才能够给投资者带来10%的年收益率。

解：债券年票息率为8%，可求得债券的年票息额为800元（10 000 × 8%）。债券价格为：

$$P = 800a_{\overline{5|}}^{(2)} + 10\,000v^5 = 800 \times 3.8833 + 10\,000 \times 1.1^{-5} = 9\,315.85(\text{元})$$

给定债券价格P，求式（11-1）中的利率i，即债券的内含收益率或赎回收益率。赎回收益率是假设投资者将债券持有到赎回日而获得的收益率，该收益率需要与运行收益率相区别。运行收益率是债券年票息金额除以债券价格的比率（D/P），是投资者购买债券开始“运行”就可以计算的收益率（忽略赎回值）。

【例11-2】 请计算例11-1中债券的运行收益率。

解：投资者购买债券的价格为9 315.85元，债券年票息金额为800元，因此债券的运行收益率为：

$$\frac{800}{9\,315.85} \times 100\% = 8.59\%$$

在不考虑税收的情况下，求得的赎回收益率被称为“毛赎回收益率（Gross Redemption Yield，GRY）”，考虑税收后的赎回收益率被称为“净赎回收益率（Net Redemption Yield，NRY）”。

【例 11-3】一个免税的投资者支付10 500元购买了一种新发行的5年期固定收益债券，面值为10 000元，到期按面值赎回，年票息率为8%，票息每半年支付1次，请计算投资者的毛赎回收益率。

解：债券的价值等式为：

$$10\,500 = 800a_{\overline{5}|}^{(2)} + 10\,000v^5$$

当利率为6%时，价值等式的右边为：

$$800a_{\overline{5}|@6\%}^{(2)} + 10\,000 \times 1.06^{-5} = 10\,892.28\text{（元）}$$

当利率为7%时，价值等式的右边为：

$$800a_{\overline{5}|@7\%}^{(2)} + 10\,000 \times 1.07^{-5} = 10\,466.45\text{（元）}$$

用线性插值法估计利率为：

$$i \approx 6\% + \frac{10\,500 - 10\,892.28}{10\,466.45 - 10\,892.28} \times (7\% - 6\%) = 6.92\%$$

【例 11-4】一种10.5年期的债券，年票息率为6%，票息每半年支付1次，到期按面值的110%赎回。一个不需要纳税的投资者，以每100元面值90元的价格购买了债券，请计算投资者购买债券获得的内含报酬率。

解：价值等式可写为：

$$90 = 100 \times 6\% a_{\overline{10.5}|}^{(2)} + 110v^{10.5}$$

当i=8%时，上式右边为91.4152；当i=9%时，上式右边为85.0730。

用试错法可算得：

$$IRR \approx 8\% + \frac{90 - 91.4152}{85.0730 - 91.4152} \times (9\% - 8\%) = 8.22\%$$

11.1.2 仅考虑所得税的情况

投资者购买债券获得的票息属于投资者的收入，需要支付所得税，而投资者在债券到期日获得的赎回值属于本金返还的性质，需要为其超过价格的部分支付资本增益税。资本增益税将在下一节介绍。由债券的价值等式可知，投资者愿意为债券支付的价格等于债券未来带来的收入现金流的现值。在考虑所得税的情况下，投资者能够得到的实际票息收入是扣除所得税之后的金额。假设一种n年期固定收益债券，每年分p次期末支付票息，每年总票息金额为D，赎回值为R。假设投资者适用的所得税税率为t_1，且该项所得税在投资者获得票息收入时支付。在收益率为i的情况下，考虑所得税后债券的价值等式可表示为：

$$P' = (1 - t_1)Da_{\overline{n}|@i}^{(p)} + Rv^n \tag{11-2}$$

【例 11-5】一个投资者购买了一种新发行的5年期固定收益债券，面值为10 000元，到期按面值赎回，年票息率为8%，票息每半年支付1次，投资者适用的所得税税率为25%，请计算债券价格为多少时，才能够给投资者带来10%的年收益率。

解：债券价格为：

$$P = (1 - 25\%) \times 800a_{\overline{5}|}^{(2)} + 10\,000v^5 = 600 \times 3.8833 + 10\,000 \times 1.1^{-5} = 8\,539.19\text{(元)}$$

由于投资者需要为票息收入支付所得税，每年800元的票息收入投资者实际上只能得到600元，因此投资者愿意支付的价格也由9 315.85元下降到8 539.19元。

给定债券价格P，求式（11-2）中的利率i，即考虑所得税后债券的净赎回收益率。

【例11-6】一个投资者支付9 000元购买了一种新发行的5年期固定收益债券，面值为10 000元，到期按面值赎回，年票息率为8%，票息每半年支付1次，投资者适用的所得税税率为25%，请计算所得税后投资者的净赎回收益率。

解：债券的价值等式为：

$$9\,000 = (1 - 25\%) \times 800a_{\overline{5}|}^{(2)} + 10\,000v^5$$

当利率为8%时，价值等式的右边为：

$$(1 - 25\%) \times 800a_{\overline{5}|@8\%}^{(2)} + 10\,000 \times 1.08^{-5} = 9\,248.45\text{（元）}$$

当利率为9%时，价值等式的右边为：

$$(1 - 25\%) \times 800a_{\overline{5}|@9\%}^{(2)} + 10\,000 \times 1.09^{-5} = 8\,884.48\text{（元）}$$

用线性插值法估计净赎回收益率为：

$$i \approx 8\% + \frac{9\,000 - 9\,248.45}{8\,884.48 - 9\,248.45} \times (9\% - 8\%) = 8.68\%$$

在某些国家和地区，债券票息的所得税并不要求在取得收入时支付，而是可以延后一段时间支付，如要求每次取得票息收入后2个月支付所得税，或者要求每年取得的总票息收入在年底一次性支付所得税等。我们需要根据具体的税收要求调整债券的价值等式。

假设债券每半年支付1次票息，且票息的所得税需在投资者每次取得票息收入后$k(0 < k < 1)$年收取，债券的净赎回收益率为i。考虑所得税后债券的价值等式可表示为：

$$P' = Da_{\overline{n}|@i}^{(2)} + Rv^n - t_1 Dv^k a_{\overline{n}|@i}^{(2)}$$

【例11-7】一个投资者购买了一种新发行的10年期固定收益债券，面值为10 000元，到期按面值赎回，年票息率为6%，票息每半年支付1次。投资者适用的所得税税率为15%，且票息的所得税需要在投资者每次获得票息后4个月支付，请计算债券价格为多少时，才能够给投资者带来9%的净赎回收益率。

解：债券价格为：

$$\begin{aligned} P' &= 10\,000 \times 6\% a_{\overline{10}|@9\%}^{(2)} + 10\,000v^{10} - 15\% \times 10\,000 \times 6\% v^{4/12} a_{\overline{10}|@9\%}^{(2)} \\ &= 600 \times 6.5589 + 10\,000 \times 1.09^{-10} - 90 \times 1.09^{-4/12} \times 6.5589 \\ &= 7\,585.86(\text{元}) \end{aligned}$$

假设债券每半年支付1次票息，且票息的所得税以投资者每年取得的总票息收入为基础，在年底一次性收取。令投资者购买债券开始至年底的时间长度为k年，债券的净赎回收益率为i。当$0 < k < 0.5$时，投资者购买债券当年没有票息收入，所得税后债券的价值等式可表示为：

$$P' = Da_{\overline{n}|@i}^{(2)} + Rv^n - t_1 Dv^k a_{\overline{n}|}$$

当$0.5 < k < 1$时，投资者购买债券当年有一次债券收入，所得税后债券的价值等式可表示为：

$$P' = Da_{\overline{n}|@i}^{(2)} + Rv^n - t_1 \frac{D}{2} v^k - t_1 Dv^k a_{\overline{n-1}|@i} - t_1 \frac{D}{2} v^{n+k}$$

由于税收制度可能存在其他情况，因此债券的价值等式需要根据税收的具体安排进行调整，基本原则始终是债券价格等于其未来为投资者带来的实际收入现金流的现值。

【例11-8】某投资者在2012年1月1日购买了面值为15 000元的一种债券。债券年票息率为8%，票息分别在每年的6月30日和12月31日支付，两次支付金额相等。债券在2022年12月31日按面值赎回。投资者无须支付资本增益税，其适用的所得税税率为35%，票息需支付的所得税在每年8月1日支付，且以上一个日历年的总票息收入为基础计算。已知投资者的净赎回收益率为年实际利率6%，请计算债券的购买价格。

解：债券票息的所得税的首次支付发生在2013年8月1日，最后一次支付发生在2023年8月1日，构成一个11年期的年金，每次的支付金额为：

$$15\,000 \times 8\% \times 35\% = 420\text{（元）}$$

债券价格为：

$$P = 15\,000 \times 8\% a_{\overline{11}|}^{(2)} + 15\,000 v^{11} - 420 a_{\overline{11}|} v^{7/12} = 9\,604.1454 + 7\,901.8129 - 3\,201.7872 = 14\,304.17\text{(元)}$$

11.1.3 考虑所得税和资本增益税的情况

正如前文所述，对投资者来说，债券到期日获得的赎回值属于本金返还的性质，因此不需要缴纳所得税。但是，如果债券赎回值大于投资者当初购买债券的价格，就意味着投资者得到的本金返还超过了当初投资的本金，即产生了资本增益，需要针对赎回值超过价格的部分征收资本增益税。相反，如果债券的赎回值小于投资者当初购买债券的价格，则不需要缴纳资本增益税。

【例11-9】一种15年期的固定收益债券，年票息率为8%，票息每半年支付1次，到期按面值赎回。某投资者适用的资本增益税税率为35%，投资者购买这种债券可获得11%的毛赎回收益率，请计算每100元面值这种债券需要缴纳的资本增益税。

解：每100元面值债券的价格为：

$$P = 100 \times 8\% a_{\overline{15}|}^{(2)} + 100 v^{15} @11\% = 59.0677 + 20.9004 = 79.97\text{(元)}$$

每100元面值债券需要缴纳的资本增益税为：

$$(100 - 79.97) \times 35\% = 7.01\text{（元）}$$

由于投资者愿意为债券支付的价格等于债券未来能为其带来的收入现金流的现值，因此当债券需要缴纳资本增益税时，其价值等式中赎回值的金额需要扣除资本增益税。这就意味着，一方面债券价格依赖于投资者是否需要缴纳资本增益税以及资本增益税的金额；另一方面，资本增益税本身就是针对债券赎回值超过价格的部分征收，即是否需要缴纳资本增益税以及资本增益税的金额反过来依赖于债券价格的高低。因此，我们在计算债券价格之前，需要给定一个标准去判断债券是否需要缴纳资本增益税。

假设一种n年期固定收益债券，每年分p次期末支付票息，每年总票息金额为D，赎回值为R。假设投资者适用的所得税税率为t_1，且该项所得税在投资者获得票息收入时支付。在收益率为i的情况下，考虑所得税后债券的价格为P'。当$R > P'$时，投资者需要支付资本增益税，因此债券是否存在资本增益税的判定标准可推导为：

$$R > (1 - t_1) D a_{\overline{n}|@i}^{(p)} + R v^n$$

$$\Rightarrow R(1 - v^n) > (1 - t_1) D \frac{1 - v^n}{i^{(p)}}$$

$$\Rightarrow R > (1 - t_1) \frac{D}{i^{(p)}}$$

$$\Rightarrow i^{(p)} > (1 - t_1) \frac{D}{R} \qquad (11\text{-}3)$$

我们可以定义 $g=\frac{D}{R}$ 为债券的修正票息率，即债券票息占赎回值的比例。对式（11-3）的最直观解释是，当投资者要求的收益率 $i^{(p)}$ 高于债券的净修正票息率 $(1-t_1)\frac{D}{R}$ 时，额外的收益来源于赎回值超过价格的部分，因此会出现资本增益。

【例 11-10】一个投资者购买了一种新发行的 5 年期固定收益债券，面值为 10 000 元，到期按面值赎回，年票息率为 8%，票息每半年支付 1 次。投资者适用的所得税税率为 25%，且该项所得税在投资者获得票息收入时支付。当投资者要求 10% 的年收益率时，请判断债券是否存在资本增益税。

解：投资者要求 10% 的年收益率，且债券票息每半年支付 1 次，因此可得：

$$i^{(2)}@10\% = \left[(1+10\%)^{1/2}-1\right]\times 2 = 0.0976$$

投资者适用的所得税税率为 25%，且债券面值为 10 000 元，年票息率为 8%，因此可得：

$$(1-t_1)\frac{D}{R} = (1-25\%)\times\frac{800}{10\,000} = 0.06$$

可以判定 $i^{(2)} > (1-t_1)\frac{D}{R}$，因此债券存在资本增益税。

当债券存在资本增益税时，假设投资者适用的资本增益税税率为 $t_2(0<t_2<1)$，在考虑所得税和资本增益税之后债券的价格为 P''，则资本增益税的金额为 $t_2(R-P'')$。因此，债券的价值等式可表示为：

$$P'' = (1-t_1)Da_{\overline{n}|@i}^{(p)} + Rv^n - t_2(R-P'')v^n \tag{11-4}$$

进一步推导，可得到：

$$\Rightarrow P''(1-t_2v^n) = (1-t_1)Da_{\overline{n}|@i}^{(p)} + Rv^n - t_2Rv^n$$

$$\Rightarrow P'' = \frac{(1-t_1)Da_{\overline{n}|@i}^{(p)} + (1-t_2)Rv^n}{1-t_2v^n}$$

【例 11-11】一个投资者购买了一种新发行的 5 年期固定收益债券，面值为 10 000 元，到期按面值赎回，年票息率为 8%，票息每半年支付 1 次。投资者适用的所得税税率为 25%，且该项所得税在投资者获得票息收入时支付，资本增益税税率为 20%，请计算债券价格为多少时，才能够给投资者带来 10% 的净赎回收益率。

解：例 11-10 中我们已经判断债券需要支付资本增益税，即：

$$i^{(2)} > (1-t_1)\frac{D}{R}$$

因此，债券价格为：

$$\begin{aligned}
P'' &= \frac{(1-t_1)Da_{\overline{n}|@i}^{(p)} + (1-t_2)Rv^n}{1-t_2v^n} \\
&= \frac{(1-25\%)\times 800a_{\overline{5}|@10\%}^{(2)} + (1-20\%)\times 10\,000v^5}{1-20\%v^5} \\
&= \frac{600\times 3.883299 + 8\,000\times 1.1^{-5}}{1-0.2\times 1.1^{-5}} \\
&= 8\,332.06(\text{元})
\end{aligned}$$

在同时考虑了所得税和资本增益税之后，债券价格进一步由例 11-4 中仅考虑所得税后的价格 8 539.19 元下降至 8 332.06 元。

当$i^{(p)} \leqslant (1-t_1)\frac{D}{R}$时，债券的赎回值小于价格，投资者无须缴纳资本增益税，此时P''与式（11-2）中的P'相等，即只需考虑所得税对价格的影响。

【例11-12】一个投资者购买了一种新发行的8年期固定收益债券，面值为10 000元，到期按面值赎回，年票息率为6%，票息每半年支付1次。投资者适用的所得税税率为25%，资本增益税税率为30%，请计算债券价格为多少时，才能够给投资者带来4%的净赎回收益率。

解：首先判断债券是否需要缴纳资本增益税：

$$i^{(2)}@4\% = 2 \times \left[(1+4\%)^{1/2} - 1\right] = 0.0396078$$

$$(1-t_1)\frac{D}{R} = (1-25\%) \times \frac{6\% \times 10\,000}{10\,000} = 0.045$$

由于$i^{(2)} < (1-t_1)\frac{D}{R}$，债券无须缴纳资本增益税，因此债券价格为：

$$\begin{aligned} P &= (1-25\%) \times 6\% \times 10\,000 a_{\overline{8}|}^{(2)} + 10\,000 v^5 \\ &= 450 \times 6.799412 + 10\,000 \times (1+4\%)^{-5} \\ &= 11\,279.01(\text{元}) \end{aligned}$$

需要注意的是，当投资者在赎回日之前提前将债券卖出时，资本增益税将依据债券卖价超过买价的部分征收。比如，例11-8中的投资者在购买债券4年后以9 700元将债券卖出，资本增益部分为1 367.94元（9 700 - 8 332.06），因此资本增益税为273.59元（1 367.94 × 20%）。

接下来，我们讨论在有所得税和资本增益税的情况下，如何计算债券的净赎回收益率。首先，比较债券价格和赎回值的大小判断是否存在资本增益税；其次，根据判断结果选择建立式（11-2）（无资本增益税时）或式（11-4）（有资本增益税时）的价值等式；最后，用试错法和线性插值法计算债券的内含收益率。

【例11-13】一个投资者以价格800元购买了面值为1 000元的10年期债券，年票息率为6%，票息每年年末支付1次，到期按面值赎回。投资者适用的所得税税率为40%，且该项所得税在投资者获得票息收入时支付，资本增益税税率为30%，请计算投资者的净赎回收益率。

解：债券的购买价格为800元，赎回值为1 000元，存在资本增益200元，资本增益税为：

200 × 30% = 60（元）

债券的价值等式为：

$$800 = (1-40\%) \times 1\,000 \times 6\% a_{\overline{10}|} + 1\,000 v^{10} - 60 v^{10} = 36 a_{\overline{10}|} + 940 v^{10}$$

当利率为6%时，价值等式的右边为789.8542元；当利率为5.5%时，价值等式的右边为821.6593元。

用线性插值法估计净赎回收益率为：

$$i \approx 5.5\% + \frac{821.6593 - 800}{821.6593 - 789.8542} \times (6\% - 5.5\%) = 5.84\%$$

以上内容是以“所得税在投资者获得票息收入时支付”为前提的推导。在所得税其他征收方式下，考虑两种税后的债券价格和收益率计算方法秉承类似的思路，但需要针对具体问题进行具体的推导。

【例 11-14】某投资者在 2010 年 1 月 1 日购买了一种政府债券，债券的年票息率为 7%，票息分别在每年的 6 月 30 日和 12 月 31 日支付。债券在 2021 年年末以面值的 105% 赎回。投资者预期会获得的净赎回收益率为 6%，投资者适用的所得税税率为 25%，所得税在每年 4 月 1 日征收，以投资者前一年的总票息收入（上一年 4 月 1 日至本年 3 月 31 日的票息收入）为征税基础。投资者适用的资本增益税税率为 35%，资本增益税也在每年 4 月 1 日征收，以投资者前一年的总资本增益为征税基础，请计算投资者支付的债券价格。

解：判断债券是否存在资本增益：

$$(1-t_1)\frac{D}{R}=(1-25\%)\times\frac{100\times 7\%}{105}=0.05$$

$$i^{(2)}@6\%=0.059$$

因此 $(1-t_1)\dfrac{D}{R}<i^{(2)}@6\%$，债券存在资本增益。每 100 元面值的债券价格为：

$$P=100\times 7\%\times a_{\overline{12}|}^{(2)}+105\nu^{12}-35\%\times(105-P)\nu^{12.25}-25\%\times 100\times 7\% a_{\overline{12}|}\nu^{0.25}$$

$$\Rightarrow P=7a_{\overline{12}|}^{(2)}+105\nu^{12}-36.75\nu^{12.25}+0.35\nu^{12.25}P-1.75a_{\overline{12}|}\nu^{0.25}$$

$$\Rightarrow P=\frac{7a_{\overline{12}|}^{(2)}+105\nu^{12}-36.75\nu^{12.25}-1.75a_{\overline{12}|}\nu^{0.25}}{1-0.35\nu^{12.25}}$$

$$=\frac{59.5544+52.1818-17.9995-14.4595}{0.8286}$$

$$=95.68(\text{元})$$

11.2 可赎回债券

可赎回债券是一种发行时不给出固定赎回日的债券。可赎回债券的发行者可选择在某特定日期之后的任意票息支付日赎回债券，或者可以在某两个特定日期之间的任意票息支付日或期间的任何一系列指定日期赎回债券。无论是哪种情况，债券的实际赎回日都应该是最有利于发行者的。如果债券的利率高于市场利率，发行者倾向于更早地赎回债券并寻找新的更便宜的融资渠道；相反，如果债券的利率低于市场利率，发行者倾向于更晚地赎回债券，因为债券的融资成本相对便宜。

可赎回债券的投资者在购买债券时并不能准确知道未来市场的变化情况，因此无法事前判断发行者会选择在什么时候赎回债券，进而无法判断购买可赎回债券能为其带来的收益率。但是，投资者可以至少判断两件事情：

（1）为了至少获得某特定收益率，投资者愿意为可赎回债券支付的最高价格；

（2）在特定价格水平下，投资者能够获得的最低收益率。

11.2.1 可赎回债券的价格

首先，假设一种可赎回债券每年分 p 次期末支付票息，每年总票息金额为 D，赎回值为 R，发行者可在 n_1 至 n_2 的时间区间内选择债券的赎回日，因此债券期限 n（单位为年）满足 $n_1<n<n_2$（其中，n_1、n_2 都是 $1/p$ 的整数倍）。假设投资者适用的所得税税率为 t_1，且该项所得税在投资者获得票息收入时支付（为了便于分析，我们先假设没有资本增益税），投资者希望至少获得的收益率为 i。

投资者预计债券带来的未来收入现值可表示为：

$PV = (1 - t_1)Da_{\overline{n}|@i}^{(p)} + R\nu^n$

上述现值受期限的影响，需要从两个方面来看：一方面，债券期限越长，投资者得到的票息收入就越多；另一方面，债券期限越长，意味着赎回值的贴现值越小。因此，我们需要进一步分析。

上式左右两边对 n 求导，可得：

$$\frac{dPV}{dn} = \frac{d\left[(1 - t_1)D\dfrac{1 - \nu^n}{i^{(p)}} + R\nu^n\right]}{dn} = -(1 - t_1)D\frac{\nu^n}{i^{(p)}}\ln\nu + R\nu^n\ln\nu = \nu^n\ln\nu\left[R - (1 - t_1)\frac{D}{i^{(p)}}\right]$$

当 $i^{(p)} > (1 - t_1)\dfrac{D}{R}$ 时，$R - (1 - t_1)\dfrac{D}{i^{(p)}} > 0$，且 $\nu^n > 0$，$\ln\nu < 0$，因此 $\dfrac{dPV}{dn} < 0$，即此时债券未来收入的现值与债券期限的长度成反比，越早赎回，收入现值越高。因此可发现，$i^{(p)} > (1 - t_1)\dfrac{D}{R}$ 正是我们判断债券需要缴纳资本增益税的条件。当投资者希望的收益率水平超过债券的修正票息率时，投资者需要得到资本增益以补偿偏低的票息收入，此时虽然更长的债券期限给投资者带来了更多的票息收入，但其价值不足以弥补赎回值现值下降的程度。因此，投资者更希望债券尽早被赎回。

但需要注意的是，为了至少获得收益率 i，投资者不应关注最有利的情况，而应关注最不利的情况。因此，当 $i^{(p)} > (1 - t_1)\dfrac{D}{R}$ 时，债券在最晚的赎回日 n_2 被赎回是对投资者最不利的，而此时计算的债券价格是投资者为了至少获得收益率 i 而愿意支付的可赎回债券最高价格（因为任何高于此的价格都会使投资者在最不利的情况下收益率低于 i）。

类似地，我们容易分析得到：当 $i^{(p)} < (1 - t_1)\dfrac{D}{R}$ 时，则 $\dfrac{dPV}{dn} > 0$，此时投资者预计债券带来的未来收入现值与债券期限的长度成正比，越早赎回对投资者越不利，因此选择赎回日为 n_1 时计算的债券价格是其愿意支付的最高价格。而当 $i^{(p)} = (1 - t_1)\dfrac{D}{R}$ 时，任何赎回日的选择都不会改变投资者愿意支付的最高价格。

总结：当 $i^{(p)} > (1 - t_1)\dfrac{D}{R}$ 时，选择最晚赎回日计算的债券价格为投资者愿意支付的最高价格；当 $i^{(p)} < (1 - t_1)\dfrac{D}{R}$ 时，选择最早赎回日计算的债券价格为投资者愿意支付的最高价格，当 $i^{(p)} = (1 - t_1)\dfrac{D}{R}$ 时，选择任何赎回日计算的价格都是投资者愿意支付的最高价格。

【例 11-15】 一个投资者购买了一种新发行的可赎回债券，面值为10 000元，按面值赎回，年票息率为8%，票息每半年支付1次。债券发行者可以在债券发行后的10~15年中选择任何一时间赎回债券。投资者仅需要支付税率为25%的所得税，且该项所得税在投资者获得票息收入时支付。如果投资者要求的净赎回收益率至少为7%，请计算投资者愿意为债券支付的最高价格。

解：判断什么时间赎回对投资者最不利：

$i^{(2)} = 2 \times \left[(1 + 7\%)^{1/2} - 1\right] = 0.0688$

$$(1-t_1)\frac{D}{R}=(1-25\%)\times\frac{10\,000\times 8\%}{10\,000}=0.06$$

可知 $i^{(2)}>(1-t_1)\frac{D}{R}$，最晚赎回对投资者最不利，因此应选择最晚的赎回日计算债券价格，即债券在15年后赎回时，投资者愿意支付的最高价格为：

$$P=(1-25\%)\times 10\,000\times 8\%a_{\overline{15}|}^{(2)}+10\,000v^{15}=9\,183.22\text{（元）}$$

【例11-16】一个投资者适用的所得税税率为25%（获得票息时支付），且其不需要缴纳资本增益税。投资者考虑投资一种可赎回债券，债券的年票息率为7.5%，票息每半年支付1次。债券发行者可在债券发行后10~15年的任一票息支付日（在票息支付后）按面值赎回。假设投资者要求的净赎回收益率为5.5%，请计算投资者愿意支付的最高价格。

解：判断什么时间赎回对投资者最不利：

$$(1-t_1)\frac{D}{R}=(1-25\%)\times\frac{100\times 7.5\%}{100}=5.625\%$$

$$i^{(2)}@5.5\%=5.426\%$$

由上式可知 $(1-t_1)\frac{D}{R}>i^{(2)}@5.5\%$，因此债券不存在资本增益。在无资本增益的情况下，越早赎回对投资者越不利。在最不利的情况下，为保证投资者获得5.5%的净赎回收益率，需要假设债券在10年后赎回时，投资者愿意支付的最高价格为：

$$P=(1-25\%)\times 100\times 7.5\%a_{\overline{10}|}^{(2)}+100v^{10}=5.625a_{\overline{10}|}^{(2)}+100v^{10}=42.9743+58.5431=101.52\text{(元)}$$

11.2.2 可赎回债券的收益率

接下来，我们在已知可赎回债券价格的情况下，分析投资者能够获得的最低收益率。同样，按照对投资者最不利的情况假设：当 $P<R$ 时（等价于上述条件 $i^{(p)}>(1-t_1)\frac{D}{R}$），最晚赎回对投资者最不利，选择最晚赎回日计算的收益率就是投资者能获得的最低收益率；同理，当 $P>R$ 时（等价于上述条件 $i^{(p)}<(1-t_1)\frac{D}{R}$），最早赎回对投资者最不利，选择最早赎回日计算的收益率就是投资者能获得的最低收益率；而当 $P=R$ 时，任何赎回日计算的收益率都相同，且 $i^{(p)}=(1-t_1)\frac{D}{R}$，投资者能够获得的收益率不受赎回日选择的影响。

【例11-17】一个投资者购买了一种新发行的可赎回债券，面值为10 000元，按面值赎回，年票息率为8%，票息每半年支付1次。债券发行者可以在债券发行后的10~15年中选择任何一时间赎回债券。投资者仅需要支付税率为25%的所得税，且该项所得税在投资者获得票息收入时支付。如果债券价格为11 000元，请计算投资者可能获得的最低收益率。

解：债券价格为11 000元，赎回值为10 000元，$P>R$ 意味着最早赎回对投资者最不利，因此假设赎回日为债券发行后10年，此时债券的价值等式为：

$$11\,000=(1-25\%)\times 10\,000\times 8\%a_{\overline{10}|}^{(2)}+10\,000v^{10}$$

当利率为5%时，价值等式的右边为10 829.3801元；当利率为4.5%时，价值等式的右边为11 239.7309元。

用线性插值法估计最低收益率为：

$$i \approx 4.5\% + \frac{11\,000 - 1\,239.7309}{10\,829.3801 - 11\,239.7309} \times (5\% - 4.5\%) = 4.79\%$$

11.2.3 资本增益税对可赎回债券的影响

到目前为止，我们一直忽略了资本增益税的影响，因为资本增益税会降低投资者在赎回日的收入水平，但不会改变哪个赎回日对投资者最不利的事实。例如，一种债券如果需要缴纳资本增益税，意味着其赎回值高于价格，因此最晚赎回对投资者最不利。而资本增益税是针对赎回值超过价格的部分征收，征税后只能降低赎回值高于价格的程度，不会改变赎回值高于价格的事实，所以在征收了资本增益税后，债券仍是最晚赎回对投资者最不利。

【例 11-18】一个投资者购买了一种新发行的可赎回债券，面值为10 000元，按面值赎回，年票息率为8%，票息每半年支付1次。债券发行者可以在债券发行后的10~15年中选择任何一时间赎回债券。投资者适用的所得税税率和资本增益税税率都是25%，且所得税在投资者获得票息收入时支付。如果投资者要求的最低收益率为7%，请计算投资者愿意为债券支付的最高价格。

解：判断债券是否存在资本增益：

$$i^2 = 0.0688,\ (1 - t_1)\frac{D}{R} = 0.06$$

由此可知$i^{(2)} > (1 - t_1)\frac{D}{R}$，最晚赎回对投资者最不利，因此假设赎回日为债券发行后15年，此时投资者愿意支付的最高价格为：

$$\begin{aligned} p &= (1 - 25\%) \times 10\,000 \times 8\% a_{\overline{15}|}^{(2)} + 10\,000 v^{15} - 25\% \times (10\,000 - P) v^{15} \\ &= 600 a_{\overline{15}|}^{(2)} + 7\,500 v^{15} + 0.25 P v^{15} \end{aligned}$$

$$\Rightarrow P = \frac{600 a_{\overline{15}|}^{(2)} + 7\,500 v^{15}}{1 - 0.25 v^{15}} = \frac{8\,277.1092}{0.9094} = 9\,101.73(\text{元})$$

需要注意的是，以上分析的前提是债券在不同赎回日的赎回值相同，当不同赎回日赎回值可能不同时，需要根据具体问题去分析哪个赎回日对投资者最不利，进而确定投资者愿意为可赎回债券支付的最高价格和最低收益率。

11.3 非固定收益产品

本节介绍的产品具有未来收益不固定的特点，这给计算产品的价格和收益率造成了困难。为此，我们通常以统计数据为基础，对相应产品的未来收益作出一些假设，如股票的股息增长率、租金的增长规律等。本节研究的非固定收益产品包括以下两种：

（1）有确定的股息支付和明确的股利增长率的股票；

（2）有规律性租金收入的不动产。

11.3.1 股票

在给出股息增长率的情况下，我们可以计算出股票未来的股息收入，然后以计算的金额为基础列出价值等式，从而求解股票价格或投资者的收益率。

令某种股票每年支付1次股息，且在刚刚支付过上一次股息D后的价值为A，股息增长率为常数g，假设不考虑股票发行公司可能破产的问题，则股息是永续支付的。当购买股票的内含收益率为i时，股票的价值等式为：

$$A = D(1+g)v + D(1+g)^2v^2 + D(1+g)^3v^3 + \cdots = Da_{\overline{\infty}|@i'} = D\frac{1}{i'} = \frac{D(1+g)}{i-g}$$

其中，$\frac{1}{1+i'} = \frac{1+g}{1+i} \Rightarrow i' = \frac{1+i}{1+g} - 1 = \frac{i-g}{1+g}$。

【例11-19】一个投资者购买了一个公司发行的500股除息股票，股票的股息每年派发1次，下一次股息派发日是1个月以后。上一次派发的股息为每股8元，且股息年增长率为4%，投资者适用的所得税税率为35%。如果投资者要求的年收益率为12%，请计算投资者购买股票愿意支付的价格。

解：由于股票为除息股票，因此投资者不会得到一个月之后的股息收入，股票的未来收入现值为：

$$\begin{aligned}
&500v^{1/12} \times \left[8 \times (1+4\%)^2 \times (1-35\%)v + 8 \times (1+4\%)^3 \times (1-35\%)v^2 + \cdots\right] \\
&= 500v^{1/12} \times 8 \times 0.65 \times 1.04 \times (1.04v + 1.04^2v^2 + \cdots) \\
&= 500v^{1/12} \times 5.408 \times \frac{1.04v}{1-1.04v} \\
&= 34\,821.59(\text{元})
\end{aligned}$$

【例11-20】一个投资者考虑购入某公司普通股票100股。该股票股利每年支付1次：第1次股利支付在1年后，股利金额为0.6元/股；第2次股利金额比第1次增加9%；第3次股利金额比第2次增加8%；此后股利金额按照每年6%的比例增长。假设年实际利率为8%，请计算投资者购买股票需要支付的价格。

解：股票价格为：

$$\begin{aligned}
&0.6 \times 100v + 0.6 \times 100 \times (1+9\%)v^2 + 0.6 \times 100 \times (1+9\%) \times (1+8\%)v^3 + 0.6 \times 100 \times (1+9\%) \times \\
&(1+8\%) \times (1+6\%)v^4 + 0.6 \times 100 \times (1+9\%) \times (1+8\%) \times (1+6\%)^2v^5 + 0.6 \times 100 \times (1+9\%) \times \\
&(1+8\%) \times (1+6\%)^3v^6 + \cdots \\
&= 60v + 65.4v^2 + 70.632v^3 + 74.86992v^4 \times (1 + 1.06v + 1.06^2v^2 + \cdots) \\
&= 167.6955 + 74.86992v^4 \times \frac{1}{1-1.06v} \\
&= 167.6955 + 2\,971.7078 \\
&= 3\,139.40(\text{元})
\end{aligned}$$

【例11-21】一个投资者购买了一个公司发行的600股除息股票，股票的股息每年派发1次，下一次股息派发日是1个月以后。上一次派发的股息为10元/股，且股息年增长率为3%，投资者适用的所得税税率为25%。如果投资者购买股票的价格为105元/股，请计算投资者的收益率。

解：股票的价值等式可写为：

$$\begin{aligned}
&105 = 10 \times (1+3\%)^2 \times (1-25\%)v^{1+\frac{1}{12}} + 10 \times (1+3\%)^3 \times (1-25\%)v^{2+\frac{1}{12}}\cdots \\
&\Rightarrow 105 = 10 \times (1-25\%)v^{1/12} \times \left[(1+3\%)^2v + (1+3\%)^3v^2 + \cdots\right] \\
&\Rightarrow 105 = 7.5v^{1/12} \times \frac{(1+3\%)^2v}{1-(1+3\%)v} \\
&\Rightarrow (1+i)^{1/12} \times (i-0.03) = 0.07577857
\end{aligned}$$

当i=10%时，上式右边为0.07055819；当i=11%时，上式右边为0.08069877。

用试错法可算得：

$$i \approx 10\% + \frac{0.07577857 - 0.07055819}{0.08069877 - 0.07055819} \times (11\% - 10\%) = 10.51\%$$

【例 11-22】（1）一种股票每半年支付1次股利，3个月后每股支付的股利为d元，之后每次股利金额均按g比例增长，假设股票的实际年内含收益率用i表示，请推导当前每股价格的表达式；（2）假设当前股票价格为7.2元/股，且d=0.1，g=2%，请计算股票的内含收益率。

解：（1）每股价格的表达式为：

$$\begin{aligned} P &= dv^{1/4} + d(1+g)v^{3/4} + d(1+g)^2 v^{5/4} + \cdots \\ &= dv^{1/4}\left[1 + (1+g)v^{1/2} + (1+g)^2 v + \cdots\right] \\ &= dv^{1/4} \times \frac{1}{1 - (1+g)v^{1/2}} \\ &= \frac{d(1+i)^{1/4}}{(1+i)^{1/2} - (1+g)} \end{aligned}$$

（2）将P=7.2、d=0.1、g=2%代入（1）项中，可推导出的价格为：

$$7.2 = \frac{0.1 \times (1+i)^{1/4}}{(1+i)^{1/2} - (1+2\%)} \Rightarrow 7.2 \times (1+i)^{1/2} - 0.1 \times (1+i)^{1/4} - 7.2 \times 1.02 = 0$$

令$X = (1+i)^{1/4}$，代入上式得到：

$$\begin{aligned} &7.2X^2 - 0.1X - 7.344 = 0 \\ &\Rightarrow X = \frac{0.1 \pm \sqrt{0.01 + 4 \times 7.2 \times 7.344}}{2 \times 7.2} = 1.0169188 \\ &\Rightarrow i = X^4 - 1 = 6.94\% \end{aligned}$$

当股票非常接近下一个股息支付日被出售时，通常会假设股票发行公司没有足够的时间去了解股票新买家的信息，从而不能将下一次股息派发给新买家，因此通常会在价格中除去下一次股息支付的影响，这样的股票通常被称为“除息股票”。

【例 11-23】某种股票每半年支付1次股利，每次股利按4%的比例增长。已知刚刚支付过一次股利，每股股利金额为6元。假设年实际利率为9%，请计算当前每股价格。

解：每股价格为：

$$\begin{aligned} P &= 6 \times (1+4\%)v^{1/2} + 6 \times (1+4\%)^2 v + 6 \times (1+4\%)^3 v^{3/2} + \cdots \\ &= 6 \times (1+4\%)v^{1/2} \times \left[1 + (1+4\%)v^{1/2} + (1+4\%)^2 v + \cdots\right] \\ &= 6 \times (1+4\%)v^{1/2} \times \frac{1}{1 - (1+4\%)v^{1/2}} \\ &= 1\,548.14(\text{元}) \end{aligned}$$

11.3.2 不动产

不动产的价值等式主要从两个方面区别于股票的价值等式：

（1）不动产带来的租金收入通常在一定时间内保持不变，之后可能出现一次性增长，然后维持新的水平，继续保持一定时间不变，以此类推；

（2）由于不动产租赁合同规定了固定期限，因此合同期结束后租金收入会停止，还可能发生不动产所有权转让的情况。

【例 11-24】一份80年的不动产租赁合同规定接下来的5年内承租者需要每月支付租金4 000元，此后每5年租金增长20%。如果投资者希望获得7%的年收益率，请计算投资者购买不动产的价格。

解：不动产的价格为：

$$
\begin{aligned}
P &= 4\,000 \times 12a_{\overline{5}|}^{(12)} + 4\,000 \times 12 \times (1+20\%)a_{\overline{5}|}^{(12)}\nu^5 + \cdots + 4\,000 \times 12 \times (1+20\%)^{\frac{80}{5}-1}a_{\overline{5}|}^{(12)}\nu^{75} \\
&= 48\,000a_{\overline{5}|}^{(12)} \times (1 + 1.2\nu^5 + 1.2^2\nu^{10} + \cdots + 1.2^{15}\nu^{75}) \\
&= 48\,000a_{\overline{5}|}^{(12)} \times \frac{1-(1.2\nu^5)^{16}}{1-1.2\nu^5} \\
&= 48\,000 \times \frac{1-\nu^5}{i^{(12)}} \times \frac{1-(1.2\nu^5)^{16}}{1-1.2\nu^5} \\
&= 1\,290\,042(\text{元})
\end{aligned}
$$

11.4 指数连结债券

指数连结债券我们在第1章介绍过，是一种未来票息和赎回值均随通货膨胀指数变化而变化的债券。在给定未来通货膨胀率或通货膨胀指数的情况下，我们可以估计出指数连结债券未来的票息收入和赎回值，进而计算出债券的价格或收益率。

一种n年期指数连结债券，发行时每单位面值的名义票息率为D，票息每半年支付1次，每单位面值的名义赎回值为R。假设债券未来的票息金额和赎回值金额均随通货膨胀指数的变化而变化，因此t时刻实际支付的票息金额可表示为：

$$\frac{D}{2} \times \frac{Q(t)}{Q(0)}$$

其中，$Q(0)$、$Q(t)$分别代表0时刻和t时刻的通货膨胀指数。而n年年末实际支付的赎回值可表示为：

$$R \times \frac{Q(n)}{Q(0)}$$

假设债券的实际年收益率（货币利率）为i，每单位面值的价格为P，指数连结债券的价值等式为：

$$P = \sum_{k=1}^{2n} \frac{D}{2} \times \frac{Q(k/2)}{Q(0)}\nu^{k/2} + R \times \frac{Q(n)}{Q(0)}\nu^n$$

在通货膨胀率不同的情况下，我们可以估计出未来的通货膨胀指数。例如，假设第$t-1$年到第t年间的通货膨胀率为j_t，因此可得到：

$$Q\left(\frac{1}{2}\right) = Q(0)(1+j_1)^{1/2}$$

$$Q(1) = Q(0)(1+j_1)$$

$$Q\left(\frac{3}{2}\right) = Q(0)(1+j_1)(1+j_2)^{1/2}$$

$$Q(2) = Q(0)(1+j_1)(2+j_2)$$

…

由此可进一步计算指数连结债券的价格和收益率。

【例11-25】2016年2月28日新发行的一种指数连结债券，每半年支付1次票息，且将于2034年2月28日赎回，名义赎回值为面值。每100元面值的债券在2018年2月28日支付的票息金额为2.1元。一个不需要缴税的投资者于2018年3月1日购买了面值为100元的此种债券。假设2018年3月1日之前年通货膨胀率为4%，而此后年通货膨胀率为5.25%，请计算债券的价格为多少时，才能够给投资者带来10%的年收益率（货币收益率）。

解：题中给出了2018年2月28日的票息率，因此在实际票息收入方面，投资者只需要考虑2018年3月1日之后的年通货膨胀率（5.25%）即可；而名义赎回值是2016年2月28日给出的，因此在实际赎回值方面，投资者需要同时考虑2018年3月1日之前的年通货膨胀率（4%）以及之后的年通货膨胀率（5.25%）。债券价格为：

$$\begin{aligned}P &= 2.1\times(1+5.25\%)^{0.5}\nu^{0.5}+2.1\times(1+5.25\%)\nu+\cdots+2.1\times(1+5.25\%)^{16}\nu^{16}+\\&\quad 100\times(1+4\%)^{2}\times(1+5.25\%)^{16}\nu^{16}\\&=2.1\times\frac{1.0525^{0.5}\nu^{0.5}\times(1-1.0525^{16}\nu^{16})}{1-1.0525^{0.5}\nu^{0.5}}+100\times1.04^{2}\times1.0525^{16}\nu^{16}\\&=47.6642+53.3749\\&=101.04(\text{元})\end{aligned}$$

需要注意的是，有时在计算债券价格或收益率时，无法得到当下准确的通货膨胀率或者通货膨胀指数，此时只能选用滞后一段时间的数据进行计算。

【例11-26】一种2013年1月1日发行的指数连结零票息债券，在没有通货膨胀的情况下承诺于2017年12月31日按面值赎回。债券的实际赎回值将与通货膨胀指数相连接，但数据上有6个月的滞后期。某投资者于2015年1月1日以价格10 300元买入面值为10 000元的该种债券，并持有到期赎回，请计算投资者可获得的货币年利率和真实年利率。各期的通货膨胀指数见表11-1：

表11-1 各期的通货膨胀指数（1）

日期	通货膨胀指数	日期	通货膨胀指数
2012年1月1日	144	2015年7月1日	178
2012年7月1日	145	2016年1月1日	182
2013年1月1日	156	2016年7月1日	183
2013年7月1日	160	2017年1月1日	188
2014年1月1日	165	2017年7月1日	193
2014年7月1日	167	2018年1月1日	204
2015年1月1日	170		

解：债券的赎回值为：

$$10\,000\times\frac{I(2017.7.1)}{I(2012.7.1)}=10\,000\times\frac{193}{145}=13\,310.3448\ (\text{元})$$

设货币年利率为i，可得：

$$10\,300\times(1+i)^{3}=13\,310.3448\Rightarrow i=8.92\%$$

赎回值以2015年1月1日价格计算的实际购买力为：

$$13\,310.3448\times\frac{I(2015.1.1)}{I(2018.1.1)}=13\,310.3448\times\frac{170}{204}=11\,091.954\ (\text{元})$$

设真实年利率为i'，可得：

$10\,300 \times (1 + i')^3 = 11\,091.954 \Rightarrow i' = 2.4999\%$

【例 11-27】 已知各期的通货膨胀指数，见表 11-2：

表 11-2　　各期的通货膨胀指数（2）

日期	通货膨胀指数	日期	通货膨胀指数	日期	通货膨胀指数
2015 年 1 月 1 日	121.2	2016 年 1 月 1 日	123.9	2017 年 1 月 1 日	125.2
2015 年 4 月 1 日	122.8	2016 年 4 月 1 日	124.2	2017 年 4 月 1 日	126.0
2015 年 7 月 1 日	123.1	2016 年 7 月 1 日	124.4		
2015 年 10 月 1 日	123.6	2016 年 10 月 1 日	124.9		

2015 年 4 月 1 日发行了一种 2 年期的指数连结债券，每年的名义票息率为 4%，名义赎回值为其面值。债券每年的票息分别在 4 月 1 日和 10 月 1 日支付，首次支付票息发生在 2015 年 10 月 1 日。债券所有的票息以及赎回值均随着滞后 3 个月的通货膨胀指数的变化而变化。一个投资者于 2015 年 4 月 1 日支付了 101 元购买了面值为 100 元的此种债券。忽略税收的影响，请计算投资者获得的真实收益率（非货币收益率）。

解：在债券每年的名义票息率为 4%、面值 100 元的情况下，意味着每半年的名义支付金额为：

$100 \times 4\% \div 2 = 2$（元）

实际票息支付金额如下：

2015 年 10 月 1 日的票息为：

$$2 \times \frac{index_{2015.7.1}}{index_{2015.1.1}} = 2 \times \frac{123.1}{121.2} = 2.031353\text{（元）}$$

2016 年 4 月 1 日的票息为：

$$2 \times \frac{index_{2016.1.1}}{index_{2015.1.1}} = 2 \times \frac{123.9}{121.2} = 2.044554\text{（元）}$$

2016 年 10 月 1 日的票息为：

$$2 \times \frac{index_{2016.7.1}}{index_{2015.1.1}} = 2 \times \frac{124.4}{121.2} = 2.052805\text{（元）}$$

2017 年 4 月 1 日的票息为：

$$2 \times \frac{index_{2017.1.1}}{index_{2015.1.1}} = 2 \times \frac{125.2}{121.2} = 2.066007\text{（元）}$$

2017 年 4 月 1 日的赎回值为：

$$100 \times \frac{index_{2017.1.1}}{index_{2015.1.1}} = 100 \times \frac{125.2}{121.2} = 103.30033\text{（元）}$$

由于此题需要计算真实收益率而非货币收益率，因此接下来我们需要计算各项支付的实际购买力。需要注意的是，此时我们要使用真实通货膨胀指数，而非滞后 3 个月的指数。各项票息支付金额的真实购买力如下：

2015 年 10 月 1 日的票息购买力为：

$$2.031353 \times \frac{index_{2015.4.1}}{index_{2015.10.1}} = 2.031353 \times \frac{122.8}{123.6} = 2.018205\text{（元）}$$

2016 年 4 月 1 日的票息购买力为：

$$2.044554 \times \frac{index_{2015.4.1}}{index_{2016.4.1}} = 2.044554 \times \frac{122.8}{124.2} = 2.021508（元）$$

2016年10月1日的票息购买力为：

$$2.052805 \times \frac{index_{2015.4.1}}{index_{2016.10.1}} = 2.052805 \times \frac{122.8}{124.9} = 2.018291（元）$$

2017年4月1日的票息和赎回值的购买力为：

$$(103.30033 + 2.066007) \times \frac{index_{2015.4.1}}{index_{2017.4.1}} = 105.366337 \times \frac{122.8}{126.0} = 102.690366（元）$$

以债券收入真实购买力构建的价值等式为：

$$101 = 2.018205\nu^{0.5} + 2.021508\nu + 2.018291\nu^{1.5} + 102.690366\nu^2$$

当真实利率为4%时，价值等式的右边为100.7688；当真实利率为3%时，价值等式的右边为102.6775。

用线性插值法可算得：

$$i \approx 3\% + \frac{101 - 102.6775}{100.7688 - 102.6775} \times (4\% - 3\%) = 3.88\%$$

债券的真实收益率为3.88%。

11.5 基本复利问题的综合应用

【例11-28】一种政府债券票息每年年末支付1次，年票息率为7%。债券发行5年后（第5年支付票息后），将赎回一半面值的本金，另一半面值的本金将在债券发行10年后全部赎回。债券发行前5年按全部面值计算票息，而后5年将按照一半面值计算票息。假设某个只需要支付所得税的投资者在债券发行时买入了100元面值的债券，投资者适用的所得税税率为30%，所得税在取得票息收入时支付。这项投资所带来的年实际回报率为5%，计算投资者购买债券的价格。

解：债券价格为：

$$\begin{aligned}&0.5 \times 100 \times 7\% \times (1 - 30\%)a_{\overline{5}|} + 0.5 \times 100 \times 7\% \times (1 - 30\%)a_{\overline{10}|} + 0.5 \times 100\nu^5 + 0.5 \times 100\nu^{10}\\ &= 2.45 \times (a_{\overline{5}|} + a_{\overline{10}|}) + 50 \times (\nu^5 + \nu^{10})\\ &= 29.5255 + 69.8720\\ &= 99.40(元)\end{aligned}$$

【例11-29】一种10年期债券每年年末支付1次票息，年票息率为6%，到期按面值赎回。一个投资者在债券发行3个月后购买了债券，投资者适用的所得税税率和资本增益税税率均为25%，且所得税在每次取得票息收入时支付。（1）如果投资者需要获得8%的实际年收益率，那么请计算投资者愿意为每100元面值债券支付的价格；（2）投资者预期的真实年收益率为3%，请计算投资者预期的通货膨胀率。

解：（1）检验债券是否存在资本增益税：

$$i = 0.08，(1 - 25\%) \times \frac{6}{100} = 0.045$$

$$\Rightarrow 0.08 > 0.045$$

可见，债券存在资本增益税。

债券价格为：

$$P=\left[(1-25\%)\times 6\%\times 100a_{\overline{10|}}+100v^{10}-25\%\times(100-P)v^{10}\right]\times(1+8\%)^{3/12}$$
$$=4.5a_{\overline{10|}}\times 1.08^{3/12}+7.5\times 1.08^{3/12}v^{10}+0.25\times 1.08^{3/12}Pv^{10}$$
$$\Rightarrow P=\frac{4.5a_{\overline{10|}}\times 1.08^{3/12}+7.5\times 1.08^{3/12}v^{10}}{1-0.25\times 1.08^{3/12}v^{10}}$$
$$=75.06(\text{元})$$

（2）设投资者预期的年通货膨胀率为j，根据货币收益率和真实收益率的关系，可得：

$$(1+3\%)\times(1+j)=1+8\%\Rightarrow j=\frac{1+8\%}{1+3\%}-1=4.85\%$$

投资者预期的通货膨胀率为4.85%。

【例11-30】一个投资者购买了100元面值的某种可赎回债券，债券的年票息率为8%，票息每半年支付1次，且发行人可在债券发行后5~10年内的任意一时间以面值赎回债券。某投资者适用的所得税税率为35%（所得税在取得票息收入时支付），资本增益税税率为30%（资本增益税在产生资本增益时支付）。（1）请计算债券价格为多少时，才可使投资者至少获得7%的净赎回收益率；（2）根据（1）项中的价格，请计算债券的年运行收益率。

解：（1）判断债券是否存在资本增益：

$$(1-t_1)\frac{D}{R}=(1-35\%)\times\frac{100\times 8\%}{100}=0.052$$
$$i^{(2)}@7\%=0.0688$$

由此可知$(1-t_1)\frac{D}{R}<i^{(2)}@7\%$，债券存在资本增益。在有资本增益的情况下，越晚赎回债券对投资者越不利。在最不利的情况下，为保证投资者可以获得7%的净赎回收益率，需要假设债券在10年年末赎回时，债券的价格为：

$$P=(1-35\%)\times 100\times 8\%\times a_{\overline{10|}}^{(2)}+100v^{10}-30\%\times(100-P)v^{10}$$
$$\Rightarrow P=5.2a_{\overline{10|}}^{(2)}+100v^{10}-0.3v^{10}\times 100+0.3v^{10}P$$
$$\Rightarrow P=\frac{5.2a_{\overline{10|}}^{(2)}+100v^{10}-30v^{10}}{1-0.3v^{10}}$$
$$=\frac{37.1510+35.5845}{0.8475}$$
$$=85.8236(\text{元})$$

（2）债券的年运行收益率为：

$$\frac{(1-35\%)\times 100\times 8\%}{85.8236}=6.06\%$$

【例11-31】一种股票每年支付1次股利，下一次股利支付在8个月后，且每股支付的股利金额为12元，之后每次股利金额均按4%的比例增长。股票价格为240元/股。假设年通货膨胀率为3%，请计算购买股票可获得的真实年利率。

解：设货币年利率为i，真实年利率为i'。以货币年利率表示的价值等式可写为：

$$240=12v^{8/12}+12\times(1+4\%)v^{20/12}+12\times(1+4\%)^2v^{32/12}+\cdots$$
$$=12v^{8/12}\times\left[1+(1+4\%)v+(1+4\%)^2v^2+\cdots\right]$$
$$=12v^{2/3}\times\frac{1}{1-(1+4\%)v}$$

当i=9%时，上式右边为246.9942；当i=9.5%时，上式右边为224.8830。

用试错法可算得：

$$i \approx 9\% + \frac{240 - 246.9942}{224.8830 - 246.9942} \times (9.5\% - 9\%) = 9.1582\%$$

真实年利率为：

$$i' = \frac{1 + i}{1 + 3\%} - 1 = 5.98\%$$

【例11-32】(1) 已知某国的所得税和资本增益税都在每年的4月1日征收，且均以前一年的税基发生金额为征税基础。一种固定收益债券于2013年1月1日发行，20年后以面值的105%赎回。债券的年票息率为7%，票息每半年支付1次。某投资者适用的所得税税率为30%，资本增益税税率为35%。投资者在债券发行日以价格96 000元买入了面值为100 000元的债券。假设在债券存续期内，每年的通货膨胀率为2.5%，请计算投资者的真实年赎回收益率。(2) 如果这两种税均在每年的3月1日征收，无须计算，请说明(1)项中的结果会变大还是变小。

解：(1) 由于100 000 × 105% = 105 000 > 96 000，可判断债券存在资本增益，因此债券的价值等式可写为：

$$96\,000 = 10\,000 \times 7\% a_{\overline{20}|}^{(2)} + 105\,000 v^{20} - (105\,000 - 96\,000) \times 35\% v^{20.25} - 100\,000 \times 7\% \times 30\% a_{\overline{20}|} v^{0.25}$$

$$\Rightarrow 96\,000 = 7\,000 a_{\overline{20}|}^{(2)} + 105\,000 v^{20} - 3\,150 v^{20.25} - 2\,100 a_{\overline{20}|} v^{0.25}$$

当利率为5%时，上式右边为：

$$88\,312.6157 + 39\,573.3957 - 1\,172.8089 - 25\,853.3632 = 100\,859.8393$$

当利率为6%时，上式右边为：

$$81\,476.2476 + 32\,739.4963 - 967.9809 - 23\,738.4995 = 89\,509.2635$$

用试错法可算得：

$$i \approx 5\% + \frac{96\,000 - 100\,859.8393}{89\,509.2635 - 100\,859.8393} \times (6\% - 5\%) = 5.4282\%$$

真实年赎回收益率为：

$$i' = \frac{1 + i}{1 + 2.5\%} - 1 = 2.86\%$$

(2) 当两税更早征收时，税收的现值将变大，投资者的收益率将下降，因此(1)项中的结果将变小。

【例11-33】一种指数连接债券于2017年3月15日发行，期限为15年，名义票息率为5%，票息每半年支付1次，名义赎回值为面值。实际票息金额和赎回值金额均与零售价格指数相连接，但是存在7个月的滞后期。2016年8月的零售价格指数为202，2017年2月的零售价格指数为207。(1) 假设零售价格指数从2017年2月以后以每年6%的比例增长（同复利增值方式）。一个无须交税的投资者在债券发行日购买债券，并持有到期，每年计息2次的年真实名义利率为4%，请计算债券的发行价格。(2) 假设有另一个只需要缴纳资本增益税的投资者，当债券赎回值的真实价值超过债券发行价格的真实价值时，超过部分需要按税率35%缴纳资本增益税。这里真实价值是按照债券赎回日当天的零售价格指数计算的。假设投资者以(1)项中计算的发行价格购买债券，并持有到期，且零售价格指数从2017年2月以后以每年4%的比例增长（同复利增值方式），请计算投资者获得的每年计息2次的年真实名义利率。

解：(1) 每半年的真实实际利率为：

$$4\% \div 2 = 2\%$$

每半年的货币实际利率为：

$$i=(1+2\%)\times(1+6\%)^{1/2}-1=5.0154\%$$

债券的发行价格为：

$$P=\frac{100\times5\%}{2}\times[\frac{207}{202}v+\frac{207\times(1+6\%)^{1/2}}{202}v^2+\cdots+\frac{207\times(1+6\%)^{29/2}}{202}v^{30}]+$$

$$100\times\frac{207\times(1+6\%)^{29/2}}{202}v^{30}@5.0154\%$$

$$=\frac{100\times5\%}{2}\times\frac{207}{202}v\times\frac{1-1.06^{30/2}v^{30}}{1-1.06^{1/2}v}+100\times\frac{207\times1.06^{29/2}}{202}v^{30}$$

$$=55.7297+54.9496$$

$$=110.68(元)$$

（2）判断债券是否需要缴纳资本增益税：

$$100\times\frac{207\times(1+4\%)^{29/2}}{202}-110.68\times(1+4\%)^{15}=-18.36<0$$

因此，债券不存在资本增益。设每半年的真实实际利率为i'，以每半年的真实实际利率表示的价值等式可写为：

$$110.68=\frac{100\times5\%}{2}\times[\frac{207}{202}\times\frac{1}{(1+4\%)^{1/2}}v'+\frac{207\times(1+4\%)^{1/2}}{202}\times\frac{1}{(1+4\%)^{2/2}}v'^2+\cdots+$$

$$\frac{207\times(1+4\%)^{29/2}}{202}\times\frac{1}{(1+4)^{30/2}}v'^{30}]+100\times\frac{207\times(1+4\%)^{29/2}}{202}\times\frac{1}{(1+4\%)^{30/2}}v'^{30}$$

$$=2.5\times\frac{207}{202}\times\frac{1}{(1+4\%)^{1/2}}\times\left[v'+v'^2+\cdots+v'^{30}\right]+100\times\frac{207}{202}\times\frac{1}{(1+4\%)^{1/2}}v'^{30}$$

$$=\frac{207}{202}\times\frac{1}{(1+4\%)^{1/2}}\times(2.5a_{\overline{30|}@i'}+100v'^{30})$$

当真实实际利率为2%时，上式右边为111.7378；当真实实际利率为2.5%时，上式右边为100.4852。

用试错法可算得：

$$i'\approx2\%+\frac{110.68-111.7378}{100.4852-111.7378}\times(2.5\%-2\%)=2.047\%$$

因此，每年计息2次的年真实名义收益率为：

$$2.047\%\times2=4.094\%$$

【例11-34】 一种可赎回债券产品，面值为300 000元，年票息率为7%，票息每季度末支付1次。债券发行人有权在产品发行后15~20年间的任一票息支付日（在当次票息支付后），以面值的110%赎回产品。（1）一个投资者适用的所得税税率为35%（获得票息时支付），资本增益税税率为30%（产品赎回时支付），在上述产品发行日购买产品，请计算购买价格为多少时，可使投资者至少获得6%的净实际年收益率。（2）在产品发行10个月后，（1）项中的投资者将产品卖给了另一个适用所得税税率为5%（获得票息时支付）、资本增益税税率为30%（产品赎回时支付）的投资者。在下列两种情况下：（a）产品在最早的赎回日赎回；（b）产品在最晚的赎回日赎回。请计算第二个投资者的购买价格为多少时，可使其获得6%的净实际年收益率。（3）解释（2）项中第二个投资者如果想要至少获得6%的净实际年收益率，应该选择支付的产品价格。

解：（1）判断第一个投资者是否需要缴纳资本增益税：

$$(1-t_1)\frac{D}{R}=(1-35\%)\times\frac{300\ 000\times7\%}{300\ 000\times110\%}=4.136\%$$

$i^{(4)}@6\% = 5.870\%$

由此可知$(1-t_1)\dfrac{D}{R} < i^{(4)}$，债券存在资本增益。在有资本增益的情况下，越晚赎回债券对投资者越不利。在最不利的情况下，为保证投资者可以获得6%的净实际年收益率，需要假设产品在第20年年末赎回时，产品的价格为：

$$P = 300\,000 \times 7\% \times (1-35\%)a_{\overline{20}|}^{(4)} + [300\,000 \times 110\% - 30\% \times (300\,000 \times 110\% - P)]v^{20}$$
$$= 13\,650a_{\overline{20}|}^{(4)} + (330\,000 - 99\,000 + 0.3P)v^{20}$$
$$\Rightarrow P = \frac{13\,650a_{\overline{20}|}^{(4)} + 231\,000v^{20}}{1-0.3v^{20}}$$
$$= \frac{160\,044.3635 + 72\,026.8919}{0.90646}$$
$$= 256\,019.30(\text{元})$$

（2）判断第二个投资者是否需要缴纳资本增益税：

$$(1-t_1)\frac{D}{R} = (1-5\%) \times \frac{300\,000 \times 7\%}{300\,000 \times 110\%} = 6.045\%$$

$i^{(4)}@6\% = 5.870\%$

由此可知$(1-t_1)\dfrac{D}{R} > i^{(4)}$，债券不存在资本增益。

（a）在第15年年末赎回时，产品价格为：

$$P = (1+i)^{1/12} \times \left[300\,000 \times 7\% \times (1-5\%)a_{\overline{15-3/4}|}^{(4)} + 300\,000 \times 110\% v^{15-3/4}\right]$$
$$= (1+i)^{1/12} \times (19\,950a_{\overline{14.25}|}^{(4)} + 330\,000v^{14.25})$$
$$= (1+i)^{1/12} \times (191\,730.6435 + 143\,848.5074)$$
$$= 337\,212.60(\text{元})$$

（b）在第20年年末赎回时，产品价格为：

$$P = (1+i)^{1/12} \times \left[300\,000 \times 7\% \times (1-5\%)a_{\overline{20-3/4}|}^{(4)} + 300\,000 \times 110\% v^{20-3/4}\right]$$
$$= (1+i)^{1/12} \times (19\,950a_{\overline{19.25}|}^{(4)} + 330\,000v^{19.25})$$
$$= (1+i)^{1/12} \times (229\,176.8206 + 107\,491.9728)$$
$$= 338\,307.55(\text{元})$$

（3）因为（2）项中第二个投资者购买的产品不存在资本增益的情况，所以越早赎回产品对投资者越不利。在最不利的情况下，为保证投资者可以获得6%的净实际年收益率，投资者愿意支付的最高价格不会超过在第15年年末赎回时的价格，即（2）项中（a）计算得到的337 212.60元。

【例11-35】一种指数连接债券于2020年6月1日发行，于2022年6月1日赎回。每100元面值的名义赎回值为100元，名义票息率为3.5%，票息每半年支付1次。实际票息收入和赎回值与滞后6个月的消费价格指数相连接。相应期间的消费价格指数，见表11-3。

表11-3　相应期间的消费价格指数

日期	消费价格指数	日期	消费价格指数
2019年12月	100	2021年6月	110
2020年6月	103	2021年12月	112
2020年12月	106	2022年6月	117

某投资者在上述债券的发行日购入200 000元面值债券，并持有到期。每100元面值债券的发行价格为95元。投资者适用的所得税税率为30%，资本增益税税率为35%。在计算债券的资本增益时，债券价格允许与价格指数相连接，即允许债券价格按照赎回日与债券购买日之间的价格指数变化而按比例上浮。请计算：（1）投资者应缴纳的资本增益税；（2）投资者的净赎回收益率。

解：（1）用于计算资本增益的价格为：

$$95 \times \frac{200\,000}{100} \times \frac{117}{103} = 215\,825.2427\text{（元）}$$

资本增益税为：

$$(200\,000 \times \frac{112}{100} - 215\,825.2427) \times 35\% = 2\,861.17\text{（元）}$$

（2）价值等式可写为：

$$95 \times \frac{200\,000}{100} = \frac{3.5\% \times 200\,000}{2} \times \frac{103}{100} \times (1 - 30\%)v^{0.5} + \frac{3.5\% \times 200\,000}{2} \times \frac{106}{100} \times (1 - 30\%)v + \frac{3.5\% \times 200\,000}{2} \times \frac{110}{100} \times (1 - 30\%)v^{1.5} + \frac{3.5\% \times 200\,000}{2} \times \frac{112}{100} \times (1 - 30\%)v^{2} + (200\,000 \times \frac{112}{100} - 2\,861.17)v^{2}$$

$$\Rightarrow 95 = 1.26175v^{0.5} + 1.2985v + 1.3475v^{1.5} + 111.941415v^{2}$$

当利率为10%时，上式右边为96.0650；当利率为11%时，上式右边为94.3738。

用试错法可算得：

$$i \approx 10\% + \frac{95 - 96.0650}{94.3738 - 96.0650} \times (11\% - 10\%) = 10.63\%$$

【例11-36】一种年票息率为12%的债券于1年前发行，票息每半年支付1次，再过9年后以面值赎回。（1）一个投资者适用的所得税税率为30%，且不需要缴纳资本增益税，投资者在债券发行日购买上述债券产品，净赎回收益率为8%，请计算每100元面值债券的价格。（2）如果市场利率发生了变化，投资者决定将债券卖出，此时有另一位投资者，其适用的所得税税率为20%，资本增益税税率为35%。如果购买债券可获得10%的净赎回收益率，那么第二位投资者将决定购买债券，请计算第一位投资者可获得的每100元面值对应的最高卖价。（3）请计算第二位投资者的年运行收益率。（4）按照（2）项中的价格进行交易，计算第一位投资者可获得的净赎回收益率。

解：（1）第一个投资者的购买价格为（每100元面值）：

$$\begin{aligned}P_1 &= 12\% \times 100 \times (1 - 30\%)a_{\overline{10}|}^{(2)} + 100v^{10}\\ &= 8.4a_{\overline{10}|}^{(2)} + 100v^{10}\\ &= 57.4703 + 46.3193\\ &= 103.79(\text{元})\end{aligned}$$

（2）判断第二个投资者是否存在资本增益：

$$(1 - t_1)\frac{D}{R} = (1 - 20\%) \times \frac{12\%}{100\%} = 0.096$$

$$i^{(2)}@10\% = 0.09762$$

由此可知$(1 - t_1)\dfrac{D}{R} < i^{(2)}@10\%$，债券存在资本增益。第二个投资者愿意支付的最高价格（即第一位投资者能得到的最高价格）为：

$$P_2 = 12 \times (1-20\%) a_{\overline{9}|}^{(2)} + 100\nu^9 - 35\% \times (100 - P_2)\nu^9$$
$$= 9.6a_{\overline{9}|}^{(2)} + 100\nu^9 - 35\nu^9 + 0.35P_2\nu^9$$
$$\Rightarrow P_2 = \frac{9.6a_{\overline{9}|}^{(2)} + 65\nu^9}{1-0.35\nu^9}$$
$$= \frac{56.6359 + 27.5663}{0.85157}$$
$$= 98.88(\text{元})$$

（3）第二位投资者的年运行收益率为：

$$\frac{12 \times (1-20\%)}{98.88} = 9.71\%$$

（4）第一个投资者的净赎回收益率为：

$$103.79 = \frac{8.4}{2}\nu^{0.5} + \left(98.88 + \frac{8.4}{2}\right)\nu$$
$$\Rightarrow 103.79 = 4.2\nu^{0.5} + 103.08\nu$$
$$\Rightarrow 103.08\nu + 4.2\nu^{0.5} - 103.79 = 0$$
$$\Rightarrow \nu^{0.5} = \frac{-4.2 \pm \sqrt{4.2^2 + 4 \times 103.08 \times 103.79}}{2 \times 103.08} = 0.9833$$
$$\Rightarrow \nu = 0.9668$$
$$\Rightarrow i = 3.43\%$$

本章小结

基本复利问题包括：（1）在给定利率的情况下计算某种产品的价格；（2）在给定某种产品价格的情况下计算产品收益率。

赎回收益率是假设投资者将债券持有到赎回日而获得的收益率。运行收益率是债券年票息金额除以债券价格的比率，是投资者购买债券开始“运行”就可以计算的收益率。

投资者需要为票息收入支付所得税，为赎回值超过价格的部分支付资本增益税。在考虑两种税的情况下建立价值等式，是计算固定收益债券价格和收益率的基本方法。债券票息所得税收取时间可能存在不同规定，需要根据具体的税收要求调整债券的价值等式。

可赎回债券是一种发行时不给出固定赎回日的债券。可赎回债券的投资者无法事前判断发行者会选择在什么时候赎回债券，因此通过建立价值等式只能计算：（1）为了至少获得某特定收益率而愿意支付的可赎回债券最高价格；（2）在特定价格水平下，其能够获得的最低收益率。

非固定收益产品的价格和收益率较难确定。在假设股票有确定的股息支付和明确的股利增长率的情况下，可以计算股票的理论价格和收益率；在假设不动产有规律性租金收入的情况下，可以计算不动产的价格和收益率。

指数连结债券是一种未来票息和赎回值均随通货膨胀指数变化而变化的债券。在给定未来通货膨胀率或通货膨胀指数的情况下，可以估计出指数连结债券未来的票息收入和赎回值，进而计算债券的价格或收益率。

关键概念

所得税　资本增益税　固定收益债券价格　赎回收益率　运行收益率　可赎回债券

可赎回债券最高价格　可赎回债券最低收益率　股票　不动产　指数连结债券

综合训练

1. 一个投资者购买了一种按面值赎回的债券，债券的年票息率为9%，票息每半年支付1次。投资者购买债券的日子距离下次票息支付日还有10天，因此债券的购买价格为除息价格。在下一次支付票息后，债券离到期日还有7年，请计算投资者的购买价格为多少时，才可以获得7%的赎回收益率（假设投资者无须支付任何税款。每年按365天计算）。

2. 假设一种每年支付1次股利的股票在刚刚支付过股利后被卖出。下一次股利支付率为每1元价值的股票支付d元股利。如果股利按照每年g比例上涨，而年通货膨胀率为e，请证明购买股票的真实年回报率为$i=\dfrac{d+g-e}{1+e}$（假设股利支付是永续的，且$\dfrac{1+g}{1+e}<1+i$）。

3. 某投资者于2014年1月1日购买了一种新发行的债券。债券的年票息率为8%，票息每半年支付1次。投资者适用的所得税税率为35%，所得税要求在每年的4月1日支付，以前一年（前1年4月1日至本年3月31日）的所得收入为基础征收。投资者适用的资本增益税税率为30%，资本增益税在取得资本增益时征收。债券在5年后以面值的105%赎回，请计算投资者支付的价格为多少时，才可以获得7.5%的年实际回报率。

4. 一种新发行的20年期的固定收益债券，票息每半年支付1次，到期按面值赎回。预期每年计息2次的年名义利率在未来5年内为6.5%，之后的10年内为7.5%，再之后将保持为8.5%。假设100元面值的债券价格为100元，请计算债券的年票息率（可忽略税收因素）。

5. 一个投资者在0时刻以价格37 500元购买了一份年金产品，该产品每年年末支付给投资者15 000元，持续3年。3年间的消费价格指数，见表11-4。

表11-4　3年间的消费价格指数

时间（年）	$t=0$	$t=1$	$t=2$	$t=3$
价格指数	130.5	143.4	150.6	160.8

请计算：（1）投资者获得的真实年实际回报率；（2）投资者获得的货币年实际回报率。

第11章综合训练答案

第12章

远期利率与利率风险免疫

目标引领

价值塑造

本章通过介绍我国商业银行利率风险管理的必要性，引导学生了解利率风险的存在，理解利率风险对金融机构、金融市场以及国家金融系统稳定的重要意义，从而体会出利率管理的重要性以及中国利率管理的思路和理念。

知识传授

通过对本章的学习，理解并推导出即期利率（即期利息力）与远期利率（远期利息力）之间的关系；理解并学会计算现金流的久期和凸性，学会用久期和凸性解释现金流价值受利率变动影响的敏感性；学会为负债组合构造能够抵御利率风险的资产组合，并判断免疫（Immunisation）条件是否成立。

思维导图

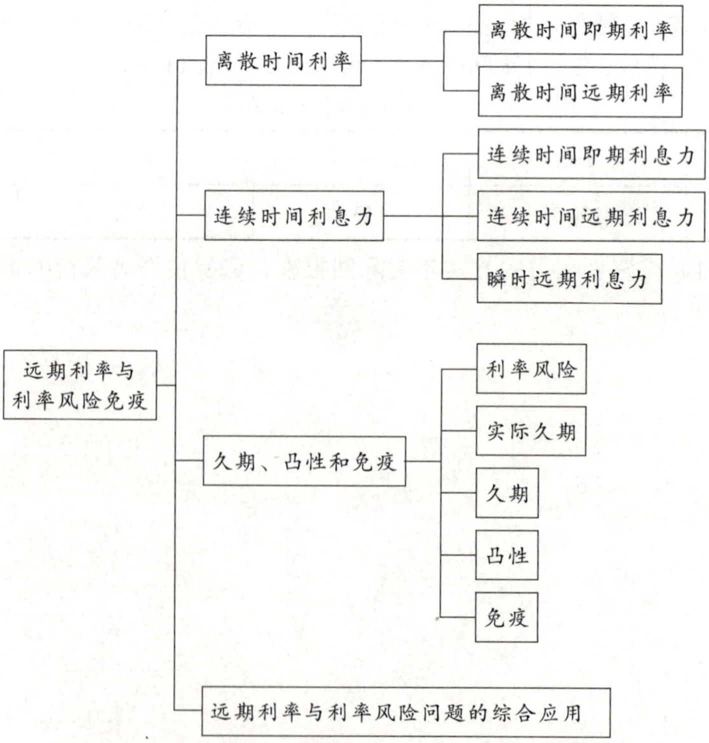

开篇导读

到目前为止，我们学习的内容都忽略了利率与期限之间的关系。但实务中利率通常都与期限密切相关，如1年期利率可能与3年期利率不同，当下的1年期利率可能与3年后开始的1年期利率不同等。因此，在研究利率问题时，把期限因素纳入考量是非常重要的。

为了便于研究这一问题，我们需要用到“单位面值零票息债券”的价格和收益率。零票息债券是不支付利息的债券，投资者通常以债券面值的折扣价买入，并在到期日按面值赎回。n年期单位面值零票息债券就是在n年年末支付1单位金额，而期间没有任何票息支付的债券，被称为“纯折现债券”。令刚刚发行的n年期单位面值零票息债券的价格为P_n，其内含收益率为y_n。我们将借助单位零票息债券的价格和收益率计算其他现金流的现值。

12.1 离散时间利率

12.1.1 离散时间即期利率

n年期单位零票息债券的内含收益率y_n，被称为“n年期即期利率”。n年期即期利率实际上衡量的是从“现在”开始到n年年末的平均利率水平。根据零票息债券的价值等式，我们可以求得n年期单位零票息债券的内含收益率：

$$P_n = \frac{1}{(1+y_n)^n} \Rightarrow y_n = P_n^{-\frac{1}{n}} - 1 \tag{12-1}$$

【例12-1】不同期限的单位零票息债券的价格，见表12-1：

表12-1 不同期限的单位零票息债券的价格

1年期	5年期	10年期	15年期
0.94元	0.70元	0.47元	0.30元

请计算这些期限下的即期利率，并画出利率随期限变化的函数图（如图12-1所示）。

解：1年期的即期利率为：

$$0.94 = \frac{1}{(1+y_1)} \Rightarrow y_1 = 6.38\%$$

5年期的即期利率为：

$$0.70 = \frac{1}{(1+y_5)^5} \Rightarrow y_5 = 7.39\%$$

10年期的即期利率为：

$$0.47 = \frac{1}{(1+y_{10})^{10}} \Rightarrow y_{10} = 7.84\%$$

15年期的即期利率为：

$$0.30 = \frac{1}{(1+y_{15})^{15}} \Rightarrow y_{15} = 8.36\%$$

实际上，任何一种固定收益产品都可以被看作是几种零票息债券的结合。例如，一种

n年期债券，每年年末支付票息D，n年年末以R赎回。这种债券可以被看作是n份赎回值为D，期限分别为1，2，…，n年的零票息债券，加上一份赎回值为R的n年期零票息债券。在t（t=1，2，…，n）年期单位零票息债券价格$P_t=(1+y_t)^{-1}$的假设下，上述债券的价格可表示为：

$$D(P_1+P_2+\cdots+P_n)+RP_n=D[(1+y_1)^{-1}+(1+y_2)^{-2}+\cdots+(1+y_n)^{-n}]+R(1+y_n)^{-n}$$

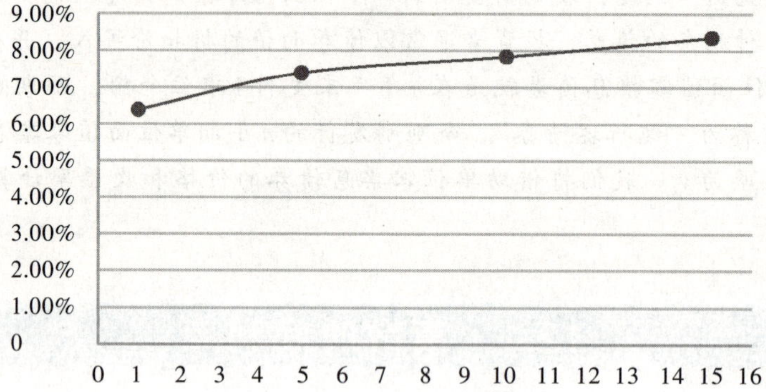

图12-1　利率随期限变化的函数图

不同期限利率的变化趋势通常被称为"利率的期限结构（Term Structure of Interest Rates）"或"收益率曲线（Yield Curve）"。收益率曲线分为很多种，如即期利率曲线、远期利率曲线和赎回收益率曲线等。

【例12-2】一种5年期固定收益债券，年票息率为6%，票息每年年末支付，到期以面值赎回。假设表12-2为即期利率的期限结构：

表12-2　即期利率的期限结构

1年期	2年期	3年期	4年期	5年期
7%	7.25%	7.5%	7.75%	8%

试求：（1）面值为100元的债券价格；（2）债券的毛赎回收益率。

解：（1）100元面值的债券价格为：

$$\begin{aligned}P&=100\times6\%\times[(1+7\%)^{-1}+(1+7.25\%)^{-2}+(1+7.5\%)^{-3}+(1+7.75\%)^{-4}+(1+8\%)^{-5}]+\\&\quad 100\times(1+8\%)^{-5}\\&=6\times4.0314+100\times0.6806\\&=92.25(\text{元})\end{aligned}$$

（2）建立债券的价值等式，即：

$$92.25=6\%\times100a_{\overline{5}|}+100v^5$$

当利率为7.5%时，价值等式右边为93.9312；当利率为8%时，价值等式右边为92.0146。

用线性插值法可算得：

$$i\approx7.5\%+\frac{92.25-93.9312}{92.0146-93.9312}\times(8\%-7.5\%)=7.94\%$$

【例12-3】有三种债券，其期限分别为1年期、2年期和3年期。三种债券的年票息率均为8%，且票息均为每年年末支付，在债券到期日均以面值的110%赎回。100元面值的三种债券的价格均为97元。试求：（1）3年期债券的毛赎回收益率；（2）1年期即期年利率、2年期即期年利率和3年期即期年利率。

解：（1）3年期债券的价值等式可写为：

$$97 = 8\% \times 100a_{\overline{3}|} + 110\% \times 100v^3$$

当利率为12%时，上式右边为97.5105；当利率为12.5%时，上式右边为96.3073。

用试错法可算得：

$$i \approx 12\% + \frac{97 - 97.5105}{96.3073 - 97.5105} \times (12.5\% - 12\%) = 12.21\%$$

（2）设1年期即期年利率为 y_1，2年期即期年利率为 y_2，3年期即期年利率为 y_3，可得：

$$97 = \frac{110 + 8}{1 + y_1} \Rightarrow y_1 = \frac{118}{97} - 1 = 21.65\%$$

$$97 = \frac{8}{1 + y_1} + \frac{110 + 8}{(1 + y_2)^2} \Rightarrow y_2 = \sqrt{90.4237} - 1 = 14.24\%$$

$$97 = \frac{8}{1 + y_1} + \frac{8}{(1 + y_2)^2} + \frac{110 + 8}{(1 + y_3)^3} \Rightarrow y_3 = \sqrt[3]{1.3999} - 1 = 11.87\%$$

12.1.2　离散时间远期利率

到目前为止，我们学习的利率都是即期利率，即从“现在”开始的一段时期内的利率水平。接下来，我们要学习远期利率，即从“未来”某个时点开始的未来一段时期内的利率水平。

离散时间框架下的远期利率 $f_{t,\,r}$ 是在0时刻确定的、未来 $t > 0$ 时刻开始持续 r 期的平均利率水平。也就是说，如果投资者在0时刻确定要在未来 t 时刻投资100元持续 r 期，那么该项投资在 $t + r$ 时刻的积累值为：

$$100 \times (1 + f_{t,\,r})^r$$

远期利率、即期利率和零票息债券的价格之间是相关联的。如果投资者在0时刻投资1单位金额，在 t 时刻的积累值为 $(1 + y_t)^t$，而这笔金额从 t 时刻开始继续积累 r 年，在 $t + r$ 时刻的积累值为 $(1 + y_t)^t(1 + f_{t,\,r})^r$。同时，我们知道 $t+r$ 时刻的即期利率为 y_{t+r}，因此在0时刻投资1单位金额，直接积累到 $t + r$ 时刻的积累值为 $(1 + y_{t+r})^{t+r}$。此外，$t + r$ 时刻零票息债券的价格为 P_{t+r}，意味着0时刻投资 P_{t+r} 金额，在 $t + r$ 时刻的积累值为1，那么相应的0时刻投资1单位金额，在 $t + r$ 时刻的积累值就是 P_{t+r}^{-1}。综上所述可分析得到：

$$(1 + y_t)^t(1 + f_{t,\,r})^r = (1 + y_{t+r})^{t+r} = P_{t+r}^{-1}$$

经整理可得到：

$$(1 + f_{t,\,r})^r = \frac{(1 + y_{t+r})^{t+r}}{(1 + y_t)^t} = \frac{P_t}{P_{t+r}} \qquad (12\text{-}2)$$

只持续1期的远期利率有更简单的表达方式，t 时刻开始持续1期的远期利率可表示为 $f_t = f_{t,\,1}$。令 $f_0 = y_1$，0时刻投资1单位金额按即期利率 y_t 积累 t 期和0时刻投资1单位金额在 t 期内逐期按远期利率积累应得到同样的结果，即：

$$(1 + y_t)^t = (1 + f_0)(1 + f_1)(1 + f_2)\cdots(1 + f_{t-1})$$

同样的道理，可得 $(1 + y_{t+1})^{t+1} = (1 + f_0)(1 + f_1)(1 + f_2)\cdots(1 + f_{t-1})(1 + f_t)$，进而得到用即期利率表示的从 t 时刻到 $t+1$ 时刻的1年期远期利率为：

$$(1 + f_t) = \frac{(1 + y_{t+1})^{t+1}}{(1 + y_t)^t} \qquad (12\text{-}3)$$

【例 12-4】如果n年期即期利率可以表示为函数$y_n = 0.09 - 0.03e^{-0.1n}$，请计算10时刻开始的1年期远期利率。

解：10年期即期利率为：

$$y_{10} = 0.09 - 0.03e^{-0.1\times 10} = 0.07896$$

11年期即期利率为：

$$y_{11} = 0.09 - 0.03e^{-0.1\times 11} = 0.08001$$

进一步计算可得：

$$1 + f_{10} = \frac{(1+y_{11})^{11}}{(1+y_{10})^{10}} = \frac{1.08001^{11}}{1.07896^{10}} = 1.0906$$

$$\Rightarrow f_{10} = 1.0906 - 1 = 0.0906$$

所以，10时刻开始的1年期远期利率为9.06%。

【例 12-5】已知4年、6年和8年的即期年利率分别为7%、6.5%和6%。从5时刻开始持续3年的远期年利率为6.3%，请分别计算：（1）f_4；（2）$f_{6,2}$；（3）y_5；（4）$f_{4,4}$。

解：（1）由题意可知：

$$(1+y_4)^4(1+f_4)(1+f_{5,3})^3 = (1+y_8)^8 \Rightarrow 1+f_4 = \frac{(1+6\%)^8}{(1+7\%)^4\times(1+6.3\%)^3} = 1.0123 \Rightarrow f_4 = 1.23\%$$

（2）由题意可知：

$$(1+y_6)^6(1+f_{6,2})^2 = (1+y_8)^8 \Rightarrow 1+f_{6,2} = [\frac{(1+6\%)^8}{(1+6.5\%)^6}]^{1/2} = 1.0451 \Rightarrow f_{6,2} = 4.51\%$$

（3）由题意可知：

$$(1+y_5)^5(1+f_{5,3})^3 = (1+y_8)^8 \Rightarrow 1+y_5 = [\frac{(1+6\%)^8}{(1+6.3\%)^3}]^{1/5} = 1.0582 \Rightarrow y_5 = 5.82\%$$

（4）由题意可知：

$$(1+y_4)^4(1+f_{4,4})^4 = (1+y_8)^8 \Rightarrow 1+f_{4,4} = [\frac{(1+6\%)^8}{(1+7\%)^4}]^{1/4} = 1.0501 \Rightarrow f_{4,4} = 5.01\%$$

【例 12-6】1年、2年和3年的即期年利率分别为3.3%、3.5%和3.8%。从3时刻开始的2年期远期年利率为4.5%，从4时刻开始的1年期远期年利率为5%。试求：（1）从1时刻开始的3年期远期年利率；（2）3年、4年和5年的年末分别支付100元的现金流在0时刻的现值。

解：（1）设1年、2年和3年的即期年利率分别为y_1、y_2和y_3，3时刻开始的2年期远期年利率为$f_{3,2}$，4时刻开始的1年期远期年利率为$f_{4,1}$，1时刻开始的3年期远期年利率为$f_{1,3}$，有如下关系：

$$(1+y_3)^3(1+f_{3,2})^2 = (1+y_4)^4(1+f_{4,1})$$

$$\Rightarrow (1+y_4)^4 = \frac{(1+y_3)^3(1+f_{3,2})^2}{1+f_{4,1}}$$

$$(1+y_1)(1+f_{1,3})^3 = (1+y_4)^4 = \frac{(1+y_3)^3(1+f_{3,2})^2}{1+f_{4,1}}$$

$$\Rightarrow (1+f_{1,3})^3 = \frac{(1+y_3)^3(1+f_{3,2})^2}{(1+f_{4,1})(1+y_1)} = \frac{(1+3.8\%)^3\times(1+4.5\%)^2}{(1+5\%)\times(1+3.3\%)}$$

$$\Rightarrow f_{1,3} = 4.035\%$$

（2）设4年和5年的即期年利率分别为y_4和y_5，在0时刻的现值为：

$$
\begin{aligned}
PV &= \frac{100}{(1+y_3)^3} + \frac{100}{(1+y_4)^4} + \frac{100}{(1+y_5)^5} \\
&= \frac{100}{(1+y_3)^3} + \frac{100(1+f_{4,1})}{(1+y_3)^3(1+f_{3,2})^2} + \frac{100}{(1+y_3)^3(1+f_{3,2})^2} \\
&= \frac{100}{(1+3.8\%)^3} + \frac{100\times(1+5\%)}{(1+3.8\%)^3\times(1+4.5\%)^2} + \frac{100}{(1+3.8\%)^3\times(1+4.5\%)^2} \\
&= 89.4145 + 85.9735 + 81.8795 \\
&= 257.27(\text{元})
\end{aligned}
$$

【例12-7】(1) n年期即期年利率可由函数$y_n = 0.06 - \frac{n}{400}$($n = 1, 2, 3$)表示，请分别计算从1时刻开始的1年期远期年利率和从2时刻开始的1年期远期年利率；(2) 一个投资者购买了一种3年期债券，年票息率为7%，票息每年年末支付1次，到期按面值赎回，请计算100元面值债券的公平价格；(3) 根据上述条件，请计算投资者的毛赎回收益率。

解：(1) 1年、2年和3年的即期年利率分别为：

$y_1 = 0.0575$，$y_2 = 0.055$，$y_3 = 0.0525$

设1时刻开始的1年期远期利率为$f_{1,1}$，2时刻开始的1年期远期利率为$f_{2,1}$，可得：

$$(1+y_1)(1+f_{1,1}) = (1+y_2)^2 \Rightarrow f_{1,1} = \frac{(1+y_2)^2}{1+y_1} - 1 = 5.25\%$$

$$(1+y_2)^2(1+f_{2,1}) = (1+y_3)^3 \Rightarrow f_{2,1} = \frac{(1+y_3)^3}{(1+y_2)^2} - 1 = 4.752\%$$

(2) 债券价格为：

$$P = \frac{100\times 7\%}{1+y_1} + \frac{100\times 7\%}{(1+y_2)^2} + \frac{100\times 7\% + 100}{(1+y_3)^3} = 104.68(\text{元})$$

(3) 设投资者的毛赎回收益率为i，价值等式可写为：

$$104.68 = 7a_{\overline{3|}} + 100v^3$$

当利率为5%时，上式右边为105.4465；当利率为6%时，上式右边为102.6730。

用试错法可算得：

$$i \approx 5\% + \frac{104.68 - 105.4465}{102.6730 - 105.4465}\times(6\% - 5\%) = 5.28\%$$

12.2 连续时间利息力

12.2.1 连续时间即期利息力

连续时间即期利息力是指与离散时间框架下的即期实际利率等价的利息力。令P_t为t年期单位零票息债券的价格，Y_t为t年期即期利息力，则：

$$P_t = e^{-Y_t t} \Rightarrow Y_t = -\frac{1}{t}\ln P_t \tag{12-4}$$

t年期即期利息力Y_t和t年期即期利率y_t之间的关系，与我们之前学习的δ和i之间的关系相同。1单位金额按照即期利率y_t积累t期的积累值为$(1+y_t)^t$，而按照即期利息力Y_t积累t期的积累值为$e^{Y_t t}$，二者应该相等，因此$(1+y_t)^t = e^{Y_t t} \Rightarrow y_t = e^{Y_t} - 1$。

12.2.2 连续时间远期利息力

连续时间远期利息力$F_{t,r}$是指与离散时间框架下的远期实际利率等价的利息力。t时刻开始持续r期的远期利息力$F_{t,r}$与t时刻开始持续r期的远期利率$f_{t,r}$之间的关系，也与δ和i之间的关系相同。t时刻投资1单位金额按照远期利率$f_{t,r}$积累r期的积累值为$(1+f_{t,r})^r$，而按照远期利息力$F_{t,r}$积累r期的积累值为$e^{F_{t,r}r}$，二者应该相等，因此$(1+f_{t,r})^r = e^{F_{t,r}r} \Rightarrow f_{t,r} = e^{F_{t,r}} - 1$。

远期利息力、即期利息力和零票息债券的价格之间是相关联的。如果投资者在0时刻投资1单位金额，按即期利息力Y_t积累到t时刻的积累值为$e^{Y_t t}$，而这笔金额从t时刻开始继续按远期利息力$F_{t,r}$积累r年，在$t+r$时刻的积累值为$e^{Y_t t}e^{F_{t,r}r}$。同时，我们知道$t+r$时刻的即期利息力为Y_{t+r}，因此在0时刻投资1单位金额，直接积累到$t+r$时刻的积累值为$e^{Y_{t+r}(t+r)}$。因此，可得到：

$$e^{Y_t t}e^{F_{t,r}r} = e^{Y_{t+r}(t+r)} \Rightarrow Y_t t + F_{t,r}r = Y_{t+r}(t+r) \Rightarrow F_{t,r} = \frac{Y_{t+r}(t+r) - Y_t t}{r} \tag{12-5}$$

此外，将式（12-4）代入式（12-5）可得到：

$$F_{t,r} = \frac{1}{r}\ln\frac{P_t}{P_{t+r}} \tag{12-6}$$

【例 12-8】引用例 12-1 中不同期限的单位零票息债券的价格（见表 12-1），请计算Y_{10}和$F_{5,10}$。

解：由式（12-4）可得：

$$Y_{10} = -\frac{1}{10}\ln P_{10} = -\frac{1}{10}\ln 0.47 = 7.55\%$$

由式（12-6）可得：

$$F_{5,10} = \frac{1}{10}\ln\frac{P_5}{P_{15}} = \frac{1}{10}\ln\frac{0.7}{0.3} = 8.47\%$$

【例 12-9】已知2年期即期年实际利率为3%，3年期即期年实际利率为4%，4年期即期年实际利率为5%，请计算从2时刻开始的2年期远期利息力。

解：设2年期即期年实际利率为y_2，4年期即期年实际利率为y_4，2时刻开始的2年期远期利息力为$F_{2,2}$，则有以下关系：

$$(1+y_2)^2 e^{2\times F_{2,2}} = (1+y_4)^4 \Rightarrow F_{2,2} = \frac{1}{2}\ln\frac{(1+y_4)^4}{(1+y_2)^2} = \frac{1}{2}\ln\frac{(1+5\%)^4}{(1+3\%)^2} = 6.80\%$$

12.2.3 瞬时远期利息力

瞬时远期利息力是指持续时间无限趋近于0的远期利息力。t时刻的瞬时远期利息力定义为：

$$F_t = \lim_{r\to 0} F_{t,r}$$

将式（12-6）代入上式得到：

$$F_t = \lim_{r\to 0}\frac{1}{r}\ln\frac{P_t}{P_{t+r}} = \lim_{r\to 0}\frac{\ln P_t - \ln P_{t+r}}{r} = -\lim_{r\to 0}\frac{\ln P_{t+r} - \ln P_t}{r} = -\frac{d\ln P_t}{dt} \tag{12-7}$$

式（12-7）变形可得到$d\ln P_t = -F_t dt$，左右两边在0至t区间内积分可得：

$$\int_0^t d\ln P_t = -\int_0^t F_t dt \Rightarrow \ln P_t - \ln P_0 = -\int_0^t F_t dt \Rightarrow P_t = e^{-\int_0^t F_t dt} \tag{12-8}$$

其中，P_0相当于期限为0的单位零票息债券的价格，因此$P_0 = 1$。本章中单位零票息债券的价格P_t实际上相当于之前章节中的贴现函数$v(t)$。我们已经学习用函数利息力表示贴现函数，即$v(t) = e^{-\int_0^t \delta(s)ds}$，与式（12-8）对比可知，瞬时远期利息力$F_t$实际上是在不考虑利率期限结构下的函数利息力。

【例 12-10】已知单位零票息债券的价格可表示为t（$2 < t < 4$）的函数，即$P_t = \frac{100 - 2t^2}{100}$，请计算3时刻的瞬时远期利息力。

解：由式（12-7）可得：

$$F_t = -\frac{d\ln P_t}{dt} = -\frac{1}{P_t} \times \frac{dP_t}{dt} = -\frac{100}{100 - 2t^2} \times \frac{d \times \frac{100 - 2t^2}{100}}{dt} = -\frac{100}{100 - 2t^2} \times \frac{-4t}{100} = \frac{2t}{50 - t^2}$$

因此，当t=3时，则：

$$F_3 = \frac{2 \times 3}{50 - 3^2} = 14.63\%$$

值得注意的是，本章讨论的即期利率（即期利息力）、远期利率（远期利息力）以及单位零票息债券的价格都是基于0时刻视角的研究。当研究视角发生变化，如从v时刻来看，就会出现v时刻的即期利率（即期利息力）、远期利率（远期利息力）以及单位零票息债券的价格，同时相关问题的研究也会更加复杂。

12.3 久期、凸性和免疫

一个投资经理需要关注的主要问题之一，是当利率发生变化时，固定收益投资组合将受到怎样的影响，特别是这一影响是否会造成投资资产无法与负债相匹配的问题。本节我们将学习如何度量资产组合随利率变化的敏感程度，以及如何通过“免疫技术”最小化利率风险的影响。

为了方便研究，我们假设收益率曲线是平坦的，即对所有t和r，均有$y_t = f_{t,r} = i$和$Y_t = F_{t,r} = \delta$。

12.3.1 利率风险

假设一个机构投资者持有资产的现值为V_A，负债的现值为V_L，显然资产负债的现值均受利率变动的影响。假设该机构在0时刻运营良好，则有$V_A \geq V_L$，即资产现值大于等于负债现值。

当利率下降时，资产现值V_A和负债现值V_L均会上升；而当利率上升时，资产现值V_A和负债现值V_L均会下降。投资者担心的是下面两种情况：当利率下降时，资产现值上升的速度低于负债现值上升的速度；当利率上升时，资产现值下降的速度超过负债现值下降的速度。对于一个当前运营良好的投机机构，上述两种情况的存在，意味着该机构可能因为未来利率的变动，而出

启智增慧 12-1
我国商业银行利率风险管理的必要性

现资产现值低于负债现值的情况。

12.3.2 实际久期

衡量现金流现值对利率变动敏感程度的一个指标是实际久期（Effective Duration）或波动率（Volatility）。考虑现金流 C_{t_k}（k=1，2，…，n），令 V 表示利率为 i 时该现金流的现值，即：

$$V=\sum_{k=1}^{n}C_{t_k}(1+i)^{-t_k}$$

定义实际久期为：

$$\nu(i)=-\frac{dV}{V}\Big/di=-\frac{1}{V}\times\frac{dV}{di}=-\frac{V'}{V}=-\frac{\sum_{k=1}^{n}C_{t_k}(-t_k)(1+i)^{-t_k-1}}{\sum_{k=1}^{n}C_{t_k}(1+i)^{-t_k}}=\frac{\sum_{k=1}^{n}C_{t_k}t_k(1+i)^{-t_k-1}}{\sum_{k=1}^{n}C_{t_k}(1+i)^{-t_k}} \quad (12\text{-}9)$$

需要注意的是，实际久期用希腊字母“ν”表示，$\nu(i)$并非贴现函数。实际久期度量的是利率在微小变动情况下现金流现值的变化率。将实际久期的定义式整理，可得到：

$$\frac{dV}{V}=-di\nu(i)$$

当利率发生微小变动，即 $di=\varepsilon$ 时，现金流现值的变动率近似满足：

$$\frac{dV}{V}=-\varepsilon\nu(i)$$

12.3.3 久期

另一个衡量现金流现值对利率变动敏感程度的指标是久期（Duration），又称麦考林久期（Macaulay Duration）、折现平均期限（Discounted Mean Term，DMT）。久期是以现值为权重的现金流加权平均期限。现金流 C_{t_k}（k=1，2，…，n）的久期表示为：

$$\tau=\frac{\sum_{k=1}^{n}t_kC_{t_k}(1+i)^{-t_k}}{\sum_{k=1}^{n}C_{t_k}(1+i)^{-t_k}}$$

连续支付现金流的久期（折现平均期限）计算方法与上式类似，只需要将求和算法变成积分算法。假设连续现金流的支付力为 $\rho(t)$，其折现平均期限为：

$$\tau=\frac{\int_0^{\infty}t\rho(t)(1+i)^{-t}dt}{\int_0^{\infty}\rho(t)(1+i)^{-t}dt}$$

比较实际久期和久期的定义公式可知：

$$\tau=(1+i)\nu(i) \quad (12\text{-}10)$$

但需要注意以下两点：

（1）现金流的久期（折现平均期限）与计算现值的利率、现金流各笔支付的金额以及各笔支付的发生时间密切相关。

（2）由于久期（折现平均期限）是一种加权平均时间，因此其数值一定介于现金流各笔支付的发生时间之间。

【例12-11】一种10年期债券，年票息率为8%，票息每年年末支付1次，到期后按面值赎回。当利率分别为5%、10%和15%时，请计算债券的折现平均期限。

解：以100元面值为例，债券的折现平均期限为：

$$\mathrm{DMT}(i)=\frac{\sum_{t=1}^{10}8\%\times 100tv^{t}+10\times 100v^{10}}{\sum_{t=1}^{10}8\%\times 100v^{t}+100v^{10}}=\frac{8(Ia)_{\overline{10|}}+1\,000v^{10}}{8a_{\overline{10|}}+100v^{2}}$$

将利率5%、10%和15%分别代入上式，可得到：

$$\mathrm{DMT}(5\%)=\frac{928.9035}{123.1652}=7.54(年)$$

$$\mathrm{DMT}(10\%)=\frac{617.8306}{87.7109}=7.04(年)$$

$$\mathrm{DMT}(15\%)=\frac{423.1707}{64.8686}=6.52(年)$$

【例12-12】有四种年金，其期限均为25年期，每年年末支付1次，首次支付金额均为3 000元。四种年金分别满足：每年支付金额均相同；每年支付金额均比上年增加150元；每年支付金额均按6%的比例增长；每年支付金额均按8%的比例增长。在利率为8%的情况下，计算每种年金的折现平均期限（已知$\sum_{t=1}^{25}t^{2}\times 1.08^{-t}=1\,374.0555$）。

解：首先计算年金符号的价值：

$$(Ia)_{\overline{25|}@8\%}=\frac{\ddot{a}_{\overline{25|}}-25v^{25}}{i}=98.4789$$

$$a_{\overline{25|}@8\%}=\frac{1-v^{25}}{i}=10.6748$$

（1）第一种年金的现值可表示为：

$$3\,000v+3\,000v^{2}+\cdots+3\,000v^{25}=3\,000\sum_{t=1}^{25}v^{t}$$

第一种年金的折现平均期限为：

$$\mathrm{DMT}=\frac{3\,000\sum_{t=1}^{25}tv^{t}}{3\,000\sum_{t=1}^{25}v^{t}}=\frac{(Ia)_{\overline{25|}}}{a_{\overline{25|}}}=\frac{98.4789}{10.6748}=9.23(年)$$

（2）第二种年金的现值可表示为：

$$2\,850a_{\overline{25|}}+150(Ia)_{\overline{25|}}=2\,850\sum_{t=1}^{25}v^{t}+150\sum_{t=1}^{25}tv^{t}=\sum_{t=1}^{25}(2\,850+150t)v^{t}$$

第二种年金的折现平均期限为：

$$\begin{aligned}\mathrm{DMT}&=\frac{\sum_{t=1}^{25}t(2\,850+150t)v^{t}}{\sum_{t=1}^{25}(2\,850+150t)v^{t}}\\&=\frac{2\,850(Ia)_{\overline{25|}}+150\sum_{t=1}^{25}t^{2}v^{t}}{2\,850a_{\overline{25|}}+150(Ia)_{\overline{25|}}}\\&=\frac{2\,850\times 98.4789+150\times 1\,374.0555}{2\,850\times 10.6748+150\times 98.4789}\\&=10.77(年)\end{aligned}$$

（3）第三种年金的现值可表示为：

$$3\,000v + 3\,000 \times (1+6\%)v^2 + \cdots + 3\,000 \times (1+6\%)^{24}v^{25} = \sum_{t=1}^{25} 3\,000 \times (1+6\%)^{t-1}v^t$$

第三种年金的折现平均期限为：

$$\text{DMT} = \frac{\sum_{t=1}^{25} 3\,000 \times t \times (1+6\%)^{t-1}v^t}{\sum_{t=1}^{25} 3\,000 \times (1+6\%)^{t-1}v^t} = \frac{\sum_{t=1}^{25} t(1+6\%)^t v^t}{\sum_{t=1}^{25} (1+6\%)^t v^t}$$

令 $\frac{1}{1+i'} = v' = \frac{1+6\%}{1+8\%} \Rightarrow i' = 1.8868\%$，可得：

$$\text{DMT} = \frac{\sum_{t=1}^{25} tv'^t}{\sum_{t=1}^{25} v'^t} = \frac{(Ia)_{\overline{25|}}@i'}{a_{\overline{25|}}@i'} = \frac{\ddot{a}_{\overline{25|}@i'} - 25v'^{25}}{1 - v'^{25}} = 12.03(\text{年})$$

（4）第四种年金的现值可表示为：

$$\sum_{t=1}^{25} 3\,000 \times (1+8\%)^{t-1}v^t$$

第四种年金的折现平均期限为：

$$\text{DMT} = \frac{\sum_{t=1}^{25} 3\,000 \times t \times (1+8\%)^{t-1}v^t}{\sum_{t=1}^{25} 3\,000 \times (1+8\%)^{t-1}v^t} = \frac{\sum_{t=1}^{25} t}{\sum_{t=1}^{25} 1} = \frac{\frac{1}{2} \times (1+25) \times 25}{25} = 13(\text{年})$$

接下来，我们从另一个角度推导麦考林久期。同样，考虑现金流 C_{t_k}（k=1，2，…，n），令 V 表示利息力为 δ 时该现金流的现值。度量利息力微小变动情况下，现金流现值的变化率可表示为：

$$-\frac{dV/V}{d\delta} = -\frac{dV/V}{di} \times \frac{di}{d\delta} = v(i)\frac{d(e^\delta - 1)}{d\delta} = e^\delta v(i) = (1+i)v(i)$$

结合式（12-10）可知：

$$\tau = -\frac{dV/V}{d\delta}$$

麦考林久期度量的是利息力微小变动情况下，现金流现值的变化率。

我们推导几种常见产品的久期。每年年末支付票息 D，n 年年末按 R 赎回的 n 年期债券，久期为：

$$\tau = \frac{D(Ia)_{\overline{n|}} + Rv^n}{Da_{\overline{n|}} + Rv^n}$$

面值为 X 的 n 年期零票息债券的久期为：

$$\tau = \frac{Xnv^n}{Xv^n} = n$$

上式的结果是显然的，n 年期零票息债券只有1次支付，因此久期就是这1次支付发生的时间。

实际久期和久期（折现平均期限）都提供了一种度量投资组合生命期限的方法。这种度量在考虑利率变动影响时是重要的，因为相较于生命期较短的投资组合而言，生命期较长的投资组合受利率变动的影响更加剧烈。

【例 12-13】一种政府债券年票息率为3%，票息每年年末支付1次，债券到期按面值赎回。试讨论当债券的期限分别为5年和25年时，利率从7%变为8%时将对债券的价格产生怎样的影响（忽略税收的影响）。

解：每100元面值债券的定价公式为：

$$P = 3\% \times 100a_{\overline{n|}} + 100\nu^n$$

债券的久期为：

$$\tau = \frac{3\% \times 100(Ia)_{\overline{n|}} + 100n\nu^n}{3\% \times 100a_{\overline{n|}} + 100\nu^n}$$

当债券期限为5年，且利率为7%时，债券久期为4.69年，债券价格为83.5992元；当利率变为8%时，债券价格为80.0364元，价格下降了4.26%。

当债券期限为25年，且利率为7%时，债券久期为14.94年，债券价格为53.3857元；当利率变为8%时，债券价格为46.6261元，价格下降了12.66%。

可见，久期更长的债券，价格受利率变动的影响也更大。粗略来看，利率变动对现金流现值的影响，近似于利率变化对某种与该现金流具有同样久期（或实际久期）的零票息债券的影响。

12.3.4 凸性

为了更准确地度量利率变动对现金流现值的影响，我们需要学习另一个指标——凸性（Convexity）。考虑现金流C_{t_k}(k=1，2，…，n)，令V表示利率为i时该现金流的现值，则凸性定义公式为：

$$c(i) = \frac{1}{V} \times \frac{d^2V}{di^2} = \frac{V''}{V} = \frac{\sum_{k=1}^{n} C_{t_k} t_k (t_k + 1)(1 + i)^{-t_k - 2}}{\sum_{k=1}^{n} C_{t_k} (1 + i)^{-t_k}} \tag{12-11}$$

【例12-14】一个投资者在一个单利计息的账户中存入了一笔本金，账户每年年末支付给投资者固定金额的利息收入，且利息将永续支付下去。请写出投资者利息收入现金流的凸性。

解：设单利计息账户每年年末支付的利息收入为X，贴现利率为i，则利息收入现金流的现值可表示为：

$$V(i) = Xa_{\overline{\infty|}@i} = \frac{X}{i}$$

利息收入现金流的凸性为：

$$c(i) = \frac{V''(i)}{V(i)} = \frac{2X}{i^3}\Big/\frac{X}{i} = \frac{2}{i^2}$$

【例12-15】在年利率为10%的前提下，计算A、B、C三种久期均为11年的资产的凸性。其中，资产A：面值100元的11年期零票息债券；资产B：第5年年末支付9 663元，第20年年末支付26 910元；资产C：每年年末支付1元的50年期标准年金。

解：资产A的现值为：

$$V_A(i) = 100 \times (1 + i)^{-11}$$

资产A的凸性为：

$$C_A(i) = \frac{V_A''(i)}{V_A(i)} = \frac{100 \times 11 \times 12 \times (1 + i)^{-13}}{100 \times (1 + i)^{-11}} = \frac{11 \times 12}{(1 + i)^2} = 109.09$$

资产B的现值为：

$$V_B(i)=9\,663\times(1+i)^{-5}+26\,910\times(1+i)^{-20}$$

资产B的凸性为：

$$c_B(i)=\frac{V_B''(i)}{V_B(i)}=\frac{9\,663\times5\times6\times(1+i)^{-7}+26\,910\times20\times21\times(1+i)^{-22}}{9\,663\times(1+i)^{-5}+26\,910\times(1+i)^{-20}}=153.72$$

资产C的现值为：

$$V_C(i)=a_{\overline{50|}}=\frac{1-(1+i)^{-50}}{i}$$

计算可得：

$$V_C'(i)=\frac{i\times50\times(1+i)^{-51}-[1-(1+i)^{-50}]}{i^2}=\frac{50i\times(1+i)^{-51}-1+(1+i)^{-50}}{i^2}$$

$$V_C''(i)=\frac{i^2[-50\times51i\times(1+i)^{-52}+50\times(1+i)^{-51}-50(1+i)^{-51}]-2i\times[50i\times(1+i)^{-51}-1+(1+i)^{-50}]}{i^4}$$

$$=\frac{2-2\times(1+i)^{-50}-100i\times(1+i)^{-51}-50\times51i^2\times(1+i)^{-52}}{i^3}$$

资产C的凸性为：

$$c_C(i)=\frac{V_C''(i)}{V_C(i)}=\frac{2-2\times(1+i)^{-50}-100i\times(1+i)^{-51}-50\times51i^2\times(1+i)^{-52}}{i^2\times[1-(1+i)^{-50}]}=174.08$$

资产A的凸性最小，资产C的凸性最大，资产B的凸性居中。凸性具有这样的特点：与久期相同的资产；支付越集中凸性越小；支付越分散凸性越大。

结合凸性和久期，我们可以更精确地掌握现金流现值受利率变动的影响。以下分析将运用泰勒展开式，因此首先给出泰勒展开式：

$$f(x+h)=f(x)+hf'(x)+\frac{h^2}{2!}f''(x)+\frac{h^3}{3!}f'''(x)+\cdots$$

考虑现金流$C_{t_k}(k=1,\ 2,\ \cdots,\ n)$，当利率发生一个小的变动$\varepsilon$时，现金流现值$V(i)$将变为$V(i+\varepsilon)$，应用泰勒展开式展开为：

$$V(i+\varepsilon)=V(i)+\varepsilon V'(i)+\frac{\varepsilon^2}{2}V''(i)+\cdots$$

忽略三阶以上的高阶项，整理可得：

$$\frac{V(i+\varepsilon)-V(i)}{V(i)}\approx\varepsilon\frac{V'(i)}{V(i)}+\frac{\varepsilon^2}{2}\times\frac{V''(i)}{V(i)}=-\varepsilon v(i)+\frac{\varepsilon^2}{2}c(i)$$

通过分析我们可知，当利率发生微小变动ε时，现金流现值的变化率近似满足$-\varepsilon v(i)$。显然，这一结果相当于上式忽略了二阶项以上高阶项的结果。这里我们进一步精确化这一变动程度，即现金流现值的变化率近似满足$-\varepsilon v(i)+\frac{\varepsilon^2}{2}c(i)$。当利率发生变动时，现金流现值的变化率不仅与现金流的实际久期相关，也与现金流的凸性密切相关。

实际上，凸性表征了现值函数曲线的形状。图12-2给出了两种凸性不同的现金流现值函数曲线，实线代表的现金流凸性大于虚线代表的现金流凸性，且两条曲线在利率为11%时相切。从图12-2中可见，当利率为11%时，两种现金流的现值相等。以此为基础，当利率上升时，凸性更大的现金流（实线）现值下降的程度更小；而当利率下降时，凸性更大的现金流（实线）现值上升的程度更大。

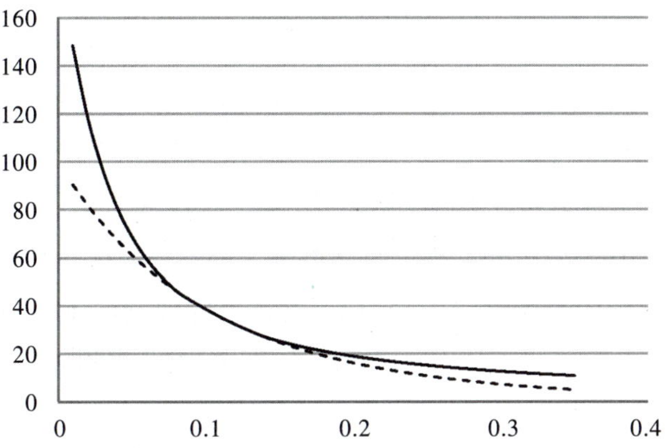

图12-2 不同凸性的现值函数曲线

12.3.5 免疫

假设一个投资机构持有负债，预计在未来会产生一系列负的现金流，为了与负债匹配，该投资机构也持有资产，且在未来会产生一系列正的现金流。如果投资机构能够选择合适的资产组合，使得未来资产产生的正现金流恰好与负债产生的负现金流在时间和金额上都一致，那么该投资机构不会受到任何利率变动的影响。但是，这种理想情况在现实中很难实现。

通常，投资机构会选择更温和抵御利率变动影响的投资组合。假设某投资基金的资产现金流和负债现金流分别为$\{A_{t_k}\}$和$\{L_{t_k}\}$，以利率i计算的资产现值和负债现值分别为$V_A(i)$和$V_L(i)$，资产现金流和负债现金流的实际久期分别为$v_A(i)$和$v_L(i)$，资产现金流和负债现金流的凸性分别为$c_A(i)$和$c_L(i)$，则可计算得到投资基金的现值盈余为$S(i)=V_A(i)-V_L(i)$。针对投资基金，我们关心的问题是，当利率发生变动时，上述盈余会如何变化，特别是会产生怎样的不利变化。

“免疫（Immunisation）”就是为负债选择合适的资产组合，以使基金盈余现值能够抵御利率较小变动的影响而不至产生亏损。为了实现免疫，需要满足：（1）当0时刻利率为i_0时，寻找合适的资产使其现值恰好与负债的现值相匹配，即$V_A(i_0)=V_L(i_0)$；（2）当利率发生一个小的变动ε（无论正负）时，基金的现值盈余始终不为负，即$S(i_0+\varepsilon)=V_A(i_0+\varepsilon)-V_L(i_0+\varepsilon)\geqslant 0$。应用泰勒展开式，将$S(i_0+\varepsilon)$展开为：

$$S(i_0+\varepsilon)=S(i_0)+\varepsilon S'(i_0)+\frac{\varepsilon^2}{2}S''(i_0)+\cdots \tag{12-12}$$

当$|\varepsilon|$很小时，泰勒展开式第四项及以后的高阶项对$S(i_0+\varepsilon)$价值的影响极小，可以忽略不计，因此我们主要观察式（12-12）右边的前三项。已知第一项$S(i_0)=V_A(i_0)-V_L(i_0)=0$，为了实现免疫，就需要保证第二项和第三项之和始终不为负。由泰勒展开式的性质可知，式（12-12）右边第二项的绝对值远大于第三项的绝对值，因此我们需要考虑能否实现第二项始终不为负。观察第二项，由于利率变动ε可正可负，当$S'(i_0)\neq 0$时，无论如何都难以保证$\varepsilon S'(i_0)$始终不为负（当$S'(i_0)>0$，且$\varepsilon<0$时，$\varepsilon S'(i_0)<0$；当$S'(i_0)<0$，且$\varepsilon>0$时，$\varepsilon S'(i_0)<0$），因此仅当$S'(i_0)=0$时，恒有$\varepsilon S'(i_0)=0$，此时能够保证式（12-12）右边第二项始终不为负。$S'(i_0)=0$等价于$V_A'(i_0)=V_L'(i_0)$，又由于$V_A(i_0)=$

$V_L(i_0)$，因此可得：

$$-\frac{V_A'(i_0)}{V_A(i_0)} = -\frac{V_L'(i_0)}{V_L(i_0)}$$

因此，保证式（12-12）右边第二项不为负的条件为资产和负债的实际久期相等，即 $v_A(i_0) = v_L(i_0)$，或者等价于资产和负债的久期。

接下来是式（12-12）右边第三项，无论利率变动 ε 为正或者为负，始终满足 $\frac{\varepsilon^2}{2} \geqslant 0$，因此只要满足 $S''(i_0) > 0$ 即可保证式（12-12）右边第三项始终不为负。$S''(i_0) > 0$ 等价于 $V_A''(i_0) > V_L''(i_0)$，同样由于 $V_A(i_0) = V_L(i_0)$，该条件等价于资产的凸性大于负债的凸性，即 $c_A(i_0) > c_L(i_0)$。

满足上述条件，即可实现基金盈余现值能够抵御利率较小变动影响而不至亏损的目的。1950年，精算师 Frank Redington 推导出实现免疫的三个条件，在初始利率条件下，免疫条件可概括为：

（1） $V_A(i_0) = V_L(i_0)$，即资产的现值等于负债的现值；

（2） $v_A(i_0) = v_L(i_0)$，即资产的实际久期等于负债的实际久期；

（3） $c_A(i_0) > c_L(i_0)$，即资产的凸性大于负债的凸性。

由上述分析可知，免疫的第二个条件可以替换为资产的久期等于负债的久期，或者 $V_A'(i_0) = V_L'(i_0)$，而免疫的第三个条件可以替换为 $V_A''(i_0) > V_L''(i_0)$。

【例 12-16】一个基金需要在第6年年末和第8年年末各支出50 000元。当前利率为7%时，判断能否通过选择持有适当面值的5年期零票息债券和10年期零票息债券的资产组合，以使基金实现免疫利率较小变动的目的。

解：设持有5年期零票息债券的面值为 X，持有10年期零票息债券的面值为 Y。资产的现值可表示为：

$$V_A(7\%) = Xv^5 + Yv^{10}$$

负债的现值为：

$$V_L(7\%) = 50\,000v^6 + 50\,000v^8 = 62\,417.5664 \text{（元）}$$

由免疫的第一个条件可得：

$$Xv^5 + Yv^{10} = 62\,417.5664 \tag{1}$$

资产现值的一阶导数可表示为：

$$V_A'(7\%) = -5Xv^6 - 10Yv^{11}$$

负债现值的一阶导数为：

$$V_L'(7\%) = -6 \times 50\,000v^7 - 8 \times 50\,000v^9 = -404\,398.4196$$

由免疫的第二个条件可得：

$$5Xv^6 + 10Yv^{11} = 404\,398.4196 \tag{2}$$

联立（1）、（2）两式可解得 X 为53 709元，Y 为47 455元。

资产现值的二阶导数为：

$$V_A''(7\%) = 5 \times 6 \times 53\,709v^7 + 10 \times 11 \times 47\,455v^{12} = 3\,321\,182.60$$

负债现值的二阶导数为：

$$V_L''(7\%) = 6 \times 7 \times 50\,000v^8 + 8 \times 9 \times 50\,000v^{10} = 3\,052\,276.57$$

可知 $V_A''(7\%) > V_L''(7\%)$，因此免疫的第三个条件满足。通过持有53 709元面值的5年期零票息债券和47 455元面值的10年期零票息债券的资产组合，可以使基金实现免疫利率较小变动的目的。

【例12–17】一个投资者在未来面临两种负债：12年后一次性支付25 000元；10年后开始的每半年支付1次的20年期年金，每次支付金额为4 000元。投资者现在持有与负债现值（按年实际利率6%计算）相等的现金，想要投资两种零票息债券以构造免疫的资产负债组合。第一种零票息债券的期限为10年，到期赎回值为24 000元，其市场价格按年实际利率6%计算。剩余现金投资于第二种零票息债券，其市场价格也按年实际利率6%计算。为了能够实现免疫目标：（1）计算用于投资第二种债券的现金金额；（2）确定第二种零票息债券的期限（可以不为整数）和赎回值；（3）说明为实现免疫还需满足什么条件（无须计算）。

解：（1）负债的现值为：

$$PV_L = 25\,000v^{12} + 4\,000\ddot{a}^{(2)}_{\overline{20}|}v^{10} = 12\,424.2341 + 25\,997.6635 = 38\,421.8976(\text{元})$$

第一种债券的现值为：

$$PV_1 = 24\,000v^{10} = 13\,401.4746(\text{元})$$

用于购买第二种债券的金额为：

38 421.8976−13 401.4746=25 020.42（元）

（2）负债的现值表达式可写为：

$$\begin{aligned}PV_L &= 25\,000v^{12} + 2\,000v^{10} \times (1 + v^{1/2} + v + v^{3/2} + \cdots + v^{39/2})\\ &= 25\,000v^{12} + 2\,000 \times (v^{20/2} + v^{21/2} + v^{22/2} + v^{23/2} + \cdots + v^{59/2})\end{aligned}$$

其关于i的一阶导数的相反数可写为：

$$\begin{aligned}-PV_L' &= 25\,000 \times 12v^{13} + 2\,000 \times \left(\frac{20}{2}v^{22/2} + \frac{21}{2}v^{23/2} + \cdots + \frac{59}{2}v^{61/2}\right)\\ &= 25\,000 \times 12v^{13} + 1\,000v \times (20v^{20/2} + 21v^{21/2} + \cdots + 59v^{59/2})\end{aligned}$$

令$v' = v^{1/2} \Rightarrow i' = (1 + 6\%)^{1/2} - 1 = 2.9563\%$，可得：

$$\begin{aligned}-PV_L' &= 25\,000 \times 12v^{13} + 1\,000v \times (20v'^{20} + 21v'^{21} + \cdots + 59v'^{59})\\ &= 25\,000 \times 12v^{13} + 1\,000v \times [(Ia)_{\overline{59}|@i'} - (Ia)_{\overline{19}|@i'}]\\ &= 140\,651.7067 + 1\,000v \times (609.1078 - 131.2898)\\ &= 140\,651.7067 + 450\,771.6981\\ &= 591\,423.4048\end{aligned}$$

设第二种债券的期限为n，赎回值为X，则资产的现值表达式可写为：

$$PV_A = 24\,000v^{10} + Xv^n$$

其中，$Xv^n = 25\,020.42$。

关于i的一阶导数的相反数可写为：

$$-PV_A' = 24\,000 \times 10v^{11} + nXv^{n+1} = 24\,000 \times 10v^{11} + 25\,020.42nv$$

为满足免疫的第二个条件，有：

$$-PV_L' = -PV_A'$$

$$\Rightarrow 24\,000 \times 10v^{11} + 25\,020.42nv = 591\,423.4048$$

$$\Rightarrow n = \frac{591\,423.4048 - 24\,000 \times 10v^{11}}{25\,020.42v} = 19.70(\text{年})$$

$$X = \frac{25\,020.42}{v^{19.70}} = 78\,853.35(\text{元})$$

（3）为实现免疫还必须满足资产的凸性大于负债的凸性。

【例12–18】某保险公司在10年后将面临7 000万元的负债，在15年后将面临14 000

万元的负债。为抵御利率波动风险，该保险公司考虑持有的资产包括两种零票息债券：一种是2年后以5 182.870万元赎回；另一种是25年后以22 283.795万元赎回。当前年实际利率为7%。请判断：（1）Redington免疫的前两个条件是否成立；（2）Redington免疫的第三个条件是否成立；（3）如果年实际利率突然变为7.5%，该保险公司的资产负债组合在现值意义上是否亏损。

解：（1）负债的现值为：

$$P_1(7\%) = 7\,000v^{10} + 14\,000v^{15} = 8\,632.69(\text{万元})$$

资产的现值为：

$$P_2(7\%) = 5\,182.870v^2 + 22\,283.795v^{25} = 8\,632.69(\text{万元})$$

因此，$P_1(7\%) = P_2(7\%)$，免疫的第一个条件成立。

负债现值的一阶导数为：

$$P_1'(7\%) = -7\,000 \times 10v^{11} - 14\,000 \times 15v^{16} = -104\,390.76(\text{万元})$$

资产现值的一阶导数为：

$$P_2'(7\%) = -5\,182.870 \times 2v^3 - 22\,283.795 \times 25v^{26} = -104\,390.76(\text{万元})$$

因此，$P_1'(7\%) = P_2'(7\%)$，免疫的第二个条件成立。

（2）负债现值的二阶导数为：

$$P_1''(7\%) = 7\,000 \times 10 \times 11v^{12} + 14\,000 \times 15 \times 16v^{17} = 1\,405\,579.16(\text{万元})$$

资产现值的二阶导数为：

$$P_2''(7\%) = 5\,182.870 \times 2 \times 3v^4 + 22\,283.795 \times 25 \times 26v^{27} = 2\,354\,714.47(\text{万元})$$

因此，$P_2''(7\%) > P_1''(7\%)$，免疫的第三个条件成立。

（3）当年实际利率为7.5%时，资产负债组合的净现值为：

$$P_2(7.5\%) - P_1(7.5\%) = 8\,138.9822 - 8\,127.8818 = 11.10(\text{万元})$$

净现值大于0意味着资产负债组合在现值意义上没有亏损。

12.4 远期利率与利率风险问题的综合应用

【例12-19】一种0时刻发行的以面值赎回的2年期债券，票息率为每年4.15%，票息每年年末支付，其价格等于面值。另一种0时刻发行的2年期债券，每100元面值的赎回值为98元，发行价格为105.40元，年票息率为8%，票息每年年末支付。请分别计算1年期即期利率和2年期即期利率。

解：设1年期即期利率为i_1，2年期即期利率为i_2。100元面值的第一种债券可列价值等式为：

$$100 = \frac{100 \times 4.15\%}{1 + i_1} + \frac{100 \times 4.15\% + 100}{(1 + i_2)^2} \tag{1}$$

100面值的第二种债券可列价值等式为：

$$105.40 = \frac{100 \times 8\%}{1 + i_1} + \frac{100 \times 8\% + 98}{(1 + i_2)^2} \tag{2}$$

（1）、（2）两式联立可得：

$i_1 = 4.21\%$，$i_2 = 4.15\%$

因此，1年期即期利率为4.21%，2年期即期利率为4.15%。

【例12-20】已知1年、2年、3年、4年和7年期即期年实际利率分别为5%、4.5%、4.3%、4.2%和4.9%。从3时刻开始的3年期远期年实际利率为4.6%，从2时刻开始的3年期远期年实际利率为4.8%。请计算：(1) 从5时刻开始的2年期远期年实际利率；(2) 未来7年每年年末支付100元的现金流的现值；(3) 1时刻支付150元在6时刻的积累值。

解：设1年、2年、3年、4年和7年期即期年实际利率分别为y_1、y_2、y_3、y_4和y_7，从3时刻开始的3年期远期年实际利率为$f_{3,3}$，从2时刻开始的3年期远期年实际利率为$f_{2,3}$，从5时刻开始的2年期远期年实际利率为$f_{5,2}$。

(1) 有如下关系：

$$(1+y_2)^2(1+f_{2,3})^3(1+f_{5,2})^2=(1+y_7)^7$$

$$\Rightarrow f_{5,2}=\left[\frac{(1+y_7)^7}{(1+y_2)^2(1+f_{2,3})^3}\right]^{1/2}-1$$

$$=\left[\frac{(1+4.9\%)^7}{(1+4.5\%)^2\times(1+4.8\%)^3}\right]^{1/2}-1$$

$$=5.45\%$$

(2) 现金流的现值为：

$$PV=\frac{100}{1+y_1}+\frac{100}{(1+y_2)^2}+\frac{100}{(1+y_3)^3}+\frac{100}{(1+y_4)^4}+\frac{100}{(1+y_2)^2(1+f_{2,3})^3}+\frac{100}{(1+y_3)^3(1+f_{3,3})^3}+\frac{100}{(1+y_7)^7}$$

$$=\frac{100}{1+5\%}+\frac{100}{(1+4.5\%)^2}+\frac{100}{(1+4.3\%)^3}+\frac{100}{(1+4.2\%)^4}+\frac{100}{(1+4.5\%)^2\times(1+4.8\%)^3}+$$

$$\frac{100}{(1+4.3\%)^3\times(1+4.6\%)^3}+\frac{100}{(1+4.9\%)^7}$$

$$=95.2381+91.5730+88.1347+84.8260+79.5579+77.0109+71.5437$$

$$=587.88(\text{元})$$

(3) 积累值为：

$$AV=150\times A(1,\ 6)$$

$$=150\times\frac{A(0,\ 6)}{A(0,\ 1)}$$

$$=150\times\frac{(1+y_3)^3(1+f_{3,3})^3}{1+y_1}$$

$$=150\times\frac{(1+4.3\%)^3\times(1+4.6\%)^3}{1+5\%}$$

$$=185.50(\text{元})$$

【例12-21】某经济学家给出的n年期即期年利率的预测模型为$y_n=\dfrac{0.15}{1.2+e^{-0.1n}}$。根据这一模型计算100元面值的10年期零票息债券的价格。

解：每100元面值的10年期零票息债券的价格为：

$$100\times(1+y_{10})^{-10}=100\times(1+\frac{0.15}{1.2+e^{-0.1\times10}})^{-10}=40.11(\text{元})$$

【例12-22】已知即期利率的期限结构如下：1年期即期年利率为3.6%；2年期即期年利率为3.5%；4年期即期年利率为3.7%；5年期即期年利率为3.8%。请计算：(1) 2年后发行的3年期零票息债券的理论价格（每100元面值的价格）；(2) 一种3年后发行的1年期零票息债券的理论价格为每100元面值94.5元，求3年期即期年利率和2年后开始的1年期远期年利率；（3）某种刚刚发行的5年期债券，年票息率为7%，票息每年年末支付1次，5年后以面值的105%赎回，求债券的毛赎回收益率。

解：（1）设2年后发行的3年期远期年利率为$f_{2,3}$，可得：

$$(1+3.5\%)^2(1+f_{2,3})^3=(1+3.8\%)^5 \Rightarrow (1+f_{2,3})^3=\frac{(1+3.8\%)^5}{(1+3.5\%)^2}$$

每100元面值的债券价格为：

$$P=\frac{100}{(1+f_{2,3})^3}=100\times\frac{(1+3.5\%)^2}{(1+3.8\%)^5}=88.90(\text{元})$$

（2）设3年后发行的1年期远期年利率为$f_{3,1}$，3年期即期年利率为y_3，可得：

$$94.5=\frac{100}{1+f_{3,1}} \Rightarrow 1+f_{3,1}=\frac{100}{94.5}$$

$$(1+y_3)^3(1+f_{3,1})=(1+3.7\%)^4 \Rightarrow y_3=\left[\frac{(1+3.7\%)^4}{(1+f_{3,1})}\right]^{1/3}-1=3\%$$

设2年后开始的1年期远期年利率为$f_{2,1}$，可得：

$$(1+3.5\%)^2(1+f_{2,1})=(1+y_3)^3$$

$$f_{2,1}=\frac{(1+y_3)^3}{(1+3.5\%)^2}-1=2.0155\%$$

（3）每100元面值的债券价格为：

$$\begin{aligned}P&=\frac{7\%\times100}{1+3.6\%}+\frac{7\%\times100}{(1+3.5\%)^2}+\frac{7\%\times100}{(1+3\%)^3}+\frac{7\%\times100}{(1+3.7\%)^4}+\frac{(7\%+105\%)\times100}{(1+3.8\%)^5}\\&=6.7568+6.5346+6.4060+6.0532+92.9461\\&=118.6967(\text{元})\end{aligned}$$

当毛赎回收益率为i时，债券的价值等式可写为：

$$118.6967=7a_{\overline{5}|}+105v^5$$

当利率为4%时，上式右边为117.4651；当利率为3.5%时，上式右边为120.0125。

用试错法可算得：

$$i\approx3.5\%+\frac{118.6967-120.0125}{117.4651-120.0125}\times(4\%-3.5\%)=3.76\%$$

【例12-23】假设某不动产将产生永续支付的租金收入，且在第t年年末的租金收入可表示为$C(1+q)^t$，其中$t=1, 2, 3, \cdots$。（1）当利率为$i(i>q)$时，请推导租金收入现金流的现值和折现平均期限的表达式；（2）当$C=60\,000$元，$q=2\%$，$i=7\%$时，请计算现金流的现值和折现平均期限。

解：（1）现金流的现值表达式为：

$$PV(i)=\sum_{t=1}^{\infty}C(1+q)^t v^t=\frac{C(1+q)v}{1-(1+q)v}=C\frac{\dfrac{1+q}{1+i}}{\dfrac{1+i-1-q}{1+i}}=C\frac{1+q}{i-q}$$

现金流的折现平均期限的表达式为：

$$DMT=\frac{PV'(i)}{PV(i)}\times(1+i)=-\frac{-C(1+q)\left(\dfrac{1}{i-q}\right)^2}{C\dfrac{1+q}{i-q}}\times(1+i)=\left(\frac{1}{i-q}\right)^2\times\frac{i-q}{1}\times(1+i)=\frac{1+i}{i-q}$$

（2）现金流的现值为：

$$PV(i)=C\frac{1+q}{i-q}=60\ 000\times\frac{1+2\%}{7\%-2\%}=1\ 224\ 000(\text{元})$$

现金流的折现平均期限为：

$$DMT=\frac{1+i}{i-q}=\frac{1+7\%}{7\%-2\%}=21.4(\text{年})$$

【例12-24】一种政府债券年票息率为12%，票息每半年支付1次，10年后按面值赎回。债券的毛赎回收益率等价于每半年计息1次的年名义利率8%，请计算债券的久期。

解：每半年的实际利率为：

8%÷2=4%

以半年期为度量长度，100元面值债券的现值为：

$$P(4\%)=\frac{12\%\times 100}{2}a_{\overline{20|}}+100v^{20}=6v+6v^2+\cdots+6v^{20}+100v^{20}$$

债券的久期为：

$$\begin{aligned}DMT(4\%)&=\frac{6v+6\times 2v^2+\cdots+6\times 20v^{20}+100\times 20v^{20}}{6v+6v^2+\cdots+6v^{20}+100v^{20}}\\&=\frac{6(Ia)_{\overline{20|}}+2\ 000v^{20}}{6a_{\overline{20|}}+100v^{20}}\\&=\frac{1\ 663.7040}{127.1807}\\&=13.0814(\text{半年})\end{aligned}$$

换算成年为：

13.0814÷2=6.54（年）

【例12-25】某种固定收益债券，年票息率为9%，票息每年年末支付1次，3年后按面值赎回。假设年实际利率为7%，请计算：（1）债券的有效久期；（2）债券的折现平均期限（久期）；（3）债券的凸性。

解：（1）债券的现金流现值为：

$$P(i)=100\times 9\%v+100\times 9\%v^2+(100\times 9\%+100)v^3=9v+9v^2+109v^3=105.2486$$

有效久期为：

$$-\frac{P'(i)}{P(i)}=\frac{9v^2+9\times 2v^3+109\times 3v^4}{105.2486}=2.58$$

（2）折现平均期限为：

2.58×（1+7%）=2.76（年）

（3）凸性为：

$$\frac{P''(i)}{P(i)}=\frac{9\times 2v^3+9\times 2\times 3v^4+109\times 3\times 4v^5}{105.2486}=9.48$$

【例12-26】有如下现金流：第5年年末支付1 500元；第10年年末支付6 000元；第25年年末支付35 000元。假设年实际利率为9%。请计算：（1）上述现金流的现值、实际久期和凸性；（2）上述现金流在2年后的现值和实际久期。

解：（1）现金流的现值为：

$$PV(9\%)=1\ 500v^5+6\ 000v^{10}+35\ 000v^{25}=7\ 568.24(\text{元})$$

现金流的实际久期为：

$$-\frac{PV'}{PV}=\frac{1\ 500\times 5v^6+6\ 000\times 10v^{11}+35\ 000\times 25v^{26}}{7\ 568.24}=\frac{120\ 817.4219}{7\ 568.24}=15.96$$

现金流的凸性为：

$$\frac{PV''}{PV}=\frac{1\,500\times5\times6v^{7}+6\,000\times10\times11v^{12}+35\,000\times25\times26v^{27}}{7\,568.24}=\frac{2\,479\,847.0699}{7\,568.24}=327.665$$

（2）2年后现金流的价值为：

$$7\,568.24\times(1+9\%)^{2}=8\,991.83(\text{元})$$

0时刻现金流的久期为：

$$DMT_{t=0}=15.96\times(1+9\%)=17.3964(\text{年})$$

2时刻现金流的久期为：

$$DMT_{t=2}=DMT_{t=0}-2=15.3964(\text{年})$$

2时刻现金流的实际久期为：

$$15.3964\times(1+9\%)^{-1}=14.125\ (\text{年})$$

【例12-27】一个机构需要永续支付每年20 000元负债，每半年支付1次。当年实际利率为7%时，请计算负债的现值、实际久期和久期。

以下两种资产可用于投资：资产a是特殊的5年期债券，票息每年年末支付1次，到期按面值赎回。每100元面值支付的票息金额为第1年3元，此后每年按3%的比例增加，直到第5年增长至3×1.03^{4}元；资产b是按面值赎回的n年期零票息债券。

该机构计划以相同的金额投资于这两种资产。假设年实际利率为7%，且资产的久期等于负债的久期，请计算n。

解：（1）负债的现值为：

$$\begin{aligned}PV_L&=20\,000\times a_{\overline{\infty|}}^{(2)}=20\,000\times\frac{1}{i^{(2)}}\\&=20\,000\times\frac{1}{2\times[(1+i)^{1/2}-1]}\\&=10\,000\times[(1+i)^{1/2}-1]^{-1}\\&=290\,629.7205(\text{元})\end{aligned}$$

负债的实际久期为：

$$-\frac{PV_L'}{PV_L}=\frac{10\,000\times[(1+i)^{1/2}-1]^{-2}\times\frac{1}{2}\times(1+i)^{-1/2}}{10\,000\times[(1+i)^{1/2}-1]^{-1}}=14.0481\ (\text{年})$$

负债的久期为：

$$\tau_L=14.0481\times(1+i)=15.0315(\text{年})$$

（2）每100元面值资产a的现值（价格）为：

$$\begin{aligned}PV_a&=3\times(v+1.03v^{2}+\cdots+1.03^{4}v^{5})+100v^{5}\\&=3v\times\frac{1-1.03^{5}v^{5}}{1-1.03v}+100v^{5}\\&=84.3076(\text{元})\end{aligned}$$

由于该机构以相同的金额投资于a、b两种资产，每投资100元面值资产a对应投资于资产b的金额也是PV_a，即$PV_b=PV_a$，因此每投资100元面值资产a对应的两种资产的总现值可写为：

$$PV_a+PV_b=3\times(v+1.03v^{2}+\cdots+1.03^{4}v^{5})+100v^{5}+PV_a$$

a、b两种资产的久期为：

$$\tau_a+\tau_b=\frac{3\times(v+2\times1.03v^2+\cdots+5\times1.03^4v^5)+5\times100v^5+nPV_a}{2PV_a}$$

$$=\frac{\frac{3}{1.03}\times(1.03v+2\times1.03^2v^2+\cdots+5\times1.03^5v^5)+500v^5}{2PV_a}+\frac{n}{2}$$

令 $1.03v=v'\Rightarrow i'=\frac{1+7\%}{1.03}-1=3.8835\%$，可得：

$$\tau_a+\tau_b=\frac{\frac{3}{1.03}\times(Ia)_{\overline{5}|@i'}+500v^5}{2PV_a}+\frac{n}{2}=2.3398+\frac{n}{2}=15.0315\Rightarrow n=25.38$$

【例12-28】一个投资者需要在2018年1月1日支付20 000元，在2020年7月1日支付18 000元。在2014年7月1日投资者选择投资与负债现值相等的资产，以抵御利率风险的影响。可选择的资产包括4年和7年期零票息债券。假设年实际利率为10%，请判断投资者能否通过投资上述两种零票息债券实现免疫利率风险的目的。

解：设投资者购买4年期零票息债券面值为X，购买7年期零票息债券面值为Y。由免疫的第一个条件可得：

$$Xv^4+Yv^7=20\,000v^{3.5}+18\,000v^6=24\,487.5418 \quad (1)$$

由免疫的第二个条件可得：

$$4Xv^5+7Yv^8=20\,000\times3.5v^{4.5}+18\,000\times6v^7=101\,007.0212 \quad (2)$$

联立（1）、（2）两式，可得：

$X=29\,430.89$，$Y=8\,546.78$

资产现值的三阶导数为：

$$4\times5Xv^6+7\times8Yv^9=535\,240.87$$

负债现值的三阶导数为：

$$20\,000\times3.5\times4.5v^{5.5}+18\,000\times6\times7v^8=539\,167.53$$

由此可知，资产的凸性小于负债的凸性，不满足免疫的第三个条件，因此投资者无法通过购买这两种零票息债券实现免疫的目的。

【例12-29】（1）一个公司在第t年年末面临的负债金额可表示为$45\,000(11-t)$元，其中t=6，7，8，9，10。预计未来的年实际利率为7%，请计算公司的负债现值。（2）公司决定投资以下两种资产以实现对利率风险的免疫：资产A是一种16年期的债券，年票息率为4%，票息每年年末支付1次，到期按面值赎回；资产B是一种零票息债券，6年后按面值赎回。这两种债券的毛赎回收益率均为7%，请计算该公司分别花费多少资金购买这两种资产，才能使资产的现值和实际久期与负债的现值和实际久期相等。

解：（1）负债的现值为：

$$\begin{aligned}PV_L&=45\,000\times5v^6+45\,000\times4v^7+45\,000\times3v^8+45\,000\times2v^9+45\,000v^{10}\\&=45\,000\times(5v^6+4v^7+3v^8+2v^9+v^{10})\\&=45\,000\times v^5[6a_{\overline{5}|}-(Ia)_{\overline{5}|}]\\&=45\,000\times v^5(24.6012-11.7469)\\&=412\,422.22(\text{元})\end{aligned}$$

（2）设资产A购买金额为X，资产B购买金额为Y。由于资产现值等于负债现值，因此可得：

$$X+Y=412\,422.22\text{元} \quad (1)$$

负债的折现平均期限为：

$$DMT_L = \frac{45\,000 \times (30v^6 + 28v^7 + 24v^8 + 18v^9 + 10v^{10})}{PV_L} = 7.2308(\text{年})$$

每100元面值资产A的债券价格为：

$$P_A = 100 \times 4\% a_{\overline{16|}} + 100v^{16} = 71.6601\ (\text{元})$$

资产的折现平均期限可列等式为：

$$DMT_A = \frac{\frac{X}{71.6601} \times (4v + 4 \times 2v^2 + \cdots + 4 \times 16v^{16} + 100 \times 16v^{16}) + 6Y}{PV_A}$$

$$= \frac{\frac{X}{71.6601} \times [4(Ia)_{\overline{16|}} + 1\,600v^{16}] + 6Y}{PV_A}$$

$$= \frac{11.30155X + 6Y}{PV_A}$$

$$= 7.2308$$

$$\Rightarrow 11.30155X + 6Y = 2\,982\,142.5884 \qquad (2)$$

联立（1）式和（2）式，可得：

$X = 95\,747.33$元，$Y = 316\,674.89$元

【例12-30】某基金未来的负债由两笔现金支付组成，已知第二笔支付发生在第一笔支付后的第6年年末，且金额是第一笔支付的2.5倍。假设年实际利率为7%。（1）如果总负债的现值为90 000元，折现平均期限为9年，请计算这两笔负债的金额和发生的时间；（2）如果基金资产仅包括一种零票息债券，期限为9年，赎回值为165 461.33元，请判断基金的资产负债组合是否满足免疫条件。

解：（1）设第一笔负债的金额为X，期限为t，可得：

$$PV = Xv^t + 2.5Xv^{t+6} = 90\,000 \Rightarrow Xv^t = \frac{90\,000}{1 + 2.5v^6}$$

根据总负债的折现平均期限，可建立等式：

$$DMT = \frac{Xtv^t + 2.5X(t+6)v^{t+6}}{90\,000} = 9$$

$$\Rightarrow (1 + 2.5v^6)t + 2.5 \times 6v^6 = \frac{90\,000 \times 9}{Xv^t}$$

$$\Rightarrow (1 + 2.5v^6)t = 9 \times (1 + 2.5v^6) - 2.5 \times 6v^6 = 13.9976$$

$$\Rightarrow t = \frac{13.9976}{1 + 2.5v^6} = 5.25(\text{年})$$

进一步计算得到：

$$X = \frac{90\,000}{(1 + 2.5v^6)v^{5.25}} = 48\,158.25\ (\text{元})$$

（2）资产的现值为：

$$165\,461.33v^9 = 90\,000\ (\text{元})$$

因此，资产的现值等于负债的现值，满足免疫的第一个条件。

由于资产只有一种零票息债券，因此资产的久期为9年，与负债的久期相等，满足免疫的第二个条件。

但是，由于资产仅有一笔现金流，而负债有两笔现金流，负债比资产更分散，因此可知负债的凸性大于资产的凸性，不满足免疫的第三个条件。

本章小结

本章小结从“现在”开始的一段时期内的利率水平是即期利率，n年期单位零票息债券的内含收益率为n年期即期利率，与即期利率等价的利息力是即期利息力。从“未来”某时点开始的未来一段时期内的利率水平是远期利率，与远期利率等价的利息力是远期利息力，持续时间无限趋近于0的远期利息力是瞬时远期利息力。

投资者往往会担心利率风险。当利率下降时，资产现值上升的程度低于负债现值上升的程度；当利率上升时，资产现值下降的程度超过负债现值下降的程度。

衡量现金流现值对利率变动敏感程度的一个指标是实际久期，是度量利率微小变动情况下现金流现值的变化率。实际久期的计算方法为：现金流现值一阶导数的相反数除以现金流现值。另一个衡量现金流现值对利率变动敏感程度的指标是久期，又称麦考林久期、折现平均期限。久期是以现金流现值为权重的现金流加权平均期限。凸性的计算方法为：现金流现值的二阶导数除以现金流现值。久期相同的资产，支付越集中凸性越小，支付越分散凸性越大。

免疫就是为负债选择合适的资产组合，以使基金盈余现值能够抵御利率较小变动的影响而不至产生亏损。免疫条件可概括为：（1）资产的现值等于负债的现值；（2）资产的实际久期（或久期）等于负债的实际久期（或久期）；（3）资产的凸性大于负债的凸性。

关键概念

即期利率　远期利率　即期利息力　远期利息力　瞬时远期利息力　利率的期限结构　利率风险　实际久期　久期　凸性　免疫

综合训练

1. 在某债券市场上，不同期限的零票息债券价格见表12-3，请计算从第5年年末开始的1年期远期年利率。

表12-3　不同期限的零票息债券价格

期限（年）	每100元面值的价格（元）
4	78
5	73
6	68
7	62

2. 假设t（t=0，1，2，）时刻开始的1年期远期利率表示为f_t，则$f_0 = 5\%$，$f_1 = 5.5\%$，$f_2 = 6\%$，那么一种3年期债券，票息每年年末支付1次，其价格、赎回值和面值均相同，请计算债券的年票息率。

3. 一个保险公司预计在未来25年内有连续支付的负债，其支付率为1 000万元/年。

假设年实际利率为5%，请计算该负债现金流的久期。

4. 一份99年期的不动产租约，规定前33年每年年末支付的租金为150 000元，之后33年每年年末支付的租金为200 000元，最后33年每年年末支付的租金为250 000元。假设年实际利率为7%，请计算：(1) 租金的现值；(2) 租金的折现平均期限。

第12章综合训练答案

5. 一个公司在未来第t年年末将面临的负债为$3\,000\times(1+0.4t)$元，其中$t=5$，10，15，20，25，预计未来的年实际利率为7%。该公司决定立即将与未来负债现值相等的金额投资于以下两种资产：资产1是一种26年期的债券，年票息率为5%，票息每年年末支付1次，到期按面值赎回；资产2是一种32年期的债券，年票息率为4%，票息每年年末支付1次，到期按面值赎回。请计算：(1) 负债的现值；(2) 负债的折现平均期限；(3) 如果资产的折现平均期限与负债的折现平均期限相同，那么这两种资产应分别购买多少。

主要参考文献

［1］刘波．新编利息理论［M］．北京：对外经济贸易大学出版社，2010.

［2］刘占国．利息理论［M］．北京：中国财政经济出版社，2006.

［3］孟生旺．金融数学［M］．7版．北京：中国人民大学出版社，2021.

［4］王和．保险的未来［M］．北京：中信出版社，2019.

［5］邢天才，王玉霞．证券投资学［M］．6版．大连：东北财经大学出版社，2022.

［6］格利茨．金融工程学［M］．唐旭，等译．北京：经济科学出版社，2003.

［7］赫尔．期权、期货及其他衍生产品［M］．王勇，索吾林，张翔，译．11版．北京：机械工业出版社，2023.

［8］吴岚，王燕．风险理论［M］．北京：中国财政经济出版社，2006.

［9］默顿．连续时间金融［M］．郭多祚，王远林，徐占东，译．北京：中国人民大学出版社，2013.

［10］凯宾斯基，扎斯特温尼克．金融数学——金融工程引论［M］．佟孟华，译．2版．北京：中国人民大学出版社，2014.

［11］吴岚，黄海，何洋波．金融数学引论［M］．2版．北京：北京大学出版社，2020.

［12］孟生旺．利息理论及其应用［M］．4版．北京：中国人民大学出版社，2021.

［13］费雪．利息理论［M］．陈彪如，译．北京：商务印书馆，2020.

